Gymnasium Baden-Württemberg



# Deutschbuch

## Arbeitsheft 3

mit interaktiven Übungen

Herausgegeben von
Margret Fingerhut und
Bernd Schurf

Erarbeitet von
Margret Fingerhut, Christoph Fischer,
Cordula Grunow, Angela Mielke,
Deborah Mohr, Vera Potthast,
Irmgard Schick, Sandra Simberger,
Andrea Wagener und Manuela Wölfel

scook Deine **interaktiven Übungen** findest du hier:

1. Melde dich auf scook.de an.
2. Gib den unten stehenden Zugangscode in die Box ein.
3. Hab viel Spaß mit deinen interaktiven Übungen.

Dein Zugangscode auf
www.scook.de

Die Nutzungsdauer für die Online-Übungen beträgt nach Aktivierung des Zugangscodes zwei Jahre. In dieser Zeit speichern wir deine Lernstandsdaten für dich; nach Ablauf der Nutzungsdauer werden sie gelöscht.

4rphg-wfv7u

Cornelsen

# Inhaltsverzeichnis



**Kennzeichnungen in diesem Arbeitsheft:**

●●● knifflige Aufgabe oder Zusatzaufgabe

Information – Zusammenfassung des Grundwissens

Tipps und Arbeitshilfen

# Texte schreiben – Planen und überarbeiten

**Methode** **Ideen sammeln und ordnen**

Vor dem Schreiben eines Textes musst du geeignete **Inhalte sammeln und gliedern:**

- Welche **Art Text** ist gefordert, z. B. ein informierender Text oder ein erzählender Text?
- Schau dir das gegebene **Thema** genau an: Worum geht es?
- Sammle und gliedere alle Ideen in einer **Mind-Map**:
  - Schreibe das Thema in die Mitte eines Blattes.
  - Ergänze dazu Äste mit Oberbegriffen (Teilthemen).
  - Erweitere diese durch Zweige mit Unterbegriffen (weiteren Informationen).

Eure Klasse hat bei einem Preisausschreiben eine Fahrt nach Berlin gewonnen.
Zur Vorbereitung sammelt ihr Texte, in denen jede/-r mögliche Ausflugsziele vorstellt.

**1** **Bereite deinen Text vor, indem du Ideen dafür sammelst und ordnest. Vervollständige die folgende Mind-Map mit den angebotenen Begriffen: Beschrifte die freien Zweige, achte dabei auf Ober- und Unterbegriffe.**

Sehenswürdigkeiten • Stadtführung zu Fuß • besondere Bauwerke • Parks
Touren • Konzerte • Seen • Schiffstour • Kino

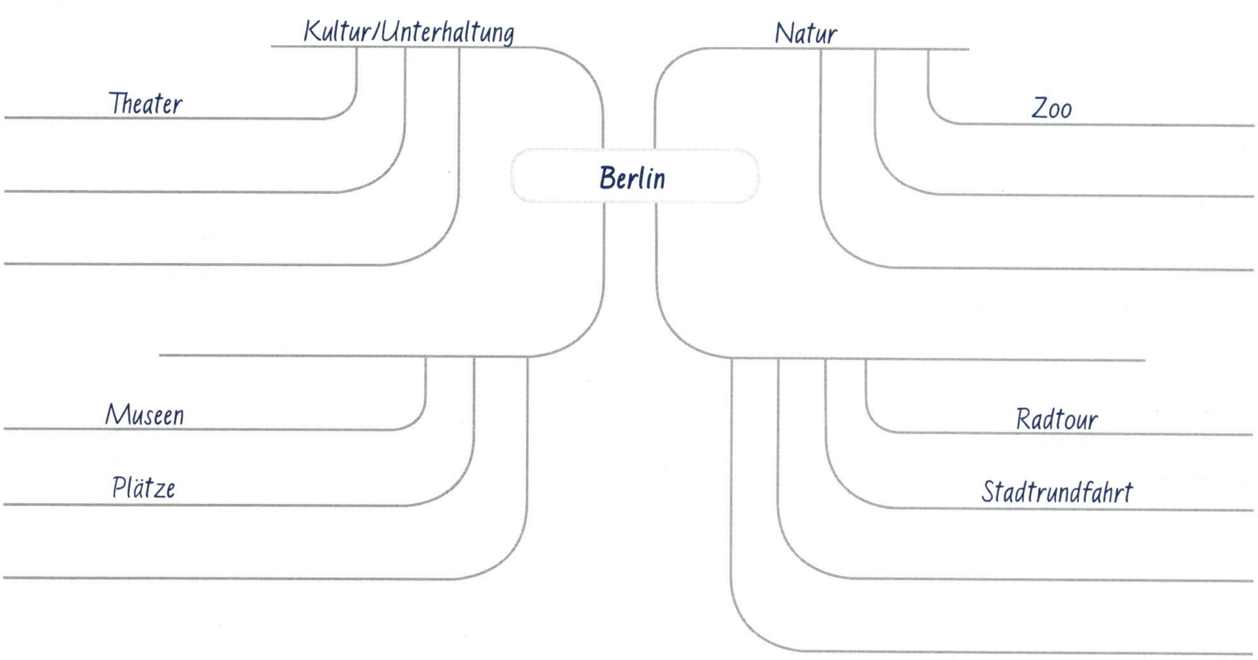


**2** **Weißt du schon etwas über Berlin? Ergänze zu den folgenden Unterbegriffen je ein weiteres Ausflugsziel.**

Museen: *Madame Tussauds, Pergamonmuseum,*

Plätze: *Pariser Platz, Gendarmenmarkt,*

besondere Bauwerke: *Fernsehturm, Berliner Mauer,*

**Methode** **Einen Schreibplan anlegen**

Die Gliederung eines Textes erleichtert das Lesen.
Plane den **Aufbau**: Ordne deine Ideen in der Reihenfolge, in der du sie ausarbeiten möchtest.

- Achte auf eine passende **Einleitung:** Wie kannst du Leser/-innen für dein Thema interessieren?
- Lege für den **Hauptteil** eine **Reihenfolge** fest, indem du deine Ideen nummerierst.
- Formuliere den **Schluss**. Zeige, was dir persönlich am Thema besonders wichtig ist.

**3** a **Mit den folgenden Textbausteinen können Einleitung (E), Hauptteil (H) und Schluss (S) eines informierenden Textes über Berlin beginnen. Prüfe ihre Reihenfolge und trage E, H und S ein.**
b **Ergänze die Sätze im Heft. Nutze dafür auch Informationen aus der Mind-Map auf Seite 3.**

☐ *Am ersten Tag können wir uns einen Überblick verschaffen. Entweder ...*

☐ *Bei so vielen Möglichkeiten werden wir unser Wissen durch den Besuch der Stadt sicher deutlich erweitern. Uns steht bestimmt ...*

☐ *Nach den Osterferien fahren wir mit unserer Klasse für eine Woche nach Berlin. Das ist ...*

**4** **Die folgenden Notizen für den Hauptteil sind durcheinandergeraten. Lies die Notizen aufmerksam. Nummeriere sie in sinnvoller Reihenfolge.**

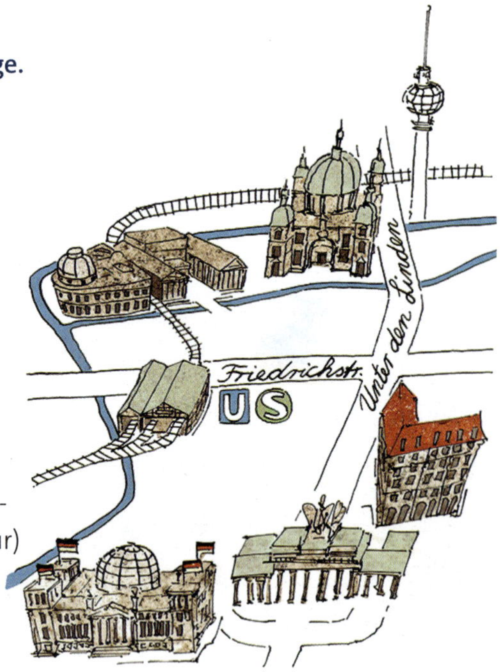


☐ A kulturelles Angebot: gemeinsame Abendgestaltung

☐ B noch weitere Museen, z. B. Neue Nationalgalerie (für Kunstinteressierte)

☐ C zweiter Tag: Sehenswürdigkeiten/Bauwerke Bezirk Mitte, z. B. Wahrzeichen Berlins: Brandenburger Tor (Pariser Platz)

☐ D Nachmittag vor der Abreise: freie Gestaltung

☐ E Regierungsgebäude (Nähe Pariser Platz): Reichstag (spektakuläre Glaskuppel) und Bundeskanzleramt (moderne Architektur)

☐ F Erholung (nach Museumsbesuchen): Erkundungen in der Natur (etwa Parks, Zoo und Umgebung)

☐ G vom Pariser Platz aus Spaziergang über die Prachtstraße „Unter den Linden" (interessante Gebäude)

*1* H Überblick am ersten Tag: Stadtrundfahrt (Doppeldeckerbus) oder Schiffstour auf Spree und Kanälen, um Berlin vom Wasser aus zu erleben

☐ I nach der „Gedenkstätte Berliner Mauer" mit U-Bahn zur Museumsinsel (Insel in der Spree), einem der größten Kulturangebote der Stadt: verschiedene Museen (z. B. Pergamonmuseum, Alte Nationalgalerie, Neues Museum mit der Nofretete-Büste)

☐ J Fernsehturm am Alexanderplatz (fantastische Sicht über die Stadt)

☐ K dritter Tag: „Gedenkstätte Berliner Mauer" (wichtig für Geschichte Berlins)

**Methode** **Einen Text überarbeiten**

Selten ist ein Text in der ersten Fassung schon richtig gut.

1 Nimm dir die Zeit, deinen **Textentwurf** noch einmal **inhaltlich** zu **überprüfen**:
   – Versetze dich in die **Rolle deiner Leser/-innen**: Können sie den Text ohne Vorkenntnisse verstehen?
   – Werden sie durch **nichts Überflüssiges** durcheinandergebracht?
2 Überarbeite deinen Text. Achte besonders auf folgende Fragen:
   – Sind **Wortwahl** und **Satzbau abwechslungsreich und genau**?
   – Stimmen die **Rechtschreibung, Grammatik und Zeichensetzung**?

**5** **Lies die folgende Einleitung (1) eines Schülertextes, der über Berlin informiert.**

*Berlin - eine vielfältige Stadt (1)*
*Wenn die Ferien vorbei sind, nach den Osterferien, fahren wir mit unserer Klasse gemeinsam für sieben Tage, also für eine Woche, nach Berlin. Berlin ist die größte deutsche Stadt in Deutschland und bietet eine Vielzahl und jede Menge an Sehenswürdigkeiten. Deshalb sollten wir für unsere Unternehmungen und Vorhaben einen genauen Plan machen.*

a **Schreibe auf: Wie wirkt der Textauszug (1) auf dich? Was würdest du verbessern?**

b **Wende die Weglassprobe an: Streiche alle überflüssigen Wörter und Wendungen in der Einleitung oben durch.**
c **Schreibe die gekürzte Fassung in dein Heft.**

Streiche Überflüssiges, z. B.:
*Wir freuen uns ~~überaus und~~ außerordentlich auf Berlin.*

**6** **Lies den folgenden Beginn des Hauptteils (2) des Schülertextes von Aufgabe 5.**

*Berlin - eine vielfältige Stadt (2)*
*Am ersten Tag können wir uns einen Überblick über Berlin verschaffen. Entweder lernen wir die Straßen Berlins auf einer Stadtrundfahrt mit dem Doppeldeckerbus kennen oder wir schippern im Rahmen einer Schiffstour auf der Spree und den zahlreichen Kanälen durch Berlin. Hier erlebt man Berlin vom Wasser aus.*
*Auf jeder Fahrt nach Berlin ist der Besuch der wichtigen Sehenswürdigkeiten ein Muss. Am zweiten Tag sollten wir daher im Bezirk Mitte die wichtigen Bauwerke, Gedenkstätten und Plätze ansehen. Zu den wichtigen Bauwerken gehört auf jeden Fall das wichtige Wahrzeichen Berlins, das Brandenburger Tor am Pariser Platz.*

a **Schreibe auf: Was stört dich beim Lesen des Textauszugs (2)? Was sollte verändert werden?**

b **Unterstreiche im Text Wörter und Wendungen, die sich wiederholen.**
c **Nutze die Ersatzprobe: Schreibe den Text verbessert in dein Heft.**

Vermeide Wiederholungen, z. B.:
*Berlin ist schön. ~~Berlin~~ Die Hauptstadt ist spannend. ~~Berlin~~ Sie ~~ist~~ wirkt überwältigend.*

**7** Lies die Fortsetzung des Schülertextes (3).

*Berlin – eine vielfältige Stadt (3)*

*Die Geschichte Berlins ist stark von der Mauer beeinflusst. Wir sollten deshalb am nächsten Tag vielleicht mit einem Besuch der Gedenkstätte „Berliner Mauer“ starten. Wir können danach mit der U-Bahn zur Museumsinsel fahren, um eines der größten Kulturangebote der Stadt zu nutzen. Wir können uns auf der Jnsel in der Spree je nach Jnteresse mehrere Stunden aufhalten und die verschiedenen Museen anschauen (z.B. Pergamonmuseum, Alte Nationalgalerie oder das Neue Museum mit der berühmten Nofretete-Büste). Wir können noch viele weitere interessante Museen besuchen, die Berlin bietet.*

**a** Unterstreiche im Textauszug die Sätze, die ähnlich beginnen.
**b** Überarbeite den Textauszug mit der Umstellprobe und schreibe ihn verbessert in dein Heft.

**Umstellprobe**
*Man kann nachmittags ausruhen. → Nachmittags kann man ausruhen.*

**8** **a** Im Schlussteil des Schülertextes (4) sind 10 Wörter falsch geschrieben. Unterstreiche die Fehler.
**b** Auch die Zeichensetzung ist fehlerhaft. Setze die 5 fehlenden Kommas.

VORSICHT FEHLER!

*Berlin – eine vielfältige Stadt (4)*

*Bei all dem Pflaster treten ist wohl klar das auch Erholung seinmuss. Deshalb können wir zwischen Museumsbesuchen und Erkundungen in der Natur abwechseln denn Berlin bitet viel grün zum Beispiel Parks und den Zoo. Wir wollen Abends natürlich auch das kulturele Angebot nutzen es gibt schlieslich viele Kinos Theater und Konzerte. Uns stet sicher eine spanende Woche in Berlin bevor.*

**9** Überarbeite jeden der Fehler im Textauszug (4) mit Hilfe der folgenden Tabelle für Fehlerschwerpunkte. Trage die verbesserten Wörter in die mittlere Spalte der Tabelle ein. Notiere rechts die Fehleranzahl.

| Fehlerschwerpunkte | verbesserte Wörter | Häufigkeit |
|---|---|---|
| 1 **Groß- und Kleinschreibung** (Übungen ▸S. 76–80) | | |
| 2 **Getrennt- und Zusammenschreibung** (▸S. 82–85) | | |
| 3 **kurze Vokale** (▸S. 87–89) | | |
| 4 **lange Vokale** (▸S. 90–94) | | |
| 5 **s-Laut** (▸S. 97–100) | | |

**10** ●●● Werte deine beiden letzten Klassenarbeiten im Fach Deutsch mit der Tabelle für Fehlerschwerpunkte aus.

# Informieren und berichten

**Information** **Schreibplan für einen Bericht**

Ein Bericht informiert **knapp und genau** über ein vergangenes Ereignis.
Er beschränkt sich auf die **wesentlichen Informationen** und beantwortet die **W-Fragen**.
**Aufbau:**

- In der **Einleitung** informierst du knapp darüber, worum es geht:
  Was geschah? Wann geschah es? Wo geschah es? Wer war beteiligt?
- Im **Hauptteil** stellst du den Ablauf des Ereignisses in der zeitlich richtigen Reihenfolge dar:
  Wie lief das Ereignis ab? Warum?
- Am **Schluss** nennst du die Folgen des Ereignisses oder gibst einen Ausblick:
  Welche Folgen hatte das Ereignis?
- Formuliere eine knappe und treffende **Überschrift**, die das Ereignis genau benennt.

**1** **Tim möchte in seiner Schülerzeitung über eine ganz besondere „Facebook-Party" berichten. Lies die Aussagen in den Sprechblasen genau und markiere die Informationen, die Antworten auf die W-Fragen geben, farbig.**
**Blau: Was? Wann? Wo? Wer?**
**Gelb: Wie? Warum?**
**Grün: Welche Folgen?**

**Lena (freiwillige Helferin):** Habe bei Facebook davon erfahren und bin sofort hingefahren! Das war ein krasser Anblick: Über eine Strecke von fast 100 Metern war die gesamte Bundesstraße total voll mit Getränkekisten und -flaschen. Freiwillige Helfer durften alles mitnehmen. Die Nachricht hat sich über Facebook sehr schnell verbreitet. Fast 200 Helfer waren vor Ort! Die Facebook-Party mit Freigetränken hat großen Spaß gemacht. Bei dem Wetter ist das eine tolle Sache!

**Herr Hackmann (Polizeisprecher):** Am 6. Juli 2016 kurz nach 21:00 Uhr verlor ein voll beladener Getränkelaster einen großen Teil seiner Ladung auf der Bundesstraße 27 in Staubingen. Beim Durchfahren einer Rechtskurve öffnete sich aus noch ungeklärter Ursache eine Seitenklappe des Anhängers. Ein Großteil der Ladung, insgesamt 36 Paletten Mineralwasser und Limonade in Plastikflaschen, fiel auf die Fahrbahn. Die Bundesstraße musste voll gesperrt werden. Die Feuerwehr reinigte zusammen mit freiwilligen Helfern die Einsatzstelle. Gegen 23:30 Uhr wurde die Bundesstraße 27 für den Verkehr wieder freigegeben.

**Herr Schmidt (Feuerwehrmann):** Ich vermute, dass der LKW-Fahrer die Tür seines Wagens nicht richtig zugemacht hatte. Aber wir hatten Glück im Unglück. Der Fahrer des LKW ist unverletzt geblieben. Außerdem haben die vielen freiwilligen Helfer dafür gesorgt, dass wir mit unseren Arbeiten schnell vorankamen und die Sperrung der Straße schon bald wieder aufgehoben werden konnte.

**Geschäftsführer der Getränkefirma:** Ich sehe den ärgerlichen Unfall als eine gelungene Werbeaktion an. Das ist für uns gut gelaufen und ich denke, die Bevölkerung hat auch noch etwas davon gehabt. Der eine mehr, der andere weniger.

**2** Lege für Tims Bericht einen Schreibplan an, indem du die Informationen in die Übersicht einträgst.

**Einleitung**

Was? *LKW verliert Getränkeladung, Fahrbahn voll gesperrt,* ______

Wann? ______

Wo? ______

Wer? ______

**Hauptteil**

Wie und warum? ______

______

______

**Schluss**

Welche Folgen? ______

______

**3** Die folgende Einleitung ist nicht sachlich genug verfasst.

**a** Streiche überflüssige Kommentare durch.

**b** Unterstreiche Unsachliches und notiere in der Randspalte Verbesserungsvorschläge.

VORSICHT FEHLER!

Schreibe **sachlich und nüchtern**. Vermeide Ausschmückungen, Umgangssprache oder Vermutungen.

*Am 6. Juli 2016 verlor ein ~~sehr fantasievoll lackierter~~ LKW auf der Bundesstraße 27 in Staubingen voll viele Getränke, wahrscheinlich weil die Tür nicht richtig zu war. Die ca. 200 über Facebook zusammengetrommelten Helfer, die die Feuerwehr unterstützten, verwandelten die Straße in eine supercoole Facebook-Party.*

**4** Arbeite den folgenden Textauszug von Tim im Heft richtig aus:

– Setze die Verben in Klammern ins richtige Tempus.

– Tausche die umrahmten Satzanfänge so aus, dass sie die Reihenfolge der Ereignisse deutlich wiedergeben.

[Nachdem] (öffnen) sich die Seitenklappe des Anhängers, woraufhin sich 36 Paletten Mineralwasser und Limonade in Plastikflaschen über fast 100 Meter Fahrbahn (verteilen). [Kurz darauf] die Bundesstraße voll gesperrt (werden), (beginnen) die Feuerwehr mit den Aufräumarbeiten. [Gegen 21:00 Uhr] (kommen) ca. 200 freiwillige Helfer dazu, die über Facebook von der Aktion (erfahren).

- Mache die **Reihenfolge** der Ereignisse durch passende Satzanfänge deutlich, z. B.: *Zuerst …, Kurz darauf …*
- Verwende als Zeitform das **Präteritum** *(fuhr, kamen).*
- Schreibe im **Plusquamperfekt**, wenn etwas vorher passiert ist, z. B.: *Nachdem die Helfer die Straße aufgeräumt hatten, gingen sie heim.*

**Information** **Redewiedergabe in der indirekten Rede**

Um wiederzugeben, was jemand gesagt hat, verwendet man die indirekte Rede. Das Verb steht dann im Konjunktiv I (► S. 44 f.), z. B.: *Der Feuerwehrmann sagte, er sei über den Ablauf der Aufräumarbeiten sehr froh.*

**5 Tim möchte wiedergeben, was die Beteiligten zu dem Unfall gesagt haben. Gib die folgenden Zitate in indirekter Rede wieder.**

Verwende im einleitenden Hauptsatz **abwechslungsreiche Verben**, z. B.: *feststellen, erklären, berichten, beschreiben, aussagen, darlegen.*

A Freiwillige Helferin: „Die Nachricht hat sich über Facebook sehr schnell verbreitet.“

*Eine freiwillige Helferin erzählte, die Nachricht habe* ______________________________

______________________________________________________________ .

B Freiwillige Helferin: „Die Facebook-Party mit Freigetränken hat großen Spaß gemacht.“

______________________________________________________________

______________________________________________________________

C Feuerwehrmann: „Der Fahrer des LKW ist unverletzt geblieben.“

______________________________________________________________

______________________________________________________________

D Geschäftsführer der Getränkefirma: „Ich sehe den ärgerlichen Unfall als eine gelungene Werbeaktion.“

______________________________________________________________

______________________________________________________________

**6 a Schreibe einen zusammenhängenden Hauptteil und Schluss für Tims Bericht in dein Heft. Verwende dazu deine Vorarbeiten aus den Aufgaben 4 und 5.**

**b Formuliere eine treffende Überschrift für Tims Bericht.**

**7 ●●● Erstelle Fragen für eine Checkliste zum Schreiben eines Berichts. Das Merkwissen und die Tipps auf den Seiten 7 und 8 helfen dir dabei.**

Beantwortet der Bericht alle ______________________________?

Ist das Geschehen in ______________________________ wiedergegeben?

Informiert der Bericht ______________________ über das Ereignis?

Ist der Bericht ______________________________ formuliert?

Ist die Überschrift ______________________________?

Wurde das richtige ______________ verwendet: ______________ oder ______________?

# Argumentieren und überzeugen

## Meinungen, Argumente, Beispiele

**Information** **Argumentieren: Meinung, Argument, Beispiel**

Beim Argumentieren versucht man, überzeugend zu begründen: Man stellt eine **Meinung** (Behauptung) auf, die man durch **Argumente** stützt und durch **Beispiele** veranschaulicht bzw. erklärt:

- **Meinung**: *Meiner Meinung nach ist Lästern ein schlechtes Verhalten, ...*
- **Argument**: ..., *weil man damit Menschen sehr unrecht tun kann.*
- **Beispiel**: *Zum Beispiel wurde in meiner Klasse neulich jemand als Lügner dargestellt. Viele sprachen nicht mehr mit ihm, bis er von dem Gerücht hörte und die Sache richtigstellen konnte.*

**1** **a** **Lies die folgenden Diskussionsbeiträge.**
**b** **Prüfe für jede der Positionen, ob du ihr zustimmst oder nicht. Trage ein: ✓ (= stimme zu) oder ✗ (= bin anderer Meinung).**

*Merle Kärber, Grenzach*

☐ Lästern ist oft nah dran am Mobbing. Egal wie, das sollte verboten werden! Das Opfer muss oft lange Zeit unter den Anfeindungen leiden. Dass es dafür sogar extra Webseiten gibt, ist fies und gemein.

*Nele Vennry, Ulm*

☐ Ich finde Ablästern im Internet gut. Wenn jemand einen den ganzen Tag nervt, will man einfach mal bei anderen Dampf ablassen. Das ist doch okay!

*Mirko Klemens, Erbach*

☐ Man sollte die Läster-Foren verbieten, weil es nicht alle etwas angeht, ob jemand gerade ein Kilo zugenommen hat oder nicht. Es ist nicht dasselbe, ob so etwas auf dem Schulhof oder im Internet herumgeht. Im Netz ist es einfach feige und unfair.

☐ Man sollte das öffentliche Lästern verbieten. Wenn man motzen will, dann im Freundeskreis, aber doch nicht im Internet! Solche Sachen kann man ja nicht mehr löschen. Stell dir mal vor, du lästerst fröhlich über jemanden und nachher triffst du ihn und findest ihn ganz nett. Wäre doch schrecklich!

*Theresia Dworscheck, Blaubeuren*

*Samuel Rabé, Weil am Rhein*

☐ Läster-Seiten zu blockieren, das geht gar nicht! Das wäre Internet-Zensur und die sollte eigentlich in einem Rechtsstaat wie Deutschland verboten sein. Wenn man die Seiten blockiert, hilft man dem Opfer nicht, sondern duckt sich nur weg. Der Betroffene wird nämlich einfach weitergemobbt, etwa per E-Mail oder SMS.

**2** **a** **Worüber äußern sich die Jugendlichen auf Seite 10? Gib das Thema mit eigenen Worten als Frage wieder.**
**b** **Unterstreiche in den Diskussionsbeiträgen Meinungen schwarz, Argumente grün und Beispiele blau.**
**c** **Trage die Argumente mit eigenen Worten in die nachfolgende Tabelle ein.**

Das Thema als Frage: ______________________________

| Argumente | |
|---|---|
| pro (dafür) | kontra (dagegen) |
| | |
| | |
| | |
| | |
| | |
| | |
| | |
| | |
| | |

**3** **a** **Nele ist der Meinung, dass Lästerforen „feige" und „unfair" sind.**
**Kreuze je ein Argument an, welches Neles Meinung deiner Ansicht nach am besten stützt.**

In Internet-Foren zu lästern ist **feige**, ...

A ☐ ... weil man sich da oft an Schwächeren vergreift.

B ☐ ... denn die Lästermäuler bleiben oft anonym.

C ☐ ... da man sich im Netz nicht persönlich gegenübersteht.

In Internet-Foren zu lästern ist **unfair**, ...

D ☐ ... denn es gibt keine Regeln, an die man sich halten muss.

E ☐ ... weil meistens mehrere Menschen gegen jemand Einzelnen wettern.

F ☐ ... da eine Person hier völlig einseitig nur schlechtgemacht wird.

**b** **Veranschauliche jedes der beiden ausgewählten Argumente mit einem Beispiel.**

Beispiel zu Argument ____: ______________________________

______________________________

Beispiel zu Argument ____: ______________________________

______________________________

**Methode** **Schreibplan für einen Leserbrief**

In einem Leserbrief nimmst du persönlich Stellung zu einem Thema oder z. B. zu einem Artikel aus einer Zeitung oder einer Zeitschrift. **Aufbau:**
- **Betreffzeile:** Gib knapp den Bezug zum Zeitungsartikel an.
- **Anrede:** Beginne mit der **Anrede,** danach folgt ein **Komma**.
- **Einleitung:** Erkläre, worum es geht (**Thema** oder strittige Frage).
- **Hauptteil**: Formuliere deine **Meinung** zu diesem Thema/dieser Frage.
  - Argumente: Führe zwei oder mehrere überzeugende **Argumente** (Begründungen) an und veranschauliche diese nach Möglichkeit durch **Beispiele**.
    Deine Argumentation wird überzeugender, wenn du auf die Anordnung der Argumente achtest, z. B. können das erste oder das letzte Argument besonders schlagkräftig sein.
  - Mögliche Einwände (Gegenargumente) kannst du nennen, um sie zu entkräften.
- **Schluss:** Fasse dein Anliegen (z. B. als **Vorschlag oder Wunsch**) noch einmal zusammen.
- **Gruß:** Schließe mit einer **Grußformel** und deiner **Unterschrift**.

**4** **Beteilige dich an der Diskussion über Läster-Foren im Internet: Bereite schrittweise einen Leserbrief vor.**

**a** **Schritt 1: Kreuze an, welche Position du vertreten willst.**

In meinem Leserbrief argumentiere ich ...

☐ **für** das Verbot von Läster-Foren (pro), ☐ **gegen** das Verbot von Läster-Foren (kontra).

**b** **Schritt 2: Notiere in Stichworten die Argumente, die du anführen willst.**
**Du kannst auf Argumente von Seite 11 zurückgreifen oder weitere, eigene Argumente finden.**

**c** **Schritt 3: Suche zu jedem dieser Argumente ein Beispiel als Stütze.**

| Meine Argumente: | Meine Beispiele dazu: |
|---|---|
| *(1)* | *(1)* |
| | |
| *(2)* | *(2)* |
| | |

**d** **Schritt 4: Schreibe einen Einwand auf, der gegen deine Meinung erhoben werden könnte.**

**e** **Entkräfte diesen Einwand mit einem weiteren Argument. Verwende die nebenstehenden Formulierungshilfen.**

**Einwände entkräften:** *Sicherlich kann man einwenden, dass ...*
*Dennoch habe ich die Erfahrung gemacht, dass ...*
*Obwohl ... denken, dass ...,*
*muss man berücksichtigen, dass ...*
*Es ist schon richtig, dass ... – Es darf aber nicht übersehen werden, dass ...*

**5** **Schreibe den zusammenhängenden Leserbrief.**
**Tipp: Orientiere dich an der folgenden Gliederung und dem Merkwissen auf Seite 12.**
**Verwende die Argumente und Beispiele, die du in Aufgabe 4 vorbereitet hast.**

| | |
|---|---|
| **Betreffzeile** | *Artikel zu Läster-Foren in „jugendjetzt" 9/2016* |
| **Anrede** | *Liebe Redaktion,* |
| **Einleitung:** Thema/Frage (Überleitung zum Hauptteil) | *mit Interesse las ich* |
| **Hauptteil:** Meinung | |
| Zwei bis drei Argumente und Beispiele (evtl. Einwand entkräften) | |
| **Schluss:** Zusammenfassung, Vorschlag, Wunsch | |
| **Gruß** | |
| **Unterschrift** | |

**6** **Zu der Zeitschrift „jugendjetzt" gibt es auch ein Internet-Forum.**

●●● **a** **Formuliere deinen Leserbrief von Aufgabe 5 zu einem Beitrag für das Internet-Forum um. Schreibe den Beitrag in dein Heft.**

**b** **Benenne die Unterschiede zwischen einem gedruckten Leserbrief und einem Beitrag in einem Internet-Forum. Übertrage dazu die folgende Tabelle in dein Heft.**

| Merkmale eines Leserbriefs | Merkmale eines Beitrags in einem Internet-Forum |
|---|---|
| ... | *am Anfang keine Anrede nötig* |

# Beschreiben

## Eine Person beschreiben

**Information** Schreibplan für eine Personenbeschreibung

**Aufbau:**
- Mache in der **Einleitung** allgemeine Angaben zur Person (z. B. Geschlecht, Alter, Größe).
- Beschreibe im **Hauptteil** das Aussehen der Person in einer geordneten Reihenfolge, von oben (z. B. Kopf, Haare, Gesicht) nach unten (z. B. Kleidung, Körperbau, Körperhaltung, Schuhe).
- Beschreibe am **Schluss**, wie die Person auf dich wirkt.

Schreibe im **Präsens** und formuliere in **sachlicher Sprache**.

**1** **Schau dir das Porträt der Kurfürstin von Sachsen genau an, das der berühmte Maler Lucas Cranach 1531 gemalt hat. Trage die folgenden Angaben ein:**

Geschlecht: ____________________

Alter (geschätzt): etwa 18

Größe (geschätzt): ____________________

Figur: ____________________

Haltung: ____________________

Lucas Cranach der Ältere:
Porträt der Prinzessin Sibylle von Cleve (1531)

**2** **Betrachte das Gesicht genau. Wähle im folgenden Wortmaterial passende Formulierungen aus und markiere sie.**

Suche **aussagekräftige Adjektive**, um die Person zu beschreiben, z. B.: *schlank, rotbraun*. Vermeide persönliche Wertungen wie z. B.: *schön, süß, lieb* oder *hässlich*.

**Kinn:** Doppelkinn, vorspringend, zurückweichend, markant, spitz, breit, rund, eckig, Grübchen

**Gesichtsform**: länglich, oval, kantig, schmal, rund

**Stirn:** flach, (leicht) gewölbt, hoch, niedrig, kantig

**Mund:** schmale/volle Lippen, klein, breit, geöffnet/geschlossen, lächelnd

**Wangen:** eingefallen, hohlwangig, voll, Pausbacken, gerötet, Grübchen

**Haut:** faltig, Lachfalten, glatt, verrunzelt, pickelig, gerötet, gebräunt

**Augen:** dunkel, blau, eng beieinander-/weit auseinanderstehend, tiefliegend, mandelförmig, offen, blinzelnd

**Augenbrauen:** schmal, buschig, dunkel, geschwungen, hoch, tief

**Nase:** Adlernase, Stupsnase, spitz, kurz, schmal, breit

**Haare/Frisur:** Kurzhaarfrisur, dünn, langes Haar, lockig, glatt, ergraut, kinnlang, tiefschwarz, rötlich glänzend/stumpf, zerzaust, gewellt, kräftig, fein, nach hinten gekämmt, zusammengebunden, Mittelscheitel

**3** **Der folgende Informationstext über die Kleidung am Hofe im 16. Jahrhundert wirkt eintönig, weil sehr oft das Verb „haben" vorkommt. Formuliere den Text um und schreibe ihn verbessert in dein Heft. Die folgenden Verben helfen dir dabei.**

Verwende an Stelle der Wörter „ist", „sind", „hat" und „haben" **abwechslungsreiche Verben**, z. B.: *tragen, aussehen, besitzen, aufweisen, wirken, umgeben.*

besitzen • aufweisen • anziehen • tragen • versehen sein mit

## Höfische Kleidermode um 1550

Um das Jahr 1550 haben die adligen Damen am Hofe aufwändige Kleider an. Unter den Kleidern haben sie Korsette an. Die Ärmel der Kleider haben an den Gelenken Schlitze, sodass man die Arme gut bewegen kann. Die Kostüme der Damen haben häufig einen viereckigen oder runden Ausschnitt. Darunter haben die Frauen ein hochgeschlossenes Hemd an oder die Kleider haben einen Einsatz mit Stickereien, der in den Ausschnitt eingearbeitet ist. Auf dem Kopf haben die Frauen oft fantasievoll gestaltete Hüte oder Haarschmuck.

**4** **Die Kurfürstin Sibylle von Cleve auf dem Bild von Seite 14 trägt vornehme Kleidung, wie sie Mitte des 16. Jahrhunderts üblich war. Beschreibe diese genau. Die angebotenen Formulierungen unterstützen dich.**

**Farben:** weinrot, rotgolden, weiß

**Ärmel:** Ausbuchtungen, geschlitzt, Bänder

**Verzierung:** bedruckte Bänder, Ornamente

**Kragen:** hochgeschlossen, mit Perlen verziert

**Rock:** Falten, Wespentaille

**Kette:** Anhänger mit Edelsteinen

**Kopfschmuck:** fein gearbeitetes Blumengeflecht, Feder

*Die Kurfürstin trägt ein weinrotes Kleid.*

**5** **Arbeite eine vollständige Personenbeschreibung aus: Schreibe den folgenden Anfang in dein Heft und setze ihn fort. Verwende alle Informationen, die du auf den Seiten 14 bis 15 bekommen hast. Orientiere dich beim Aufbau des Textes am Merkkasten oben auf Seite 14.**

*Das Porträt der Kurfürstin von Sachsen, Sibylle von Cleve, das Lucas Cranach 1531 gemalt hat, zeigt ein etwa 18-jähriges Mädchen in einem vornehmen Kleid.*

# Ein Bild beschreiben

**Information** **Schreibplan für eine Bildbeschreibung**

**Aufbau:**
- In der **Einleitung** informierst du über den Titel, die Künstlerin/den Künstler (sofern bekannt), die Entstehungszeit, die Technik (z. B.: Aquarell/Öl auf Leinwand/Holz), das Format (Hochformat oder Querformat) sowie über den Gegenstand des Bildes.
- Im **Hauptteil** beschreibst du genau, was du siehst. Gehe vom **Gesamteindruck** des Bildes oder vom **Hauptmotiv** aus (Was ist abgebildet?). Erwähne dann die **Einzelheiten**. Gehe geordnet vor, z. B.: von der linken zur rechten Bildhälfte oder von vorn (Vordergrund) über die Mitte (Mittelgrund) nach hinten (Hintergrund). Beschreibe auch die **Farbgestaltung** (Welche Farben?).
- Am **Schluss** gibst du wieder, wie das Bild insgesamt auf dich wirkt.

Schreibe im **Präsens** und formuliere in **sachlicher Sprache**.

**1** **Der holländische Maler Pieter Brueghel malte im Jahr 1568 eine Bauernhochzeit. Betrachte das Bild genau. Notiere in Stichworten, was du siehst.**

Pieter Brueghel der Ältere: Bauernhochzeit (1568) Ölfarben auf Holz

Gesamteindruck: ____________________

____________________

Hauptmotiv (Was wird dargestellt?): ____________________

____________________

Umgebung (Was für ein Raum wird dargestellt?): ____________________

____________________

Figuren (z. B. Kleidung, Aussehen): ____________________

____________________

____________________

Tätigkeiten: ____________________

____________________

**2** **Untersuche den Aufbau des Bildes und notiere: Wo befindet sich was?**

Hintergrund: ____________________

____________________

Mittelgrund: ____________________

____________________

Vordergrund: *zwei Träger tragen Speisen an Tisch, ein Kind ...*

____________________

**3** **Benenne die Farben im Bild.**
**Wähle passende Farbadjektive aus und notiere sie auf den Schreiblinien.**

**Gelb-/Braun-Töne**: ockerfarben, beigefarben, sandfarben, hellbraun, dunkelbraun

**Grüntöne**: hellgrün, dunkelgrün, türkisfarben

**Rottöne**: hellrot, dunkelrot, leuchtend rot, rotbraun

**Blautöne**: hellblau, taubenblau, graublau, dunkelblau

vorherrschende Farben: ____________________

Kleidung der Träger: ____________________

____________________

Kind: ____________________

Mann im Vordergrund: ____________________

Gäste an der Tafel: ____________________

Boden: ____________________ Wand: ____________________

**4** **Arbeite eine vollständige Beschreibung des Bildes „Bauernhochzeit" aus. Berücksichtige den Merkkasten auf Seite 16 und die Ergebnisse aus den Aufgaben 1 bis 3.**

Verwende **abwechslungsreiche Verben**: *zeigen, abbilden, darstellen, besitzen, aufweisen, aussehen.*

# Einen Vorgang beschreiben

## Papier schöpfen

**Information** **Schreibplan für eine Vorgangsbeschreibung**

**Aufbau:**
- Nenne in der **Einleitung** die notwendigen Materialien und/oder Vorbereitungen, z. B.: *Altpapier, Wasser, Handrührgerät; Papier einweichen ...*
- Beschreibe im **Hauptteil** Schritt für Schritt den Ablauf des Vorgangs, z. B.: *Zuerst musst du das Altpapier in 3 bis 4 cm große Stücke reißen ...*
- Gib zum **Schluss** einen weiterführenden Hinweis (Tipp), z. B.: *Du kannst am Ende auf das noch feuchte Papier eine bedruckte Papierserviette legen. Der Druck färbt dann auf dein Papier ab.*

Schreibe im **Präsens** und formuliere in **sachlicher Sprache**.

In China wurde schon um 200 v. Chr. Papier hergestellt. Hanf- und Flachsfasern wurden dabei zerstampft, mit Wasser vermengt und schließlich als Papierbögen abgeschöpft. Im späten Mittelalter entstanden in Europa Papiermühlen, die dieses Verfahren anwendeten und zur Massenproduktion weiterentwickelten. Die Techniken zur Papierherstellung waren auch Voraussetzung für den Erfolg des Buchdrucks von Johannes Gutenberg im 15. Jahrhundert.

**1** **Um selbst Papier schöpfen zu können, muss man Materialien sammeln und Vorbereitungen treffen. Ordne die folgenden Stichworte nach „Materialien“ und „Vorbereitungen“.**

Rührlöffel • ¾ Liter Wasser abmessen • Messbecher • 2 Doppelseiten einer Tageszeitung • Wasser
Papier in 3 bis 4 cm große Stücke reißen • Nudelrolle • quadratische Kunststoffwanne
Papier in Messbecher einweichen • Handrührgerät • eingeweichte Papierstücke zu Brei verrühren
Wischlappen • Schöpfrahmen

| Materialien: | Vorbereitungen: |
|---|---|
| | |
| | |
| | |
| | |
| | |
| | |

**2** **Formuliere anhand der Ergebnisse aus Aufgabe 1 eine Einleitung für die Vorgangsbeschreibung „Papier schöpfen“. Beachte die Tipps rechts und oben auf Seite 19.**

**Anfang einer Vorgangsbeschreibung**
- Überschrift
- Einleitungssatz: Thema der Beschreibung
- Nennung der benötigten Materialien
- Beschreibung der Vorbereitungen

**Sprachliche Gestaltung**
- Verwende nur eine **Form der Ansprache:** *Man nimmt ...* oder *Du nimmst ...*
- Wechsel zwischen **Aktiv und Passiv** machen deine Beschreibung abwechslungsreicher, z. B.: *Du verrührst das eingeweichte Papier zu Brei.* → *Das eingeweichte Papier wird zu Brei verrührt.*
- Mache die **Reihenfolge** der einzelnen Schritte **deutlich**, z. B.: *zuerst, dann, danach, zum Schluss ...*
- Verwende treffende Verben, z. B.: *verrühren, (ab-)messen ...*

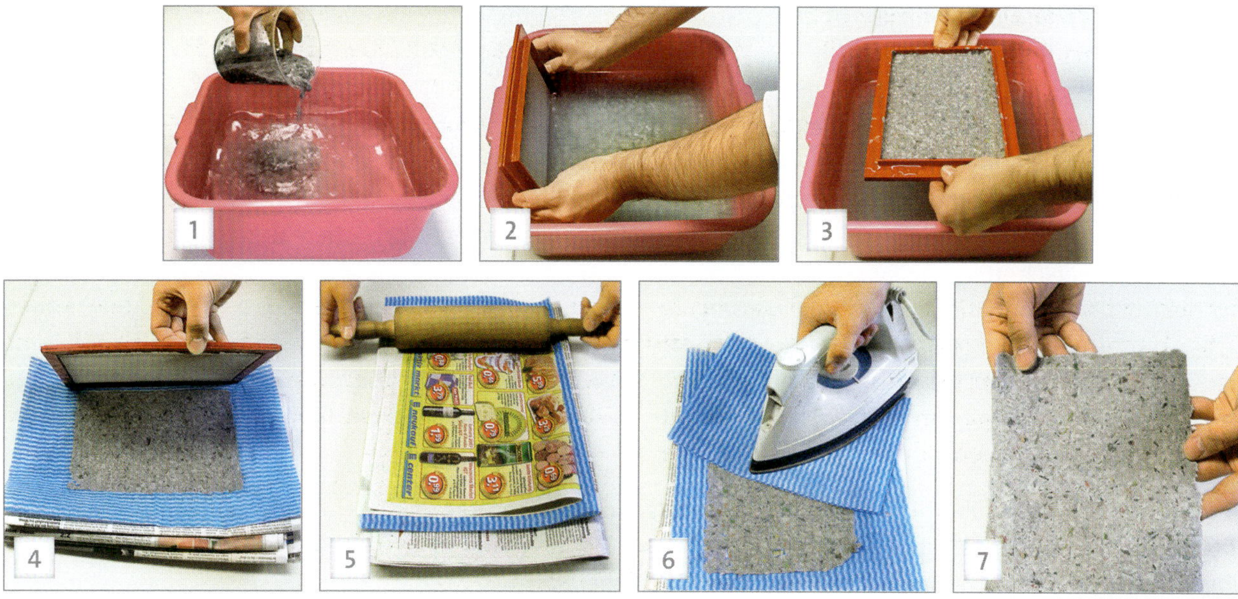


**3** a **Schau dir die Bilder zu den Arbeitsschritten beim Papierschöpfen genau an.**
b **Lies die folgenden Schritte der Vorgangsbeschreibung. Sie sind durcheinandergeraten. Überlege dir mit Hilfe der Fotos, wie die Schritte aufeinander folgen müssen: Nummeriere sie so, dass sie den Vorgang genau beschreiben, den die Fotos zeigen.**

☐ bei niedriger Temperatur bügeln → beschleunigt Trocknen, macht Papier glatt

☐ Sieb waagerecht unter den Papierbrei schieben

☐ Papierbrei in Wasserwanne (ca. 5 Liter) gießen, mit Rührlöffel umrühren

☐ feuchtes Papierblatt mit Wischpapier und Zeitung bedecken, Wasser mit Nudelholz auspressen

☐ Schöpfrahmen senkrecht bis zum Boden der Wanne eintauchen

☐ fertiges Papier eventuell verzieren

☐ Sieb vorsichtig auf Stapel aus Zeitungspapier und Wischtuch umkippen

☐ Schöpfrahmen waagerecht aus Wanne heben und abtropfen lassen

**4** **Beschreibe den Vorgang des Papierschöpfens in der man-Form. Verwende die Hinweise aus dem Merkkasten oben auf Seite 18.**

Wähle Wendungen, die die **Reihenfolge** der einzelnen Schritte **deutlich machen**, z. B.: *als Erstes, danach, im Anschluss daran, dann, während, abschließend.*

# Informationen entnehmen und vergleichen

## Einen Sachtext lesen und verstehen

**Methode** **Die Fünf-Schritt-Lesemethode**

**1. Schritt: Einen Überblick gewinnen**
Lies die Überschrift(en) und die ersten Zeilen des Textes, betrachte die Abbildungen.

**2. Schritt: Den Text zügig lesen**
Lies den gesamten Text zügig durch. Mache dir klar, was das Thema des Textes ist.

**3. Schritt: Unbekannte Wörter und Textstellen klären**
Kläre dir unbekannte Wörter und schwierige Textstellen durch Nachdenken oder Nachschlagen.

**4. Schritt: Den Text sorgfältig lesen und bearbeiten**
Markiere Schlüsselwörter, gliedere den Text in Sinnabschnitte und notiere dazu Zwischenüberschriften.

**5. Schritt: Die Informationen zusammenfassen**
Fasse die Informationen des Textes in Stichworten oder wenigen Sätzen zusammen.

**1** 1. Schritt (Überblick)
**Lies die Überschrift und überfliege den Anfang des folgenden Sachtextes.**
**Sieh dir die Abbildung auf Seite 21 an.**
**Überlege, was du möglicherweise schon über das Thema weißt.**

**2** 2. Schritt (erstes, zügiges Lesen)
a **Lies den folgenden Text über die Sportart Parkour zügig durch. Kreise dir unbekannte Wörter ein.**
**Tipp: Halte dich nicht lange mit Einzelheiten auf, die dir noch unverständlich sind.**
b **Notiere nach dem ersten Lesen das Thema des Textes.**

---

### Neue Sportart Parkour – ein akrobatischer Hindernislauf
*Von Martine Conrad*

Seine Augen suchen verzweifelt nach einem Ausweg. In einer scheinbar aussichtslosen Position balanciert der Schurke Mollaka am Ende des Kranarms. Doch mit katzenhafter Eleganz fliegt er in einem Doppelsprung auf das nächste Hausdach, um James Bond, dem Agenten Ihrer Majestät, zu entkommen. Im Bond-Film „Casino Royale" wirken die Darbietungen von Sébastien Foucan, der Mollaka spielt, als könne er die Gesetze der Schwerkraft überwinden. Doch Foucan ist nur Miterfinder einer neuen Sportart, des „Parkour". Dabei geht es darum, in gradliniger, fließender Bewegung Hindernisse wie Zäune, Mauern und Abgründe zu überwinden, die der normale Läufer in der Stadt umgehen muss. Entwickelt hat sich diese akrobatische Form der Fortbewegung in den Betonwüsten der französischen Satellitenstädte, welche den Anhängern von Parkour ein hervorragendes Übungsgelände bieten.

Bei Jugendlichen – besonders bei Jungen – liegt die extreme Form des Hindernislaufs zurzeit voll im

Trend, weil sie ähnlich wie Skaten zum Bestandteil der Jugendkultur geworden ist. Dutzende von Spielfilmen, Musikvideos und Werbeclips enthalten mittlerweile Stunt- und Akrobatikszenen im Stil von Parkour. Und so kann man in praktisch allen deutschen Großstädten Clubs und Gruppen finden, die sich der Vermittlung der neuen Sportart widmen.

---

Bevor man wie Sébastien Foucan gradlinig über städtische Hindernisse hechten kann, steht hartes Training auf dem Programm. Die künftigen Traceure – so nennen sich die Parkourläufer selbst – müssen zunächst die Grundlagen des Sports sicher beherrschen, um Verletzungen bei Sprüngen und Landungen zu vermeiden. Deshalb hat sich der Hamburger Schüler Richard an diesem Wochenende zu einem Parkourworkshop in der Hansestadt angemeldet. In einer alten Fabrikhalle haben die Veranstalter eine künstliche Landschaft aus typischen Parkour-Hindernissen aufgebaut. Die Mauern, Treppen und Geländer aus aufgerauter Spanplatte sind nicht nur weicher als Beton, sie lassen sich auch leicht zu immer neuen Hindernissen zusammenstellen.

Zunächst erklären die Trainer die Grundideen von Parkour: Es geht darum, sich in der Stadt quasi auf der Luftlinie von A nach B zu bewegen. Zur Überwindung von Hindernissen muss der Traceur dazu horizontale Energie, die Laufgeschwindigkeit, in vertikale Energie, die Sprungenergie, umwandeln. Springt der Läufer von Hindernissen in die Tiefe, fängt er die Fallgeschwindigkeit durch geschicktes Abfedern und Abrollen über die Schulter ab.

---

Dann führen die Profis einige Basistechniken vor: Katzensprung, Hochziehen an der Mauer, Präzisionssprung und Abrollen. Schließlich sind die Neueinsteiger an der Reihe. Richard lernt schnell, aus dem Anlauf genau auf eine Linie zu springen, die der Trainer auf dem Boden markiert hat. Die nächste Übung gestaltet sich deutlich schwieriger, denn die Teilnehmer sollen mit Anlauf sicher auf die dritte Stufe eines Treppenhindernisses springen. Was auf der ersten Stufe noch gut klappt, sieht auf der höchsten zunächst noch ziemlich wacklig aus. Die meisten Teilnehmer rutschen ab oder müssen die Hände zu Hilfe nehmen. Doch nach einer halben Stunde gelingt es schließlich allen, die enge Landefläche präzise zu treffen und stehend die Balance zu halten. Richard ist begeistert. Er will nach dem Workshop auf jeden Fall mit Parkour weitermachen.

---

Für seinen Trainer Marc hat sich Parkour schon zu einer echten Nebenbeschäftigung entwickelt. Der Abiturient ist seit nunmehr vier Jahren dabei. Er gibt nicht nur Kurse für Anfänger und Fortgeschrittene, sondern nimmt auch regelmäßig an Wettbewerben im Freerunning teil. Dabei handelt es sich um die Wettkampfvariante von Parkour. Vor Kurzem schaffte es Marc sogar auf die Bühne: Er zeigte im Rahmen eines Jugendmusicals waghalsige Kunststücke zu Hip-Hop-Musik. Die Zukunft seiner Sportart sieht er rosig: „Parkour ist voll im Trend. Wenn das so weitergeht, wechseln demnächst alle Skater zu uns“, meint der Neunzehnjährige stolz.

## 3 3. Schritt (unbekannte Wörter und schwierige Textstellen klären)

- Die Bedeutung **unbekannter Wörter** kannst du meist aus dem Textzusammenhang klären.
- **Wortzusammensetzungen** musst du zerlegen und nach dem Grundwort suchen, z. B.: *Kranarm = Kran + Arm.*
- Falls du immer noch Zweifel hast, schlage in einem **Lexikon oder Wörterbuch** nach.

**a Schlüssele die Bedeutung des Wortes „Satellitenstädte" (Z. 16 f.) auf. Ergänze.**

| | Bedeutung |
|---|---|
| Satellit | *Himmelskörper oder Flugkörper, der* ______. |
| | *Der Mond ist ein Satellit der* ______. |
| Stadt | *größere, geschlossene* ______ |
| Satellitenstadt | *Eine Satellitenstadt ist eine* ______. |

**b Kläre die Bedeutung dir unbekannter Wörter und schwer verständliche Stellen im Text auf den Seiten 20 bis 21. Schreibe sie mit Erläuterung in dein Heft.**

Es ist nicht immer notwendig, wirklich jedes Wort zu kennen. Prüfe, ob du den Satz auch ohne das Wort verstehst.

## 4 4. Schritt (zweites, sorgfältiges Lesen)

**Lies den Text ein zweites Mal gründlich und bearbeite ihn:**

**a Im ersten Textabschnitt (Z. 1–18) sind die ersten Schlüsselwörter hervorgehoben. Markiere in diesem Abschnitt weitere Schlüsselwörter, die die wichtigsten Informationen enthalten.**

**b Markiere die Schlüsselwörter im gesamten Text.**

**Schlüsselwörter** enthalten die wichtigsten Informationen eines Textabschnitts. Wenn du **W-Fragen an den Text** stellst, kannst du sie mit den Schlüsselwörtern beantworten, z. B.: *Wer? Was? Wo? Wann? Wie?* Wenn du später nur die markierten Wörter überfliegst, weißt du sofort wieder, wovon der Text handelt.

**5 Der Text „Neue Sportart Parkour – ein akrobatischer Hindernislauf" (S. 20–21) ist bereits in Sinnabschnitte unterteilt. Wähle für jeden Sinnabschnitt die passende Zwischenüberschrift aus und schreibe diese in die Leerzeile im Text. Achtung: Zwei Zwischenüberschriften passen nicht.**

Präzise Landung auf der Linie

Ein Ausflug in die Vorstädte

Ein spektakulärer Stunt

Schule für Traceure

Skater auf Spanplatten

Bühnenreife Könner

Neue Trendsportart

**Methode** **Informationen übersichtlich festhalten**

Die Informationen eines Sachtextes kannst du z. B. als Mind-Map oder in einer Stichwortliste erfassen.
- In einer **Stichwortliste** hältst du die Informationen des Textes **mit eigenen Worten** und
- in der **Reihenfolge** fest, in der sie im Text vorkommen.

**Tipp:** Die Schlüsselwörter, die du im Text markiert hast, helfen dir, die Informationen zusammenzufassen.

**6** **Fülle die folgende Inhaltsübersicht aus: Notiere für jeden Sinnabschnitt die Zwischenüberschrift und gib die Informationen stichwortartig wieder.**

Sinnabschnitt 1: ______________________________

______________________________

Sinnabschnitt 2: ______________________________

______________________________

Sinnabschnitt 3: ______________________________

______________________________

Sinnabschnitt 4: ______________________________

Sinnabschnitt 5: ______________________________

______________________________

**Methode** **Einen Sachtext mit eigenen Worten zusammenfassen**

Fasse den Inhalt des Sachtextes knapp und sachlich zusammen, sodass andere, die den Text nicht gelesen haben, über das Wesentliche informiert werden.
- Nenne in der **Einleitung** Titel, Namen des Verfassers/der Verfasserin und Thema des Textes.
- Fasse im **Hauptteil** die wichtigsten Textinformationen knapp, sachlich und in eigenen Worten zusammen. Verwende als Zeitform das **Präsens** (bei Vorzeitigkeit das Perfekt).

**7** <u>5. Schritt (Informationen mit eigenen Worten zusammenfassen)</u>

a **Ergänze den Einleitungssatz und schreibe ihn vollständig ins Heft.**

In dem Text „ ? “ informiert ? über ? .

b **Vervollständige die Zusammenfassung des ersten Sinnabschnitts. Das angebotene Wortmaterial hilft dir. Schreibe ins Heft.**

akrobatische Weise • einem Bond-Film • Hindernisse • Sébastien Foucan • ~~eine neue Sportart~~

Parkour ist *eine neue Sportart*. Sie wurde in Frankreich unter anderem von ? entwickelt, der auch in einer Actionszene in ? aufgetreten ist. Die Sportlerinnen und Sportler nehmen den kürzesten, geraden Weg durch eine Stadt und überwinden ? auf ? .

c **Fasse auch die Sinnabschnitte 2 bis 5 im Heft zusammen. Deine Vorarbeit in Aufgabe 6 hilft dir dabei. Orientiere dich an Aufgabe 7 b.**

# Grafiken und Diagramme auswerten

**Methode** **Grafiken entschlüsseln**

Eine Grafik kann anschaulich **Zahlen** (z. B. Größenverhältnisse), **Konstruktionen und Funktionen** (z. B. Bauwerke) oder **Orts- bzw. Lageangaben** (z. B. Landkarten) darstellen.

1 Stelle fest, worum es in der Grafik geht.
2 Untersuche, was die Grafik darstellt, z. B. einen Vorgang oder räumliche Zusammenhänge.
3 Prüfe, ob die Grafik Farben, Beschriftungen oder Symbole enthält, die erklärt werden.
4 Schreibe auf, worüber die Grafik informiert.

Grafik 1

**Parkourtechniken**

| Bezeichnung französisch | Bezeichnung deutsch | Ablauf |
|---|---|---|
| Franchissement | Durchbruch | durch Lücken schwingen (z. B. Fenster, Stangen) |
| Passe muraille | Mauersprung | Mauern anspringen und aus hängender Position hocharbeiten |
| Tic Tac | Tic Tac | sich mit Beinen von Objekten (z. B. Wänden) abstoßen |
| Saut de chat | Katzensprung | Hocksprung über Objekte, Beine zwischen Armen hindurchführen |

Tabelle

**1** a **Ordne die Parkourtechniken in der Tabelle den Nummern in der Grafik 1 oben zu. Wähle die deutschen oder die französischen Begriffe.**

1 ______________________ 2 ______________________

3 ______________________ 4 ______________________

b **Beschreibe in einem vollständigen Satz, worüber die Grafik und die Tabelle informieren.**

______________________________________________

**2** a **Sieh dir die Grafik 2 rechts genau an. Schreibe auf, was sie zeigt.**

______________________________________________

______________________________________________

b **Erkläre, was die beiden roten Linien jeweils bedeuten.**

______________________________________________

______________________________________________

______________________________________________

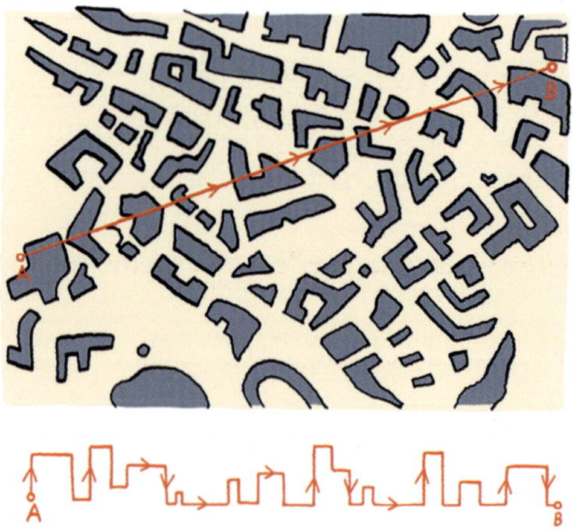

Grafik 2

**Methode** **Diagramme verstehen und auswerten**

Ein Diagramm ist eine **bildliche Darstellung von Daten und Informationen**. Die häufigsten Arten von Diagrammen sind: Säulendiagramm, Balkendiagramm, Kurvendiagramm und Kreisdiagramm.

1. Schau dir das Diagramm genau an. Lies die Überschrift und die übrigen Angaben und Erklärungen.
2. Stelle fest, worüber das Diagramm informiert. Welche Maßeinheiten werden verwendet, z. B. Prozentzahlen (%), Maße (m, cm), Gewichte (kg) oder Jahreszahlen?
3. Vergleiche die Angaben miteinander (höchster und niedrigster Wert, gleiche Werte).
4. Fasse zusammen, was im Diagramm gezeigt wird: Was lässt sich ablesen?

**3** a **Das folgende Balkendiagramm zeigt das Ergebnis einer Umfrage. Schau es dir genau an.**

**Trendsport an der Schule**

An einem Stuttgarter Gymnasium wurden alle Schülerinnen und Schüler der Mittelstufe befragt, welche Trendsport-AG mit professionellen Trainern an der Schule eingeführt werden soll.

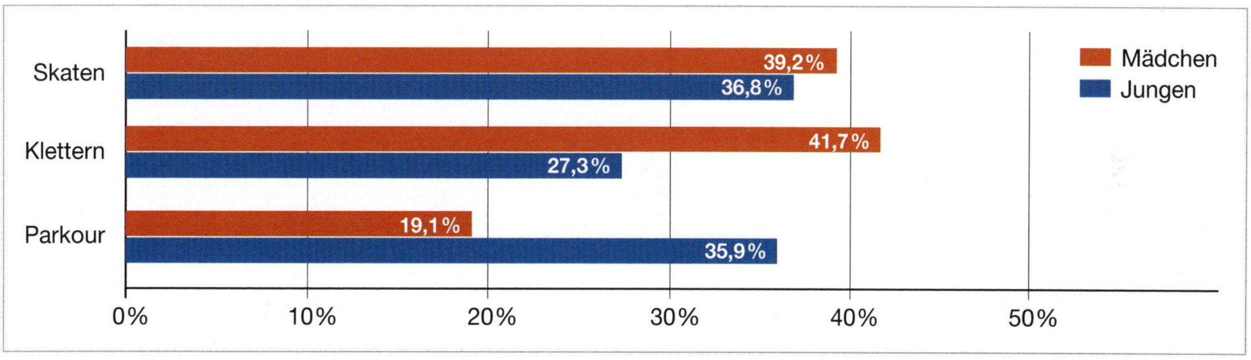


b **Werte die Informationen des Diagramms aus und beantworte die folgenden Fragen stichwortartig.**

A Bei wem ist Klettern am beliebtesten? ______

B Wo gibt es den größten Unterschied zwischen Jungen und Mädchen? ______

c **Für welche Trendsport-AG wird sich die Schule wohl entscheiden? Begründe.**

______

______

**4** ●●● **Die beiden Grafiken und die Tabelle ergänzen Informationen zum Sachtext „Neue Sportart Parkour“ (S. 20–21). Trage ein, welche Textstellen sie durch welche Informationen ergänzen.**

Grafik 1 und die Tabelle ergänzen den Textabschnitt Z. 56 bis Z. 65, weil ______

______.

Grafik 2 ergänzt die Textabschnitte Z. ___ bis Z. ___, aber auch Z. ___ bis Z. ___ und Z. ___, weil ______

______.

Das Balkendiagramm ergänzt den Textabschnitt Z. ___ bis Z. ___, weil ______

______.

# Eine Inhaltsangabe schreiben

**Information** **Die Kalendergeschichte**

Eine Kalendergeschichte ist eine **kurze Geschichte, die unterhalten und belehren soll** und **meist** mit einer **Pointe (überraschenden Wendung)** endet. Bis ins 19. Jahrhundert wurden solche Geschichten in Jahreskalendern abgedruckt. Der bekannteste Autor von Kalendergeschichten ist Johann Peter Hebel (1760–1826).

**1** **Lies die folgende Kalendergeschichte.**

Johann Peter Hebel

## Der silberne Löffel (1810)

In Wien dachte ein Offizier: „Ich will doch auch einmal im ‚Roten Ochsen' zu Mittag essen“, und geht in den „Roten Ochsen“. Da waren bekannte und unbekannte Menschen, Vornehme und Mittelmäßige, ehrliche Leute und Spitzbuben[1], wie überall. Man aß und trank, der eine viel, der andere wenig.

Als das Essen fast vorbei war, einer und der andere trank noch eine halbe Maß Ungarwein zum Zuspitzen[2], ein anderer drehte Küglein aus weichem Brot, als wenn er ein Apotheker wär und wollte Pillen machen, ein Dritter spielte mit dem Messer oder mit der Gabel oder mit dem silbernen Löffel – da sah der Offizier von ungefähr zu, wie einer, in einem grünen Rocke, mit dem silbernen Löffel spielte und wie ihm der Löffel auf einmal in den Rockärmel hineinschlüpfte und nicht wieder herauskam.

Ein anderer hätte gedacht: „Was geht's mich an?“ und wäre still dazu gewesen oder hätte großen Lärm angefangen. Der Offizier dachte: „Ich weiß nicht, wer der grüne Löffelschütz[3] ist und was es für einen Verdruss[4] geben kann“, und war mausstill, bis der Wirt kam und das Geld einzog. Als der Wirt kam und das Geld einzog, nahm der Offizier auch einen silbernen Löffel und steckte ihn zwischen zwei Knopflöcher im Rocke, zu einem hinein, zum andern hinaus, wie es manchmal die Soldaten im Kriege machen, wenn sie den Löffel mitbringen, aber keine Suppe.

Währenddem der Offizier seine Zeche[5] bezahlte und der Wirt schaute ihm auf den Rock, dachte er: „Das ist ein kurioser[6] Verdienstorden, den der Herr da anhängen hat. Der muss sich im Kampf mit einer Krebssuppe hervorgetan haben, dass er zum Ehrenzeichen einen silbernen Löffel bekommen hat, oder ist's gar einer von meinen eigenen?“ Als aber der Offizier dem Wirt die Zeche bezahlt hatte, sagte er mit ernsthafter Miene: „Und der Löffel geht ja drein[7]. Nicht wahr? Die Zeche ist teuer genug dazu.“ Der Wirt sagte: „So etwas ist mir noch nicht vorgekommen. Wenn Ihr keinen Löffel daheim habt, so will ich Euch einen Patentlöffel[8] schenken, aber meinen silbernen lasst mir da.“

Da stand der Offizier auf, klopfte dem Wirt auf die Achsel und lächelte. „Wir haben nur Spaß gemacht“, sagte er, „ich und der Herr dort im grünen Rocke. Gebt Ihr Euern Löffel wieder aus dem Ärmel heraus, grüner Herr, so will ich meinen auch wieder hergeben.“

Als der Löffelschütz merkte, dass er verraten sei und dass ein ehrliches Auge auf seine unehrliche Hand gesehen hatte, dachte er: „Lieber Spaß als Ernst“, und gab seinen Löffel ebenfalls her. Also kam der Wirt wieder zu seinem Eigentum und der Löffeldieb lachte auch – aber nicht lange. Denn als die anderen Gäste das sahen, jagten sie den verratenen Dieb mit Schimpf und Schande und ein paar Tritten unter der Tür zum Tempel hinaus und der Wirt schickte ihm den Hausknecht mit einer Handvoll ungebrannter Asche nach. Den wackeren[9] Offizier aber bewirtete er noch mit einer Bouteille[10] voll Ungarwein auf das Wohlsein aller ehrlichen Leute.

*Merke:* Man muss keine silbernen Löffel stehlen.
*Merke:* Das Recht findet seinen Knecht.

1 Spitzbube: Dieb
2 zuspitzen: die Mahlzeit abschließen
3 Löffelschütz: Löffeldieb
4 Verdruss: Ärger
5 Zeche: Rechnung
6 kurios: sonderbar, eigenartig
7 dreingehen: enthalten sein
8 Patentlöffel, hier: einfacher Löffel
9 wacker: rechtschaffen, ehrlich, tüchtig
10 Bouteille: Flasche

**Information** **Schreibplan für eine Inhaltsangabe**

Eine Inhaltsangabe fasst mit eigenen Worten einen Text knapp und sachlich zusammen, sodass andere, die den Text nicht gelesen haben, über das Wesentliche informiert werden.

**Aufbau:**

- In der **Einleitung** nennst du die Art des Textes (z. B. Kalendergeschichte), den Titel, den Namen des Autors/der Autorin und das Thema des Textes.
- Im **Hauptteil** fasst du die wichtigsten Ereignisse der Handlung (Handlungsschritte) in der zeitlich richtigen Reihenfolge zusammen. Beschränke dich auf das Wesentliche und verzichte auf Einzelheiten.
  Gib bei Kalendergeschichten die Lehre des Textes mit eigenen Worten wieder.

**2** **Notiere deinen ersten Leseeindruck.**

______________________________________________

______________________________________________

Die **W-Fragen** helfen dir, die wesentlichen Informationen herauszufinden. Beachte: Nicht immer gibt ein Text auf alle W-Fragen eine Antwort.

**3** a **Unterstreiche im Text auf Seite 26 Stellen, die die folgenden W-Fragen beantworten.**
b **Beantworte diese W-Fragen in vollständigen Sätzen.**

**Wo** spielt die Geschichte? ______________________________

______________________________________________

______________________________________________

**Wann** spielt die Geschichte? ______________________

______________________________

**Wer** ist am Geschehen beteiligt? ____________________

______________________________________________

______________________________________________

______________________________________________

**Wann?** Kalendergeschichten geben selten genaue Zeitangaben.
Ein Hinweis kann jedoch das Erscheinungsdatum sein.

**4** **Gehe schrittweise vor, um die Fragen „Was geschieht?“ und „Warum?“ zu beantworten:**
a **Gliedere den Text in Handlungsschritte, indem du das Absatzzeichen ⌊ einträgst.**
b **Fasse für jeden Handlungsschritt die wesentlichen Ereignisse zusammen. Gib die Zeilen an.**

*Handlungsschritt 1 (Z.1-6): Ein Offizier geht ...*

*Handlungsschritt 2 (Z.7-    ):*

**5** **Die Kalendergeschichte enthält das Sprichwort „Das Recht findet seinen Knecht.“**
**Kreuze den Satz an, der die Bedeutung des Sprichwortes richtig wiedergibt.**

Kalendergeschichten enthalten eine **Lehre**, die das Thema der Geschichte angibt und manchmal in einem Sprichwort zum Ausdruck gebracht wird.

A ☐ Es gibt immer einen Knecht, der Recht hat.

B ☐ Es gibt immer jemanden, der es nicht ehrlich meint.

C ☐ Es gibt immer jemanden, der der Gerechtigkeit zum Sieg verhilft.

D ☐ Es gibt immer ein Recht, das Knechte nicht mögen.

**6** **Lies die beiden folgenden Einleitungssätze.**
**Kreuze den Einleitungssatz an, der gelungen ist, und begründe, warum.**

A ☐ *In der Erzählung von Hebel geht es um einen Offizier, der in einem Gasthaus zu Mittag isst und dort einen Betrug beobachtet.*

B ☐ *In der Kalendergeschichte „Der silberne Löffel“ von Johann Peter Hebel, erschienen 1810, geht es um einen einfallsreichen Offizier, der sich durch sein mutiges Verhalten für die Gerechtigkeit einsetzt.*

Begründung: *Der Einleitungssatz      ist gelungen, weil*

**Information** **Die Inhaltsangabe sprachlich gestalten**

- Schreibe **sachlich und nüchtern**, vermeide ausschmückende Formulierungen.
- Formuliere **in eigenen Worten** und übernimm keine Passagen aus dem Originaltext.
- Mache die Zusammenhänge der Handlung (z. B. zeitliche Zusammenhänge) durch passende **Satzverknüpfungen** und **Satzanfänge** deutlich, z. B.: *als, denn, weil, nachdem, zuerst...*
- Schreibe im **Präsens**, bei Vorzeitigkeit im Perfekt.
- Verwende **keine wörtliche Rede.** Besonders wichtige Äußerungen von Figuren werden in der indirekten Rede (▸ S. 46) wiedergegeben oder umschrieben.

**7** **Der folgende Textauszug leitet den Hauptteil einer Inhaltsangabe ein.**
**Streiche alle Formulierungen durch, die zu ausführlich und nicht sachlich sind.**

*Die Geschichte spielt Anfang des 19. Jahrhunderts in Wien. Ein Offizier verspürt eines Tages ordentlichen Hunger und überlegt sich, doch einmal im Gasthaus „Roter Ochse" einzukehren. Dort trifft er - wie man nicht anders erwarten kann - auf allerlei verschiedene Menschen, der eine trinkt viel Wein, der andere matscht mit Brot herum und jemand spielt mit einem silbernen Löffel. Seine Mahlzeit endet, plötzlich beobachtet er einen unsympathischen Gast in einer grünen Jacke, der einen silbernen Löffel stiehlt.*

**8** **Gib die folgenden Textpassagen möglichst knapp und treffend in der indirekten Rede wieder (▸ S. 46).**

A Der Offizier dachte: „Ich weiß nicht, wer der grüne Löffelschütz ist und was es für einen Verdruss geben kann [...]." (Z. 19–21)

*Der Offizier ist nicht sicher, wer* ______________________________

______________________________________________

______________________________________________.

B Als aber der Offizier dem Wirt die Zeche bezahlt hatte, sagte er mit ernsthafter Miene: „Und der Löffel geht ja drein. Nicht wahr? Die Zeche ist teuer genug dazu." (Z. 34–37)

______________________________________________

______________________________________________

______________________________________________

C „Wir haben nur Spaß gemacht", sagte er [der Offizier], „ich und der Herr dort im grünen Rocke. Gebt Ihr Euern Löffel wieder aus dem Ärmel heraus, grüner Herr, so will ich meinen auch wieder hergeben." (Z. 43–47)

______________________________________________

______________________________________________

______________________________________________

**9** **Schreibe zur Kalendergeschichte „Der silberne Löffel" von Johann Peter Hebel eine vollständige Inhaltsangabe in dein Heft.**
**Nutze dazu deine Vorarbeiten auf den Seiten 27 bis 29.**

# Eine Ballade gestaltend vortragen

**Information** **Die Ballade**

Die Ballade ist meist ein **längeres Gedicht** über ein **ungewöhnliches oder spannendes Ereignis.** Im Mittelpunkt der Ballade steht oft eine Figur, die eine besondere Situation meistern muss.

- Viele Balladen haben einen **Aufbau**, den man mit Hilfe einer **Spannungskurve** darstellen kann: Nach der Einleitung spitzt sich die Handlung dramatisch bis zum Höhepunkt zu, zum Schluss folgt die Auflösung.
- Balladen enthalten oft **wörtliche Rede** der Figuren (Monologe, Dialoge), die an ein Theaterstück erinnern.
- In ihrer **Wirkung** setzen Balladen auf Spannung, sie können aber auch belehrend oder lustig sein.

**1** **Lies die folgende Ballade von Hans Scheibner.**

Hans Scheibner

## Der Maulwurf muss weg!

I

Herr Kremer sah zum Fenster raus
aus seinem eignen Eigenhaus.
Und wohlgefällig ruht sein Blick
auf seines Rasens Musterstück.
So frisch gemäht, so ordentlich,
so grün, ach, man beschreibt es nicht!
Da plötzlich! Nein, das darf nicht sein!
„He, Klara!“ Klara stürzt herein.
„Nun sieh doch mal, o Gott, o Schreck!“
*Der Maulwurf muss weg!*

II

Herr Kremer auf den Rasen lief
zum Maulwurfshügel. Und er rief:
„Du Kreatur! Du frecher Hund!
Du Wühler in dem Untergrund!
Du wagst es, diesen Rasen hier,
das Meisterwerk, die Gartenzier
zu schänden! Hiermit sag ich dir
zum letzten Mal: Verschwinde hier!
Komm raus, komm raus aus dem Versteck!“
*Der Maulwurf muss weg!*

III

Die ganze Nacht Herr Kremer stand
mit seinem Spaten in der Hand.
Wo sich was rührt’ im Mondenschein,
da rief er „Ha!“ und stieß hinein.
„Verflucht! Wer meine Ordnung stört,
ist diese heile Welt nicht wert!“
Doch morgens – weh! Was ist geschehn?
Zwei neue Hügel muss er sehn!
„Mein Heiligtum! Mein Lebenszweck!“
*Der Maulwurf muss weg!*

IV

Herr Kremer schwor und lief herum:
„Ich bring dich um! Ich bring dich um!“
Ließ Wasser aus dem Gartenschlauch
ins Erdreich ein, kroch auf dem Bauch.
Pumpt’ Auspuffgase in den Bau.
Im Töten ist Herr Kremer schlau.
Doch da! Im Morgensonnenschein:
Drei neue Hügel! „Nein! Nein! Nein!
Du Teufel, du! Verreck! Verreck!“
*Der Maulwurf muss weg!*

V

„Dass einer Recht und Sauberkeit
frech zu missachten sich nicht scheut!“
Herr Kremer rief: „Ich kriege ihn!“
Goss auf den Rasen das Benzin.
Die Flammen schlugen hoch hinauf.
Sogar bis zu dem Dachstuhl rauf.
Das ganze Haus ist abgebrannt.
Herr Kremer in der Asche stand,
Herr Kremer tanzte froh und keck:
*Der Maulwurf ist weg!*

**Methode** **Eine Ballade für den Vortrag vorbereiten**

Die besonderen Merkmale der Ballade können für einen **wirkungsvollen Vortrag** genutzt werden:
- Mache dir klar, wie sich die Spannungskurve der Ballade entwickelt, und steigere bei deinem Vortrag die Spannung entsprechend, z. B. durch **Pausen, Lautstärke, Sprechgeschwindigkeit.**
- Hebe die **wörtliche Rede** in der Ballade durch eine jeweils eigene Sprechweise der Figur hervor. Überlege dir dazu, welche Sprechweise zu der Figur in der Situation passt.
- Erprobe Vortragsweisen, die die **Wirkung unterstützen** (z. B. spannend, lustig oder belehrend).

**2** **Fasse in wenigen Sätzen zusammen, was in der Ballade auf Seite 30 erzählt wird. Schreibe in dein Heft.**

**3** **Welche Wirkungen hat die Ballade „Der Maulwurf muss weg!"?**
a **Ordne jeder möglichen Wirkung (links) durch einen Pfeil die passende Begründung (rechts) zu.**
b **Überlege, welche Wirkung du besonders betonen möchtest: Kreuze an.**

**Die Ballade ist ...**

| Wirkung | Begründung | |
|---|---|---|
| A spannend, ... | a weil das Beispiel des Herrn Kremer zeigt, dass man sich mit übertriebenen Reaktionen lächerlich machen und selbst schaden kann. | ☐ |
| B belehrend, ... | b weil Herr Kremer so übertrieben handelt und redet und seine Übertreibungen immer weiter steigert. | ☐ |
| C lustig, ... | c weil man gespannt ist, ob bzw. wie es Herrn Kremer gelingt, den Maulwurf für immer zu vertreiben. | ☐ |

**4** **Bereite die Ballade für den Vortrag vor:**
a **Gib mit einem Wort wieder, welcher Typ Mensch die Figur „Herr Kremer" ist.**

_______________

b **Markiere in allen Strophen die wörtliche Rede.**
c **Überlege und notiere: Wie erreichst du, dass die Zuhörenden sich Herrn Kremer gut vorstellen können?**

_______________

**Wie kannst du die besonders lustigen Stellen hervorheben?**

_______________

d **Lege Gesten oder Gesichtsausdrücke (Mimik) fest, die die wörtliche Rede unterstreichen, z. B. die Hände erschrocken vors Gesicht schlagen oder mit den Fäusten drohen.**

**Betonungszeichen**

| | |
|---|---|
| ◄ (lauter) | ► (leiser) |
| ‖ (lange Pause) | \| (kurze Pause) |
| ⟶ (schneller) | ~~► (langsamer) |
| ―― (Betonung) | ↙ (Zeilensprung) |

**5** a **Probiere aus, wie du in deinem Vortrag die Spannung von Strophe zu Strophe steigern kannst. Notiere auch dazu Betonungszeichen im oder neben dem Text auf Seite 30.**
b **Überlege dir für die Auflösung am Schluss eine besonders wirkungsvolle Vortragsweise.**
c **Wähle eine/-n Lernpartner/-in und trage ihr/ihm die Ballade vor.**

**6** **Lerne die Ballade auswendig und trage sie jemandem vor: Bitte um eine Rückmeldung (Feedback).**

# Was kannst du schon? – Grammatik

**1** **Bestimme die Wortarten in den folgenden Sätzen:**
**Trage über jedem Wort die richtige Ziffer ein. (je Satz 2 Punkte = 4 Punkte insgesamt)**

Nomen: 1 Artikel: 2 Adjektiv: 3 Verb: 4 Präposition: 5 Personalpronomen: 6
Possessivpronomen: 7 Demonstrativpronomen: 8 Adverb: 9

A Unser Klassenausflug in den Freizeitpark hat großen Spaß gemacht.

B Dieses Erlebnis werde ich immer in Erinnerung behalten.

**2** **Bilde mit Suffixen aus den beiden Adjektiven je ein Nomen und aus den beiden Nomen je ein Adjektiv. Schreibe die Wörter auf. (2 Punkte)**

dunkel: ______________________ spannend: ______________________

Wunder: ______________________ Angst: ______________________

**3** **Bilde die Tempusformen zu den beiden Verben in der 3. Person Singular. (8 Punkte)**

| | Plusquamperfekt | Präteritum | Perfekt | Futur I |
|---|---|---|---|---|
| A spielen: | er ______ | ______ | ______ | ______ |
| B fahren: | er ______ | ______ | ______ | ______ |

**4** **Bilde aus dem Verb „fallen" mit Präfixen vier neue Verben und schreibe sie im Infinitiv und in der 3. Person Singular Präteritum auf. (8 Punkte)**

______________________

______________________

______________________

______________________

**5** **Kreuze für jeden der folgenden Sätze an, ob er im Aktiv oder im Passiv steht. (4 Punkte)**

| | Aktiv | Passiv |
|---|---|---|
| A Die Fahrt mit der unterirdischen Geisterbahn ist besonders spannend und gruselig. | ☐ | ☐ |
| B Die Fahrgäste werden in Gondeln durch die Welt der chinesischen Sagen gefahren. | ☐ | ☐ |
| C Dabei werden sie von verschiedenen chinesischen Geistergestalten erschreckt. | ☐ | ☐ |
| D Außerdem können sie einen Kampf mit einem chinesischen Drachen beobachten. | ☐ | ☐ |

**6** **a Trenne in den folgenden Sätzen die Satzglieder durch einen senkrechten Strich | ab.**
**b Schreibe jeweils die Bezeichnung für jedes Satzglied unter den Satz. (je Satz 1 Punkt = 3 Punkte)**

A Achterbahnen gehören in Freizeitparks zu den beliebtesten Attraktionen.

_______________________________________________

B Sehr hohe oder schnelle Bahnen bereiten den Fahrgästen meistens besonders großen Spaß.

_______________________________________________

C Wegen der vielen Loopings leiden manche Fahrgäste nach der Fahrt unter Schwindelgefühlen.

_______________________________________________

**7** **a Unterstreiche in den Sätzen die Attribute und zeichne für jedes Attribut einen Pfeil zum Bezugswort.**
**b Notiere neben jedem Satz, welche Arten von Attributen er enthält. (4 Punkte)**

A Eine besondere Achterbahn, die Kingda Ka, wurde 2005 gebaut. ____________________

B Es handelt sich um die schnellste Achterbahn der Welt. ____________________

C Sie steht im neuesten Freizeitpark von New Jersey. ____________________

D Der beliebte Park heißt *Six Flags Great Adventure*. ____________________

**8** **Verbinde die folgenden Sätze links mit dem dazu passenden Satzbauplan rechts.**
**Markiere die Satzgefüge grün und die Satzreihen blau. (4 Punkte)**

| | |
|---|---|
| A Wenn man sich von den vielen Fahrten mit Geister- und Achterbahnen erholen möchte, besucht man am besten eine Artistik-Show. | a — Hs —, — Ns —. |
| B Die Artisten führen spektakuläre Kunststücke auf, sie beeindrucken die Zuschauer mit sensationellen Tricks. | b — Hs —. — Ns —, |
| C Bei den gefährlichen Trapeznummern bleibt den Zuschauern, obwohl die Künstler mit Seilen gesichert sind, der Atem weg. | c — Hs —, — Hs —. — Ns —, |
| D Besonders aufregend ist der Feuer-Tanz, weil die brennenden Fackeln die Körper der Artisten hautnah umkreisen. | d — Hs —,— Hs —. |

**9** **Formuliere den folgenden Satz in ein Satzgefüge mit einem Adverbialsatz um. (1 Punkt)**

Wegen des beeindruckenden Feuer-Tanzes hat mir die Show großen Spaß gemacht.

_______________________________________________

**10** **a Überprüfe deine Lösungen mit Hilfe des Lösungsheftes. Für jede richtige Antwort bekommst du einen Punkt.**
**b Trage ein, wie du die Aufgaben bewältigt hast: ✓ = das Meiste richtig ? = noch etwas unsicher**

| **Aufgabe** | **1** | **2** | **3** | **4** | **5** | **6** | **7** | **8** | **9** |
|---|---|---|---|---|---|---|---|---|---|
| Weitere Übungen | Seiten 34–36 | Seite 34 | Seiten 37–39 | Seite 39 | Seiten 40–43 | Seiten 50–53 | Seiten 54–55 | Seiten 58–59 | Seiten 61–65 |

# Wortarten

## Wortarten sicher unterscheiden

**Information** **Wortarten**

Wichtig zur Unterscheidung von Wortarten ist die **Beugung** (Deklination oder Konjugation):
- **Konjugieren** kannst du nur Verben (Person, Anzahl, Zeitform, Aktiv – Passiv, Indikativ – Konjunktiv).
- **Deklinieren** kannst du Nomen, Artikel, fast alle Pronomen und Adjektive (Genus, Numerus, Kasus).
- **Nicht beugen** lassen sich Adverbien, Präpositionen und Konjunktionen.

**1** **Trage die Fachbegriffe für die Wortarten an der richtigen Stelle ein.**
**Tipp: Prüfe für die Zuordnung, ob und auf welche Weise du die Wortart beugen kannst.**

Verb | Artikel | Pronomen | Konjunktion | Adjektiv | Nomen | Adverb | Präposition

**Personalpronomen** *ich, du, er/sie/es, wir, ihr, sie*

**Possessivpronomen** *mein, dein, unser, euer ...*

**Demonstrativpronomen** *dieser, jener, der, das ...*

**Indefinitpronomen** *kein, jemand, etwas, alle ...*

**bestimmt** *der, die, das ...*

**unbestimmt** *ein, eine, eines ...*

**Steigerung**
**Positiv** (Grundform): *hoch*
**Komparativ** (1. Steigerungsstufe): *höher*
**Superlativ** (2. Steigerungsstufe): *am höchsten*

A ____________________
(auch: Hauptwort, Substantiv)
*Jongleur, Bühne*

B ____________________
(Stellvertreter/Fürwort)

C ____________________
(Begleiter)

D ____________________
(Eigenschaftswort)
*bunt, gelenkig, freundlich, musikalisch*

E ____________________
(Tätigkeitswort)
*werfen, schwingen, staunen*

- **Imperativ**
- **Personalendung** (Person, Anzahl)
- **Zeitform** (Tempus)
  - **Futur**
  - **Präsens**
  - **Perfekt**
  - **Präteritum**
  - **Plusquamperfekt**
- **Aktiv – Passiv**
- **Indikativ – Konjunktiv**

F ____________________
(Bindewort)
*und, denn, weil, als, dass ...*

G ____________________
(Umstandswort)
*abends, dort, bald, paarweise ...*

H ____________________
(Verhältniswort)
*auf, an, mit, in, unter ...*

# Wiederholung: Die Pronomen

**Information** **Pronomen**

- **Personalpronomen** *(ich, du, er/sie/es, wir, ihr, sie)* können im Satz Nomen vertreten, z. B.:
  *Obelix liebt den Zaubertrank, obwohl er ihn nicht benötigt.*
  Personalpronomen werden wie Nomen dekliniert (gebeugt).
- **Possessivpronomen** *(mein/meine, dein/deine, sein/seine, ihr/ihre, unser/unsere, euer/eure, ihr/ihre)* geben an, zu wem etwas gehört. Sie begleiten meist Nomen und stehen im gleichen Kasus wie ihr Bezugswort, z. B.: *Miraculix gibt Obelix seinen Zaubertrank nicht.*
  Wen? Was?
- **Demonstrativpronomen** *(der/die/das, dieser/diese/dieses, jener/jene/jenes, solcher/solche/solches, derselbe/dieselbe/dasselbe)* weisen besonders deutlich auf eine Person oder Sache hin, z. B.:
  *Dieser Zaubertrank ist etwas Besonderes!*
  Sie können Begleiter eines Nomens sein oder ein Nomen vertreten.

**1** **a** **Unterstreiche im Text alle sechs Personalpronomen blau und alle sieben Possessivpronomen grün.**
**b** **Umkreise im ersten Absatz das Nomen, das danach durch die Personalpronomen vertreten wird.**

### Miraculix – Der berühmte Druide aus Gallien

Miraculix ist der Druide des Dorfes, in dem Asterix und Obelix leben. Als Ausdruck seiner Weisheit trägt er einen langen, weißen Bart, den er im Laufe der Zeit immer länger wachsen lässt. Seine Kleidung besteht aus einem weißen Gewand und einem roten Umhang, an seinen Füßen trägt er blaue Schuhe.

Seinem Häuptling Majestix gegenüber ist Miraculix sehr loyal, obwohl er klüger ist als Majestix. Bei den Dorfbewohnern genießt Miraculix ein höheres Ansehen als sein Häuptling. Sie bewundern ihn wegen seiner Klugheit und seines Wissens.

**2** **a** **Markiere die Wortgruppen, auf die sich die drei fett gedruckten Demonstrativpronomen beziehen.**
**b** **Unterstreiche im Text die fünf weiteren Demonstrativpronomen.**

Miraculix schneidet mit seiner goldenen Sichel Misteln. Aus diesen Pflanzen und aus anderen geheimen Zutaten braut er einen Zaubertrank. **Der** verleiht den Dorfbewohnern übermenschliche Kräfte. Mit denen können diese sich gegen ihre gefährlichsten Gegner, die Römer, behaupten und jene vernichtend schlagen. Der Druide besitzt aber noch weitere Zaubermittel. Zu **diesen** gehört z. B. ein stark wirkendes Haarwuchsmittel oder eine Flüssigkeit, die aus Eicheln sekundenschnell Bäume wachsen lässt. Mit solchen Gebräuen macht er den Römern das Leben schwer. Bei den Jahrestreffen der Druiden, wo **derjenige** einen Preis bekommt, der am besten zaubern kann, geht Miraculix regelmäßig als Sieger heim.

**3** **Schreibe den Text ab und ersetze jedes Fragezeichen durch ein Demonstrativpronomen.**
●●● **Tipp: Verwende mindestens zwei verschiedene Pronomen und achte auf den richtigen Kasus.**

Miraculix erklärt: „Wenn ich ? Mistelzweig mit ? geheimen Kraut, ? speziellen Pflanzen und ? seltenen Wurzel mische, erhalte ich meinen Zaubertrank. ? darf aber nicht Obelix in die Hände geraten, weil ? als kleines Kind in den Zaubertrank gefallen ist.“

# Wiederholung: Das Adverb

**Information** **Das Adverb** (Umstandswort; Plural: die Adverbien)

Adverbien machen **nähere Angaben zu einem Geschehen**. Sie erklären genau,
- **wo** etwas passiert (Ort), z. B.: *dort, rechts, bergab, oben, unten,*
- **wann** etwas geschieht (Zeit), z. B.: *gestern, heute, morgen, danach, stets,*
- **wie** etwas stattfindet (Art und Weise), z. B.: *gern, sehr, irgendwie, einigermaßen, glücklicherweise,*
- **weshalb** etwas eintritt (Grund), z. B.: *deshalb, daher, darum.*

Adverbien werden **kleingeschrieben** und (im Gegensatz zum Adjektiv) **nicht gebeugt** (▶ S. 34).

**1** **Markiere im folgenden Text Adverbien des Ortes orange, der Zeit grün, der Art und Weise gelb und des Grundes blau.**

## Der Zauberer Gandalf

Der Zauberer Gandalf ist eine wichtige Figur in den Romanen „Der kleine Hobbit" und „Der Herr der Ringe" von J. R. R. Tolkien. Anfangs trägt er einen langen Bart und graue Haare, die später weiß sind. Er führt stets einen Zauberstab bei sich, der überraschenderweise wie ein normaler Wanderstab wirkt. Er besitzt zudem das berühmte Schwert Glamdring. Sein Pferd Schattenfell trägt den Zauberer bergauf und bergab, tagaus und tagein jederzeit überallhin. Darum ist Schattenfell sein wichtigster Begleiter. Gandalf nimmt manchmal abends an den Festen der Hobbits teil. Dort inszeniert er spektakuläre Feuerwerke. Deswegen laden die Hobbits ihn immer gern ein.

**2** ●●● **Fülle mit Hilfe der Adverbien aus dem Wortspeicher die Lücken im folgenden Text.**

irgendwann • sehr • allerdings • darum • dort • dabei • bald
unversehens • keinesfalls • glücklicherweise

Gandalf und der Hobbit Bilbo Beutlin begeben sich mit 13 Zwergen auf eine abenteuerliche Reise. ________________ wollen sie gestohlenes Zwergengold finden. ______________________ trifft Bilbo auf den finsteren Gollum, den er ________________________ bei einem Rätselspiel besiegt. _________________________ fällt ihm Gollums Schatz, der Ring der Macht, in die Hände. Dieser Ring macht unsichtbar und hilft ihm ____________ beim Kampf gegen den bösen Drachen, der das Zwergengold bewacht. ______________________ gibt Bilbo den Ring an Frodo weiter. ____________________________ erkennt Gandalf, dass es sich bei dem Ring um den Ring Saurons handelt, den sie ___________________________ behalten sollten. ______________________ macht er sich gemeinsam mit Frodo und seinen Gefährten auf den Weg, um den Ring nach Mordor zu tragen und ihn ________________ zu zerstören, bevor er Unheil anrichtet.

Gymnasium Baden-Württemberg

# Deutschbuch

## Arbeitsheft 3

## Lösungen

Cornelsen

# Texte schreiben – Planen und überarbeiten

## Seite 3

**1**

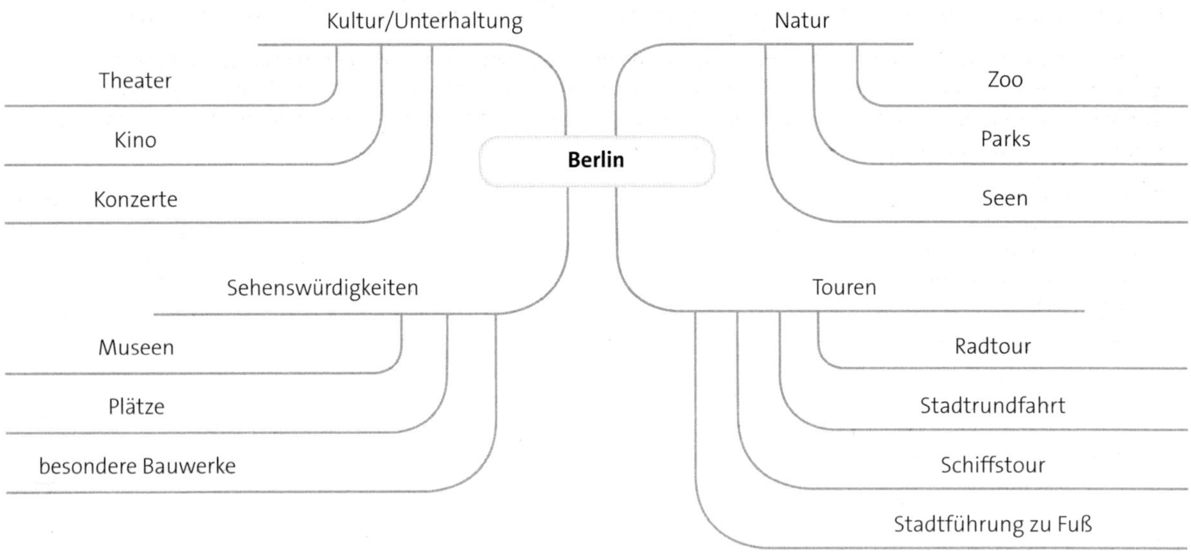


**2** Mögliche weitere Ideen für Ausflugsziele:
- **Museen:** Haus am Checkpoint Charlie, DDR-Museum, Jüdisches Museum, Gedenkstätte Berliner Mauer, Neue Nationalgalerie, Loxx am Alex, Deutsches Technikmuseum Berlin (mit Science Center Spectrum)
- **Plätze:** Potsdamer Platz, Alexanderplatz, Hackesche Höfe
- **besondere Bauwerke:** Brandenburger Tor, Reichstag mit Kuppel, Charlottenburger Schloss, Berliner Dom, Rotes Rathaus, Siegessäule, Haus der Kulturen der Welt

## Seite 4

**3** a + b Richtige Reihenfolge und mögliche Ergänzungen:

E: Nach den Osterferien fahren wir mit unserer Klasse für eine Woche nach Berlin. Das ist **die Hauptstadt sowie die größte Stadt Deutschlands und bietet eine Vielzahl an Sehenswürdigkeiten.**

H: Am ersten Tag können wir uns einen Überblick verschaffen. Entweder **lernen wir die Stadt auf einer Stadtrundfahrt kennen oder wir buchen eine Schiffstour auf der Spree.**

S: Bei so vielen Möglichkeiten werden wir unser Wissen durch den Besuch der Stadt sicher deutlich erweitern. Uns steht bestimmt **eine sehr interessante Woche bevor. Ich freue mich sehr darauf!**

**4** Mögliche Reihenfolge: A = 10; B = 8; C = 2; D = 11; E = 3; F = 9; G = 4; H = 1; I = 7; J = 5; K = 6

## Seite 5

**5** a Die vielen Wiederholungen wirken umständlich. Man sollte Überflüssiges weglassen.

b + c Mögliche Streichungen: ~~Wenn die Ferien vorbei sind~~, nach den Osterferien, fahren wir mit unserer Klasse ~~gemeinsam für sieben Tage, also~~ für eine Woche nach Berlin. Berlin ist die größte deutsche Stadt ~~in Deutschland~~ und bietet eine Vielzahl ~~und jede Menge~~ an Sehenswürdigkeiten. Deshalb sollten wir für unsere Unternehmungen ~~und Vorhaben~~ einen genauen Plan machen.

**6** a Beim Lesen stören die Wiederholungen. Sie sollten durch andere Wörter und Formulierungen ersetzt werden.

b Am ersten Tag können wir uns einen Überblick über Berlin verschaffen. Entweder lernen wir die Straßen Berlins auf einer Stadtrundfahrt mit dem Doppeldeckerbus kennen oder wir schippern im Rahmen einer Schiffstour auf der Spree und den zahlreichen Kanälen durch Berlin. Hier erlebt man Berlin vom Wasser aus.
Auf jeder Fahrt nach Berlin ist der Besuch der wichtigen Sehenswürdigkeiten ein Muss. Am zweiten Tag sollten wir daher im Bezirk Mitte die wichtigen Bauwerke, Gedenkstätten und Plätze ansehen. Zu den wichtigen Bauwerken gehört auf jeden Fall das wichtige Wahrzeichen Berlins, das Brandenburger Tor am Pariser Platz.

c Verbesserte Fassung:
[...] lernen wir die Straßen der **Hauptstadt** auf einer Stadtrundfahrt [...] auf den zahlreichen Kanälen durch die **Stadtviertel**. Hier erlebt man **die Stadt** vom Wasser aus. Auf jeder **Berlinfahrt** ist der Besuch der **zentralen** Sehenswürdigkeiten ein Muss. [...] **Dazu** gehört auf jeden Fall das **bekannte** Wahrzeichen Berlins, das Brandenburger Tor am Pariser Platz.

## Seite 6

**7** a + b Mögliche Umstellung der Satzanfänge (statt „Wir können ..."):
[...] von der Mauer beeinflusst. Deshalb sollten wir am nächsten Tag [...]. Danach können wir [...]. Auf der Insel in der Spree können wir uns je nach Interesse [...]. Berlin bietet noch viele weitere interessante Museen, die wir besuchen können. [...]

**8** a + b Bei all dem Pflaster treten ist wohl klar, das auch Erholung seinmuss. Deshalb können wir zwischen Museumsbesuchen und Erkundungen in der Natur abwechseln, denn Berlin bitet viel grün, zum Beispiel Parks und den Zoo. Wir wollen Abends natürlich auch das kulturele Angebot nutzen, es gibt schlieslich viele Kinos, Theater und Konzerte. Uns stet sicher eine spanende Woche in Berlin bevor.

**9**

| **verbesserte Wörter** | **Häufigkeit** |
|---|---|
| 1 (viel) Grün, abends | 2 |
| 2 Pflastertreten, sein muss | 2 |
| 3 kulturellen, spannende | 2 |
| 4 bietet, steht | 2 |
| 5 (Komma,) dass, schließlich | 2 |

# Informieren und berichten

## Seite 7

**1** Blau (Was? Wann? Wo? Wer?), Gelb (Wie? Warum?), *Grün* (Welche Folgen?)
**Herr Hackmann (Polizeisprecher):** Am 6. Juli 2016 kurz nach 21:00 Uhr verlor ein voll beladener Getränkelaster einen großen Teil seiner Ladung auf der Bundesstraße 27 in Staubingen. Beim Durchfahren einer Rechtskurve öffnete sich aus noch ungeklärter Ursache eine Seitenklappe des Anhängers. *Ein Großteil der Ladung, insgesamt 36 Paletten Mineralwasser und Limonade in Plastikflaschen, fiel auf die Fahrbahn. Die Bundesstraße musste voll gesperrt werden.* Die Feuerwehr reinigte zusammen mit freiwilligen Helfern die Einsatzstelle. Gegen 23:30 Uhr wurde die Bundesstraße 27 für den Verkehr wieder freigegeben.
**Herr Schmidt (Feuerwehrmann):** Ich vermute, dass der LKW-Fahrer die Tür seines Wagens nicht richtig zugemacht hatte. Aber wir hatten Glück im Unglück. *Der Fahrer des LKW ist unverletzt geblieben.* Außerdem haben die vielen freiwilligen Helfer dafür gesorgt, dass wir mit unseren Arbeiten schnell vorankamen und die Sperrung der Straße schon bald wieder aufgehoben werden konnte.
**Geschäftsführer der Getränkefirma:** Ich sehe den ärgerlichen Unfall als *eine gelungene Werbeaktion* an. Das ist für uns gut gelaufen und ich denke, die Bevölkerung hat auch noch etwas davon gehabt. Der eine mehr, der andere weniger.
**Lena (freiwillige Helferin):** Habe bei Facebook davon erfahren und bin sofort hingefahren! Das war ein krasser Anblick: Über eine Strecke von fast 100 Metern war die gesamte Bundesstraße total voll mit Getränkekisten und -flaschen. *Freiwillige Helfer durften alles mitnehmen.* Die Nachricht hat sich über Facebook sehr schnell verbreitet. Fast 200 Helfer waren vor Ort! *Die Facebook-Party mit Freigetränken* hat großen Spaß gemacht. Bei dem Wetter ist das eine tolle Sache!

## Seite 8

**2**

| | |
|---|---|
| **Einleitung** | Was? LKW verliert Getränkeladung, Fahrbahn voll gesperrt |
| | Wann? 6. Juli 2016, kurz nach 21:00 Uhr |
| | Wo? Bundesstraße 27 in Staubingen |
| | Wer? LKW-Fahrer, Feuerwehr, fast 200 Helfer |
| **Hauptteil** | Wie und warum? Seitenklappe des LKW öffnet sich, verliert Ladung (21:00 Uhr), Vollsperrung, Aufräumarbeiten (mit Helfern, Nachricht über Facebook sehr schnell verbreitet), Straßensperre aufgehoben (23:30 Uhr) |
| **Schluss** | Welche Folgen? LKW-Fahrer unverletzt, Werbeaktion für die Getränkefirma, Facebook-Party mit Freigetränken |

**3** a + b Am 6. Juli 2016 verlor ein ~~sehr fantasievoll lackierter~~ LKW (Ausschmückung) auf der Bundesstraße 27 in Staubingen voll viele Getränke (sehr viele; Umgangssprache), ~~wahrscheinlich weil die Tür nicht richtig zu war~~ (Vermutung).
Die ca. 200 über Facebook zusammengetrommelten (herbeigerufenen; Umgangssprache) Helfer, die die Feuerwehr unterstützten, verwandelten die Straße in eine supercoole (beeindruckende; Umgangssprache) Facebook-Party.

**4** Gegen 21:00 Uhr **öffnete** sich die Seitenklappe des Anhängers, woraufhin sich 36 Paletten Mineralwasser und Limonade in Plastikflaschen über fast 100 Meter Fahrbahn **verteilten**. Nachdem die Bundesstraße voll gesperrt **worden war**, **begann** die Feuerwehr mit den Aufräumarbeiten. Kurz darauf **kamen** ca. 200 freiwillige Helfer dazu, die über Facebook von der Aktion **erfahren hatten**.

## Seite 9

5 A Eine freiwillige Helferin erzählte, die Nachricht habe sich über Facebook sehr schnell verbreitet.
B Die freiwillige Helferin berichtete, die Facebook-Party mit Freigetränken habe großen Spaß gemacht.
C Ein Feuerwehrmann erklärte, der Fahrer des LKW sei unverletzt geblieben.
D Der Geschäftsführer der Getränkefirma bemerkte erfreut, er sehe den ärgerlichen Unfall als eine gelungene Werbeaktion.

6 a Möglicher Hauptteil und Schluss:

Gegen 21:00 Uhr öffnete sich die Seitenklappe des Anhängers, woraufhin sich 36 Paletten Mineralwasser und Limonade in Plastikflaschen über fast 100 Meter Fahrbahn verteilten. Nachdem die Bundesstraße voll gesperrt worden war, begann die Feuerwehr mit den Aufräumarbeiten. Kurz darauf kamen ca. 200 freiwillige Helfer dazu, die über Facebook von der Aktion erfahren hatten. Der Geschäftsführer der Getränkefirma hatte nämlich entschieden, dass die Helfer alle Getränke behalten durften. Eine freiwillige Helferin erzählte, die Nachricht habe sich über Facebook sehr schnell verbreitet und die Facebook-Party mit Freigetränken habe großen Spaß gemacht. Gegen 23:30 Uhr konnte die Bundesstraße für den Verkehr wieder freigegeben werden. Ein Feuerwehrmann erklärte, der Fahrer des LKW sei unverletzt geblieben, sodass der Unfall, abgesehen von der Straßensperre, keine negativen Folgen hatte. Der Geschäftsführer der Getränkefirma bemerkte erfreut, er sehe den ärgerlichen Unfall als eine gelungene Werbeaktion.

b Mögliche Überschrift: Facebook-Party mit Freigetränken nach LKW-Unfall

7 ●●● Checkliste für das Schreiben eines Berichts:
- Beantwortet der Bericht alle **W-Fragen**?
- Ist das Geschehen in der **zeitlich richtigen Reihenfolge** wiedergegeben?
- Informiert der Bericht **knapp und genau** über das Ereignis?
- Ist der Bericht **sachlich** formuliert?
- Ist die Überschrift **knapp und treffend**?
- Wurde das richtige **Tempus** verwendet: **Präteritum** oder **Plusquamperfekt**?

# Argumentieren und überzeugen

## Seite 11

2 a Das Thema als Frage: „Sollte man Läster-Foren im Internet sperren?"
b Meinung, Argument, Beispiel
**Merle Kärber, Grenzach:** Lästern ist oft nah dran am Mobbing. Egal wie, das sollte verboten werden! Das Opfer muss oft lange Zeit unter den Anfeindungen leiden. Dass es dafür sogar extra Webseiten gibt, ist fies und gemein.
**Nele Vennry, Ulm:** Man sollte die Läster-Foren verbieten, weil es nicht alle etwas angeht, ob jemand gerade ein Kilo zugenommen hat oder nicht. Es ist nicht dasselbe, ob so etwas auf dem Schulhof oder im Internet herumgeht. Im Netz ist es einfach feige und unfair.
**Mirko Klemens, Erbach:** Ich finde Ablästern im Internet gut. Wenn jemand einen den ganzen Tag nervt, will man einfach mal bei anderen Dampf ablassen. Das ist doch okay!
**Theresia Dworscheck, Blaubeuren:** Man sollte das öffentliche Lästern verbieten. Wenn man motzen will, dann im Freundeskreis, aber doch nicht im Internet! Solche Sachen kann man ja nicht mehr löschen. Stell dir mal vor, du lästerst fröhlich über jemanden und nachher triffst du ihn und findest ihn ganz nett. Wäre doch schrecklich!
**Samuel Rabé, Weil am Rhein:** Läster-Seiten zu blockieren, das geht gar nicht! Das wäre Internet-Zensur und die sollte eigentlich in einem Rechtsstaat wie Deutschland verboten sein. Wenn man die Seiten blockiert, hilft man dem Opfer nicht, sondern duckt sich nur weg. Der Betroffene wird nämlich einfach weitergemobbt, etwa per E-Mail oder SMS.

c

| **pro (dafür)** | **kontra (dagegen)** |
|---|---|
| – Die Opfer leiden womöglich lange Zeit unter den Anfeindungen.<br>– Die veröffentlichten Informationen gehen nicht alle etwas an.<br>– Was einmal im Internet steht, kann man nie wieder löschen. | – Seiten im Internet zu blockieren, bedeutet Zensur. Das ist in Deutschland verboten.<br>– Man kann seinen Unmut über Leute äußern, die einem auf die Nerven fallen.<br>– Ein Verbot hilft den Opfern nicht wirklich, sie werden dann auf andere Weise gemobbt. |

3 a Die Argumente B und F stützen Neles Meinung besonders schlüssig (möglich ist aber jedes der genannten Argumente). Ausformuliert könnte die Argumentation lauten:
b B In Internet-Foren zu lästern ist **feige**, denn die Lästermäuler bleiben oft anonym.
(Mögliches Beispiel:) Man kann im Internet beispielsweise jeden beliebigen Namen angeben.
F In Internet-Foren zu lästern ist **unfair**, da eine Person hier völlig einseitig nur schlechtgemacht wird.
(Mögliches Beispiel:) Wenn etwa über ein bestimmtes Verhalten von jemandem gelästert wird, kommt dabei zu kurz, dass er oder sie trotzdem insgesamt sehr sympathisch sein oder eine tolle Begabung haben kann.

## Seite 12

**4** b + c Mögliches weiteres **Pro**-Argument mit Beispiel (hier ausformuliert):
- Internet-Foren sollten verboten werden, denn es reicht nicht, an die Fairness und die Selbstkontrolle der Internet-Nutzer zu appellieren. Die vorhandenen Läster-Foren geben ganz viele Beispiele für Menschen, die Spaß daran haben, gemein und unfair zu sein.

Mögliches weiteres **Kontra**-Argument mit Beispiel (hier ausformuliert):
- Es bringt nichts, Internet-Foren zu verbieten, denn es werden sich schnell andere Möglichkeiten zum Lästern finden. Man kann zum Beispiel auch bei Facebook oder Twitter über andere Menschen herziehen oder aber Läster-SMS verschicken.

d Mögliche Einwände können aus der Pro-und-Kontra-Tabelle von Aufgabe 2 abgeleitet werden:
- Wenn du **für** das Verbot von Lästerforen bist, findest du bei „kontra" mögliche Einwände.
- Wenn du **gegen** das Verbot von Lästerforen bist, findest du bei „pro" mögliche Einwände.

e Beispiele für entkräftete Einwände:
- Sicherlich kann man einwenden, dass die Meinungsfreiheit in unserem Land ein hohes demokratisches Gut ist und Zensur deshalb eigentlich verboten. Aber es muss auch berücksichtigt werden, dass die Würde des Menschen durch das Grundgesetz geschützt ist. Deswegen werden ja auch andere Internetseiten mit widerrechtlichem Inhalt blockiert.
- Es mag ja sein, dass man manchmal Dampf ablassen möchte, wenn man sich über jemanden geärgert hat. Die beste Lösung wäre es, dies dem Betroffenen selbst mitzuteilen. Es kann aber auch helfen, wenn man zum Beispiel seinem besten Freund oder seiner besten Freundin davon erzählt.
- Es ist sicher richtig, dass einige Menschen sehr darunter leiden, wenn über sie im Internet gelästert wird. Meiner Erfahrung nach nehmen die meisten das aber gar nicht so ernst. Oft ist es auch nur eine Sache von begrenzter Dauer und dann ist es mit dem Lästern wieder vorbei.

## Seite 13

**5** Möglicher Leserbrief:

Artikel zu Läster-Foren in „jugendjetzt" 9/2016

Liebe Redaktion,

mit Interesse las ich in der letzten Ausgabe die Meinungsseite zum Thema „Sollte man Läster-Foren im Internet sperren?". Sie haben um die Meinung der Leser gebeten: Ich bin für ein solches Verbot.
Zu den Argumenten, die auf der Seite schon zu finden waren, möchte ich noch ergänzen:
Lästern in Internet-Foren erscheint mir vor allem auch deshalb feige, weil man seinen richtigen Namen nicht anzugeben braucht. So hat das Opfer keine Chance, sich persönlich gegen das Lästern zu wehren. Außerdem sind Internet-Foren unfair, da in ihnen eine Person nur einseitig dargestellt wird. Wenn etwa darüber gelästert wird, wie jemand aussieht, kommt dabei zu kurz, dass er oder sie trotzdem ein netter Mensch sein oder eine tolle Begabung haben kann.
Es mag ja sein, dass man manchmal Dampf ablassen möchte, wenn man sich über jemanden geärgert hat. Aber das muss nicht jeder mitbekommen. Es kann ja auch schon helfen, wenn man zum Beispiel seinem besten Freund oder seiner besten Freundin davon erzählt.
Ich glaube nicht, dass es reicht, an die Fairness oder Selbstkontrolle der Foren-Nutzer zu appellieren. Deshalb halte ich ein Verbot der Läster-Foren für die beste Lösung.

Viele Grüße

*Unterschrift*

**6** ●●● a Mögliche Umformulierung für einen Beitrag in einem Internet-Forum:

Lästern in Internet-Foren ist echt feige, weil man seinen richtigen Namen nicht anzugeben braucht. So hat das Opfer keine Chance, sich persönlich gegen die Lästerei zu wehren. Und unfair sind Internet-Foren auch, da eine Person in ihnen nur völlig einseitig dargestellt wird. Wenn jemand sich mal ungeschickt verhält, kann er doch trotzdem ein netter Mensch sein oder eine tolle Begabung haben! Und wenn ihr Dampf ablassen wollt, weil ihr euch über jemanden geärgert habt, dann lästert euch doch bei eurem besten Freund oder eurer besten Freundin aus! Freiwillige Fairness wäre super, aber ich glaub nicht daran. Deshalb: besser verbieten!

b

| Merkmale eines Leserbriefs | Merkmale eines Beitrags in einem Internet-Forum |
|---|---|
| – höfliche Anrede zu Beginn | – am Anfang keine Anrede nötig |
| – sorgfältig ausformulierte Sätze | – am mündlichen Sprachgebrauch orientierte Sätze, Umgangssprache |
| – Redaktion mit „Sie" ansprechen | – Anrede: du |
| – Brieftext übersichtlich gliedern | – eher selten Absätze |
| – richtigen Namen und Wohnort angeben | – Decknamen benutzen, anonym bleiben |

# Beschreiben

## Seite 14

1 **Geschlecht:** weiblich, **Alter** (geschätzt): etwa 18, **Größe** (geschätzt): etwa 1,60 m, **Figur:** schlank, mädchenhaft, **Haltung:** aufrecht, Kopf schräg zur Seite gedreht, Hände kontrolliert vor dem Körper zusammengeführt

2 Mögliche Antworten:
**Kinn:** spitz, **Wangen:** gerötet, **Nase:** schmal, **Gesichtsform:** oval/länglich, **Haut:** glatt, **Stirn:** hoch, leicht gewölbt, **Augen:** blau, weit auseinanderstehend, offen, **Haare/Frisur:** langes Haar, gewellt, rötlich, fein, Mittelscheitel, **Mund:** schmale Lippen, geschlossen, lächelnd, **Augenbrauen:** schmal, hoch

## Seite 15

3 Mögliche Verbesserung:
Um das Jahr 1550 tragen die adligen Damen am Hofe aufwändige Kleider. Unter den Kleidern ziehen sie Korsette an.
Die Ärmel der Kleider besitzen an den Gelenken Schlitze, sodass man die Arme gut bewegen kann. Die Kostüme der Damen weisen häufig einen viereckigen oder runden Ausschnitt auf. Darunter ziehen die Frauen ein hochgeschlossenes Hemd an oder die Kleider haben einen Einsatz mit Stickereien, der in den Ausschnitt eingearbeitet ist. Auf dem Kopf tragen die Frauen oft fantasievoll gestaltete Hüte oder Haarschmuck.

4 Mögliche Beschreibung des Kleides der Kurfürstin Sibylle von Cleve:
Die Kurfürstin trägt ein weinrotes Kleid. Der Rock wirft Falten und mündet in eine Wespentaille, die von einem goldenen Band umgeben ist. In die Ärmel sind goldene Bänder eingearbeitet, die mit Ornamenten verziert sind. An den Ellenbogen weist das Kleid geschlitzte Ausbuchtungen auf. Ein viereckiger, breiter Ausschnitt ist mit geflochtenen Bändern reich geschmückt. Unter dem Kleid trägt die Kurfürstin ein schlichtes, weißes Hemd, das einen hochgeschlossenen, golden verzierten Kragen hat. Über dem weißen Hemd liegt eine Kette, die aus großen, goldenen Kugeln besteht und einen Anhänger mit Edelsteinen aufweist. Als Kopfschmuck dient ein feines Blumengeflecht mit einer eingesteckten Feder.

5 Beispiel für eine Personenbeschreibung:

Das Porträt der Kurfürstin von Sachsen, Sibylle von Cleve, das Lucas Cranach 1531 gemalt hat, zeigt ein etwa 18-jähriges Mädchen in einem vornehmen Kleid.

Das Mädchen hat eine schlanke Gestalt. Ihr Kopf ist leicht zur Seite gewendet, sodass ihre bläulichen, recht weit auseinanderliegenden Augen seitlich aus dem Bild blicken. Sibylle von Cleve hat dünne, hohe Augenbrauen. Ihr längliches, ovales Gesicht endet in einem spitzen Kinn. Oberhalb ihrer hohen Stirn beginnt das lange, gewellte rötliche Haar, das zu einem Mittelscheitel frisiert ist. Ihr Nase ist schmal, die dünnen, geschlossenen Lippen deuten ein Lächeln an. Ihre Haut ist glatt und jugendlich.
Die kontrolliert gehaltenen Hände treffen sich vor ihrem Körper, die rechte Hand ist über die linke gelegt.
Die Kurfürstin trägt ein weinrotes Kleid. Der Rock wirft Falten und mündet in einer Wespentaille, die von einem goldenen Band umgeben ist. Die dünne Taille lässt vermuten, dass Sibylle von Cleve unter dem Kleid ein Korsett trägt. Die an den Handgelenken eng anliegenden Ärmel weisen an den Ellenbogen geschlitzte Ausbuchtungen auf. Am Ärmel entlang sind mehrere goldene Bänder eingearbeitet. Diese Bänder, die der Verzierung dienen, sind mit reichhaltigen Ornamenten versehen. Ein viereckiger, breiter Ausschnitt ist mit geflochtenen Bändern reichhaltig verziert. Unter dem Kleid trägt die Kurfürstin ein schlichtes, weißes Hemd, das einen hochgeschlossenen, vergoldeten Kragen hat. Über dem weißen Hemd liegt eine Kette, die aus großen, goldenen Kugeln besteht und einen Anhänger mit Edelsteinen aufweist. Als Kopfschmuck ist ein feines Blumengeflecht mit einer Feder an den Haaren befestigt.

Das Porträt der Sibylle von Cleve zeigt ein selbstbewusstes Mädchen, das in seiner aufrechten und kontrollierten Haltung stolz wirkt. Die aufwändige Kleidung und der wertvolle Schmuck betonen ihre hohe soziale Stellung.

## Seiten 16–17

1 Mögliche Stichworte:
**Gesamteindruck:** Festmahl, Menschen feiern und essen zusammen in einer Scheune, bunte Darstellung
**Hauptmotiv (Was wird dargestellt?):** viele Gäste an langen Tischen, Träger mit Essen, Musikanten spielen für die Gäste
**Umgebung (Was für ein Raum wird dargestellt?):** Scheune, Ähren an der Wand, Wände und Boden lehmfarben, hinter der Braut grünes Tuch und Brautkrone an der Wand
**Figuren (z. B.: Kleidung, Aussehen):** viele Gäste an langer Tafel, Träger mit Essen, einige Kinder, links Musiker mit Instrumenten, Männer tragen Hüte, Frauen Hauben, Kleidung oft erdfarben, einzelne Kleidungsstücke in Weiß oder in Rot-, Blau- oder Grüntönen
**Tätigkeiten:** Träger bringen Speisen an die Tafel, sitzender Mann reicht Teller weiter, Gäste essen, die Musiker spielen, Mann links schenkt Getränke in Krüge

## Seite 17

**2** Mögliche Lösung:
**Hintergrund:** Scheunenwand, grünes Tuch und Brautkrone
**Mittelgrund:** Gäste an der Tafel, Musiker
**Vordergrund:** zwei Träger tragen Speisen an Tisch, ein Kind nascht etwas, Mann gießt Getränke in Krüge

**3** Mögliche Antworten zur Farbgestaltung:
**vorherrschende Farben:** Beige-, Sand- und Ockerfarbtöne, weiße und rote Akzente
**Kleidung der Träger:** roter Hut, hellblauer Kittel, weiße Schürze, dunkelgrüne Hosen, schwarze Schuhe – dunkelgrüner Hut, rote Jacke, darunter weißes Hemd, dunkelgrüne Hose
**Kind:** rote Mütze mit grünlicher Feder, rotbraunes Hemd, dunkelblaue Schürze
**Mann im Vordergrund:** dunkelblauer Hut, grünliche Jacke, schwarze Hose
**Gäste an der Tafel:** Kleidung in verschiedenen Braun-, Grün-, Blau- und Rottönen, weiße Hauben
**Boden:** sandfarben
**Wand:** ockerfarben

**4** Beispiel für eine Bildbeschreibung:

Das Gemälde „Bauernhochzeit" des holländischen Malers Pieter Brueghel aus dem Jahr 1568 zeigt eine festliche Gesellschaft beim Hochzeitsmahl. Gemalt wurde es mit Ölfarben auf Eichenholz.

Die Hochzeitsgesellschaft wirkt zugleich festlich und schlicht. Das Bild zeigt Gäste an einer langen Tafel, die in einer bäuerlichen Scheune aufgestellt ist. Ähren und Rechen an der Wand erinnern trotz des festlichen Anlasses an die Arbeit dieser Menschen. Die Farben sind vorwiegend schlicht, es dominieren Sand-, Lehm- und Erdtöne. Farbakzente in Rot, Weiß und Blau heben einzelne Bildelemente hervor.

Im Bildvordergrund sieht man links einen Mann mit einem dunkelblauen Hut und einer grünlichen Jacke, der aus einem großen Krug ein Getränk in Trinkgefäße abfüllt. Neben ihm sitzt ein Kind mit einer auffällig großen, roten Mütze, die eine Feder schmückt. Es hat einen Finger in den Mund gesteckt und nascht von einer Speise. Die größten Figuren im Bild sind zwei Träger im Vordergrund, die auf einer Holztrage Teller mit Speisen an die Tafel bringen. Auch farblich sind die Träger auffällig gestaltet. Der linke Mann hat als einzige Person im Bild einen hellblauen Kittel an, auffallend sind auch seine lange, weiße Schürze und ein leuchtend roter Hut. Dieses Rot setzt sich in der Jacke des rechten Trägers fort. Der linke Träger steht mittig im Bild. Die hervorgehobene Platzierung und Kleidung der Träger betont die Bedeutung des Essens für die Hochzeitsgesellschaft.
Im Bildmittelgrund verläuft ein lange Tafel von rechts vorne nach links hinten. Die Gäste an der Tafel unterhalten sich angeregt und essen und trinken. Links stehen Musikanten mit Sackpfeifen hinter den Bänken. Etwa in der Mitte der Tafel sieht man die Braut, die einen roten Kranz im Haar trägt. Am vorderen Ende der Tafel reicht ein sitzender Mann die gefüllten Teller an die Gäste weiter. Die Gäste an der Tafel sind überwiegend in dunklen Blau- und Grüntönen gekleidet, wobei die Frauen schlichte, weiße Hauben und die Männer Mützen in gedeckten Farben tragen. Rot hervorgehoben sind die Jacke des vorderen Musikers sowie der Kranz der Braut.
Im Bildhintergrund sieht man die lehmfarbene Wand der Scheune. An dieser Wand hängt hinter der Braut ein grünes Tuch, in dessen Mitte eine Brautkrone befestigt ist. Rechts oben an der Wand sieht man Garben und den Kopf eines Rechens.

Das Bild vermittelt insgesamt eine fröhliche Stimmung, obwohl die zurückhaltende Farbgestaltung und die Schlichtheit der abgebildeten Dinge auf die einfachen Verhältnisse, in denen die Bauern leben, hinweisen. Die Farbgebung betont, dass Essen und Musik für dieses Fest wichtig sind. Die eher klein abgebildete Braut mit dem roten Kranz im Haar bildet den ruhenden Pol der Darstellung.

## Seite 18

**1** **Materialien:** Rührlöffel, Messbecher, 2 Doppelseiten einer Tageszeitung, Wasser, Nudelrolle, quadratische Kunststoffwanne, Handrührgerät, Wischlappen, Schöpfrahmen
**Vorbereitungen:** ¾ Liter Wasser abmessen, Papier in 3 bis 4 cm große Stücke reißen, Papier in Messbecher einweichen, eingeweichte Papierstücke zu Brei verrühren

**2** Mögliche Einleitung für die Vorgangsbeschreibung:

Papierschöpfen
Um aus altem Zeitungspapier neue Papierbögen schöpfen zu können, benötigt man einige leicht erhältliche Gegenstände: zwei Doppelseiten einer Tageszeitung, einen Messbecher, einen Rührlöffel, ein Handrührgerät, eine Nudelrolle, eine große, quadratische Kunststoffwanne, einen Schöpfrahmen, einen Wischlappen und Wasser. Zur Vorbereitung reißt man zunächst die Zeitung in 3 bis 4 cm große Stücke. Man füllt in den Messbecher einen ¾ Liter Wasser, weicht die Zeitungsstücke darin gut ein und rührt mehrfach mit einem Rührlöffel um. Anschließend werden die eingeweichten Papierschnipsel mit dem Handrührgerät zu Brei vermengt.

## Seite 19

3 a + b Korrekte Reihenfolge der einzelnen Schritte:

1) Papierbrei in Wasserwanne (ca. 5 Liter) gießen, mit Rührlöffel umrühren
2) Schöpfrahmen senkrecht bis zum Boden der Wanne eintauchen
3) Sieb waagerecht unter den Papierbrei schieben
4) Schöpfrahmen waagerecht aus Wanne heben und abtropfen lassen
5) Sieb vorsichtig auf Stapel aus Zeitungspapier und Wischtuch umkippen
6) feuchtes Papierblatt mit Wischpapier und Zeitung bedecken, Wasser mit Nudelholz auspressen
7) bei niedriger Temperatur bügeln → beschleunigt Trocknen, macht Papier glatt
8) fertiges Papier eventuell verzieren

4 Beispiel für die Vorgangsbeschreibung in der man-Form:
(Einleitung siehe Aufgabe 2.)

Als Erstes wird der gut verrührte Papierbrei in die Kunststoffwanne mit 5 Litern Wasser gegossen und mit dem Rührlöffel gut verrührt. Dann taucht man den Schöpfrahmen mit dem Sieb senkrecht in die Wasserwanne und schiebt ihn anschließend waagerecht unter den Papierbrei, der im Wasser schwimmt. Dann hebt man den Schöpfrahmen langsam waagerecht aus der Wanne und lässt den auf dem Sieb befindlichen Brei gut abtropfen. Im Anschluss daran kippt man das Sieb vorsichtig auf einen Stapel aus Zeitungspapier, das man mit einem Wischtuch abgedeckt hat. Von oben werden nun ein weiteres Blatt Wischpapier und einige Blätter Zeitungspapier aufgelegt, um dann mit einem Nudelholz das Wasser aus dem geschöpften Papierblatt zu pressen. Danach kann man den Stapel mit einem auf niedrige Temperatur eingestellten Bügeleisen bügeln. Dadurch wird das Papier nicht nur rascher trocken, sondern erhält auch eine glatte Oberfläche.
Das fertige Papier kann man noch verzieren, z. B. mit Stempeln. Oder man legt eine bedruckte Papierserviette auf das noch feuchte Papier. Der Druck färbt dann auf den neu geschöpften Bogen ab.

# Informationen entnehmen und vergleichen

## Seite 20

1 Das könntest du über Parkour wissen: Hindernislauf ohne Hilfsmittel, kürzeste Strecke geradeaus, meist in der Stadt, akrobatische Fähigkeiten, gute Körperbeherrschung, Sprungkraft, James-Bond-Film (*Casino Royale*, 2006)

2 b Das Thema des Textes ist die Sportart Parkour.

## Seite 22

3 a **Satellit:** Himmelskörper oder Flugkörper, der **einen Planeten (in einem gleichbleibenden Abstand) umkreist**.
Der Mond ist ein Satellit der **Erde**.
**Stadt:** größere, geschlossene **Siedlung**
**Satellitenstadt:** Eine Satellitenstadt ist eine **größere Siedlung in der Nähe einer größeren Stadt**.
b Mögliche schwer verständliche Wörter: **Schurke** (Z. 3): jemand, der Böses tut – **Eleganz** (Z. 4): Gewandtheit, Vornehmheit – **Agent** (Z. 6): Spion; Person, die im Geheimauftrag z. B. einer Regierung Aufträge ausführen soll – **Ihre Majestät** (Z. 6): hier: die Königin von England – **akrobatisch** (Z. 15): körperlich besonders gewandt, geschickt; mit großer Körperkontrolle – **Skaten** (Z. 21): mit dem Skateboard fahren – **Stunt** (Z. 24): gefährliches, akrobatisches Kunststück (als Szene eines Films) – **Workshop** (Z. 39): Kurs, in dem praktische Übungen durchgeführt werden – **Hansestadt** (Z. 40): hier: die Stadt Hamburg – **horizontal** (Z. 51): waagerecht – **vertikal** (Z. 51 f.): senkrecht, gerade Linie von oben nach unten – **Balance** (Z. 74): Gleichgewicht – **Variante** (Z. 83): Abwandlung, leicht veränderte Art/Form von etwas

4 a **1. Sinnabschnitt:** Bond-Film, Sébastien Foucan, Miterfinder, neuen Sportart, „Parkour", Hindernisse, überwinden, akrobatische Form der Fortbewegung, französischen Satellitenstädte
b **2. Sinnabschnitt:** Trend, Jugendkultur, Spielfilmen, Stunt- und Akrobatikszenen, deutschen Großstädten Clubs und Gruppen – **3. Sinnabschnitt:** umfangreiches Training, Traceure, Grundlagen des Sports, Verletzungen vermeiden, Hamburger Schüler Richard, Parkourworkshop, typischen Parkour-Hindernissen, Grundideen von Parkour, Luftlinie, Laufgeschwindigkeit, Sprungenergie – **4. Sinnabschnitt:** Profis, Basistechniken, Neueinsteiger, Landefläche präzise zu treffen, Balance – **5. Sinnabschnitt:** Trainer Marc, Nebenbeschäftigung, Wettbewerben, Jugendmusicals, Zukunft, rosig

5 **1. Sinnabschnitt:** Ein spektakulärer Stunt – **2. Sinnabschnitt:** Neue Trendsportart – **3. Sinnabschnitt:** Schule für Traceure – **4. Sinnabschnitt:** Präzise Landung auf der Linie – **5. Sinnabschnitt:** Bühnenreife Könner
Die Zwischenüberschriften: „Ein Ausflug in die Vorstädte" und „Skater auf Spanplatten" passen nicht.

## Seite 23

6 **Sinnabschnitt 1:** Ein spektakulärer Stunt; Bond-Film, Sébastien Foucan, Sportart, Hindernisse, akrobatische Form
**Sinnabschnitt 2:** Neue Trendsportart; Jugendkultur, Trend, Spielfilmen, deutschen Großstädten Clubs und Gruppen
**Sinnabschnitt 3:** Schule für Traceure; Workshops, umfangreiches Training, Grundlagen des Sports, Verletzungen vermeiden, Luftlinie, Laufgeschwindigkeit, Sprungenergie – **Sinnabschnitt 4:** Präzise Landung auf der Linie; Basistechniken
**Sinnabschnitt 5:** Bühnenreife Könner; Nebenbeschäftigung, Wettbewerben, Jugendmusicals

7 a In dem Text **„Neue Sportart Parkour – ein akrobatischer Hindernislauf“** informiert **Martine Conrad** über **eine neue Sportart.**
b Parkour ist **eine neue Sportart**. Sie wurde in Frankreich unter anderem von **Sébastien Foucan** entwickelt, der auch in einer Actionszene in **einem Bond-Film** aufgetreten ist. Die Sportlerinnen und Sportler nehmen den kürzesten, geraden Weg durch die Stadt und überwinden **Hindernisse** auf **akrobatische Weise**.
c Mögliche Zusammenfassung der Sinnabschnitte 2–5:

Es gibt inzwischen viele Filme und Videos, in denen Parkourszenen vorkommen. Die neue Sportart liegt bei Jugendlichen im Trend. Deshalb gibt es in deutschen Großstädten inzwischen Clubs und Gruppen dafür. Der Sport muss sorgfältig trainiert werden, um Verletzungen zu vermeiden. Vorgestellt wird ein Schüler, der an einem Workshop teilnimmt, bei dem die Grundlagen das Parkoursports vermittelt werden. Ziel ist es, auf gerader Linie von A nach B zu gelangen. Zur Überwindung der Hindernisse muss man Laufgeschwindigkeit in Sprungenergie umwandeln. Die Parkourlehrer führen die grundlegenden Techniken vor, bis den Anfängern die einzelnen Sprünge nach und nach gelingen. Für Profis ist Parkour eine Nebenbeschäftigung. Sie nehmen an Wettbewerben teil oder treten in Musicals auf.

## Seite 24

1 a 1: Mauersprung/Passe muraille – 2: Katzensprung/Saut de chat – 3: Durchbruch/Franchissement – 4: Tic Tac
b Grafik 1 und die Tabelle informieren über Bewegungsabläufe im Parkour und über deren Bezeichnungen.

2 a Die Grafik 2 zeigt eine Parkourstrecke auf einem Stadtplanausschnitt mit schematischen Gebäudegrundrissen.
b Die obere Linie zeigt die Luftlinienstrecke von einem Punkt A zu einem Punkt B.
Die untere Linie zeigt das Höhenprofil/die Hindernisse, die auf der Strecke zu überwinden sind.

## Seite 25

3 b A bei den Mädchen – B beim Parkour
c Die Schule wird sich wohl für das Skaten entscheiden. Denn hier sind die Werte von Mädchen und Jungen gleichermaßen hoch und sie liegen eng beieinander.

4 ●●● **Grafik 1** und die Tabelle ergänzen den Textabschnitt Z. 56 bis Z. 65, weil hier einige Parkourtechniken genannt werden. Der Präzisionssprung wird genauer beschrieben. – **Grafik 2** ergänzt die Textabschnitte Z. 47 bis Z. 52, aber auch Z. 11 bis Z. 14 und Z. 48 f., weil hier von der gradlinigen Fortbewegung über Hindernisse hinweg die Rede ist. – **Das Balkendiagramm** ergänzt den Textabschnitt Z. 19 bis Z. 22, weil Parkour hier als besonders bei Jungen beliebte Trendsportart beschrieben wird.

# Eine Inhaltsangabe schreiben

## Seite 27

2 Möglicher Leseeindruck:
Die Sprache wirkt etwas altertümlich. Der Trick des Offiziers, mit dem er den Dieb bloßstellt, ist sehr clever.

3 a + b **Wo**? Das Geschehen findet in einem Gasthof in Wien statt. – **Wann**? Die Geschichte spielt vermutlich Anfang des 19. Jahrhunderts (siehe Erscheinungsjahr der Kalendergeschichte). – **Wer**? Beteiligt sind folgende Figuren: ein Offizier, ein Gast in grüner Jacke (der Löffeldieb), der Wirt, andere Gäste und der Hausknecht des Gasthofes.

## Seite 28

4 a + b Mögliche Zusammenfassung der Handlungsschritte 1–7:
1 = Z. 1–6: Ein Offizier geht zum Mittagessen in ein Gasthaus in Wien. – 2 = Z. 7–16: Der Offizier beobachtet, wie einer der Gäste einen silbernen Löffel einsteckt. – 3 = Z. 17–27: Der Offizier verrät den Dieb nicht, sondern wendet einen Trick an: Er schiebt einen silbernen Löffel zwischen zwei Knopflöchern seiner Jacke hindurch. – 4 = Z. 28–41: Beim Bezahlen der Rechnung sagt der Offizier zum Wirt, dass bei der Höhe der Rechnung der Löffel ja wohl enthalten sei. Der Wirt will jedoch

den Löffel zurückhaben. – 5 = Z. 42–47: Der Offizier erklärt dem Wirt, er und der Gast in der grünen Jacke hätten sich nur einen Scherz erlaubt. Der Offizier fordert den Dieb auf, den silbernen Löffel zurückzugeben. – 6 = Z. 48–60: Der Löffeldieb gibt den gestohlenen Löffel zurück, wird jedoch von den anderen Gästen und dem Hausknecht beschimpft und verjagt. Der Wirt belohnt den Offizier mit einer Flasche Wein. – 7 = Z. 61–62: Die Lehre (siehe Aufgabe 8).

**5** Die Antwort C ist richtig.

**6** Der Einleitungssatz B ist gelungen, weil die Angaben zu Titel, Autor, Textart und Entstehungszeit vollständig sind. Die Angabe des Themas erfasst die gesamte Geschichte.

## Seite 29

**7** Die Geschichte spielt Anfang des 19. Jahrhunderts in Wien. Ein Offizier ~~verspürt eines Tages ordentlichen Hunger und~~ überlegt sich, ~~doch einmal~~ im Gasthaus „Roter Ochse" einzukehren. Dort trifft er ~~– wie man nicht anders erwarten kann –~~ auf allerlei verschiedene Menschen, ~~der eine trinkt viel Wein, der andere matscht mit Brot herum und jemand spielt mit einem silbernen Löffel. Seine Mahlzeit endet,~~ plötzlich beobachtet er einen ~~unsympathischen~~ Gast in einer grünen Jacke, der einen silbernen Löffel stiehlt.

**8**
A Der Offizier ist nicht sicher, wer der Löffeldieb sei und ob es Ärger geben würde.
B Der Offizier sagt, die Rechnung sei so hoch, dass der Löffel ja wohl darin enthalten sei.
C Er und der Herr in der grünen Jacke hätten nur Spaß gemacht, erklärt der Offizier. Gebe dieser seinen Löffel wieder aus dem Ärmel heraus, so wolle auch er selbst seinen Löffel auch wieder hergeben.

**9** Mögliche Inhaltsangabe:

*(Einleitung)* In der Kalendergeschichte „Der silberne Löffel" von Johann Peter Hebel, erschienen 1810, setzt sich ein einfallsreicher Offizier durch mutiges Verhalten erfolgreich für die Gerechtigkeit ein.
*(Hauptteil)* Die Geschichte spielt Anfang des 19. Jahrhunderts in Wien. Ein Offizier geht dort zum Essen in das Gasthaus „Roter Ochse". Plötzlich beobachtet er einen Gast in einer grünen Jacke, der einen silbernen Löffel einsteckt. Da der Offizier nicht sicher ist, wer der Löffeldieb sei und ob es Ärger geben würde, wartet er zunächst ab. Kurz bevor der Wirt ihm die Rechnung bringt, setzt er seine Idee um. Er steckt sich einen Löffel gut sichtbar durch die Knopflöcher seiner Jacke. Beim Kassieren entdeckt der Wirt den silbernen Löffel und fragt sich, ob es sein eigener sei. Nachdem der Offizier bezahlt hat, sagt er, die Rechnung sei so hoch, dass der Löffel ja wohl darin enthalten sei. Der Wirt reagiert humorvoll, indem er seinem Gast einen einfachen Löffel als Ersatz anbietet. Daraufhin erklärt der Offizier, er und der Gast in der grünen Jacke hätten nur Spaß gemacht. Wenn der andere den silbernen Löffel aus seinem Ärmel heraushole, wolle auch er selbst seinen Löffel wieder hergeben. Der Dieb sieht sich nun veranlasst, das fremde Eigentum an den Wirt zurückzugeben. Während der Löffeldieb von den anderen Gästen beschimpft und aus dem Gasthaus verjagt wird, lobt der Wirt den ehrlichen Offizier und bewirtet ihn mit einer Flasche Wein.
*(Wiedergabe der Lehre mit eigenen Worten)* Johann Peter Hebel möchte mit der Kalendergeschichte zeigen, dass ein Diebstahl gegen das geltende Recht verstößt und sich nicht lohnt, da der Dieb meistens entdeckt und bestraft wird. Denn es gibt verantwortungsvolle Menschen wie den Offizier, die sich für die Gerechtigkeit einsetzen.

# Eine Ballade gestaltend vortragen

## Seite 31

**2** Mögliche Inhaltszusammenfassung:

Die Ballade erzählt, wie Eigenheimbesitzer Kremer versucht, einen Maulwurf loszuwerden, der seinen wohlgepflegten Rasen nachts verunstaltet. Herr Kremer greift zu immer extremeren und gewalttätigeren Mitteln, bis er zuletzt Feuer legt. Das vertreibt zwar den Maulwurf, zerstört aber auch Herrn Kremers gesamtes Eigentum.

**3** a A + c – B + a – C + b – Die offensichtlichste Wirkung der Ballade ist „lustig".

**4**
a Mögliche Beschreibungen für die Figur Herr Kremer: aufbrausend, hitzköpfig, jähzornig, reizbar, unbeherrscht
c Mögliche Überlegungen:
Mimik und Gesten sowie der Ton (Vortragsweise) machen Herrn Kremer als Person gut vorstellbar.
Lustige Stellen werden durch einen lebendigen und leicht übertriebenen Vortrag noch lustiger.

4 b + d und
5 a + b

| | |
|---|---|
| I | Mögliche Betonungszeichen und Hinweise: |
| Herr Kremer sah zum Fenster raus<br>aus seinem eignen Eigenhaus.<br>Und wohlgefällig ruht sein Blick<br>auf seines Rasens Musterstück.<br>So frisch gemäht, so ordentlich,<br>so grün, ach, man beschreibt es nicht! | normale Vortragsweise: ruhig, harmlos, „alles okay“<br>zunehmend begeistert |
| Da \| plötzlich! Nein, das darf nicht sein! | so, dass der Zuhörer sich auch erschreckt |
| „He, Klara!“ Klara stürzt herein.<br>„Nun sieh doch mal, o Gott, o Schreck!“ | aufgeregt, erschrocken, Hände vors Gesicht schlagen |
| *Der Maulwurf muss weg!* | Refrain bei diesem ersten Mal nur leicht betont |
| II | |
| Herr Kremer auf den Rasen lief<br>zum Maulwurfshügel. Und er rief: | |
| „Du Kreatur! Du frecher Hund!<br>Du Wühler in dem Untergrund! | die ganze wörtliche Rede recht laut und wütend, aggressiv;<br>die Fäuste dabei schütteln; etwas schnelleres Sprechtempo |
| Du wagst es, diesen Rasen hier,<br>das Meisterwerk, die Gartenzier<br>zu schänden! Hiermit sag ich dir<br>zum letzten Mal: Verschwinde hier!<br>Komm raus, komm raus aus dem Versteck!“ | hier zugleich mit Stolz (oder: schon etwas weinerlich) |
| *Der Maulwurf \| muss \| weg!* | Refrain beim zweiten Mal durch Pausen nachdrücklicher betonen |
| III | |
| Die ganze Nacht Herr Kremer stand<br>mit seinem Spaten in der Hand. | Spatenstöße gestisch darstellen |
| Wo sich was rührt' im Mondenschein,<br>da rief er „Ha!“ und stieß hinein. | |
| „Verflucht! Wer meine Ordnung stört,<br>ist diese heile Welt nicht wert!“ | bedrohlich im Ton |
| Doch morgens – weh! \| Was ist geschehn? \|<br>Zwei neue Hügel muss er sehn! | Spannung durch kleine Pausen steigern |
| „Mein Heiligtum! Mein Lebenszweck!“ | jammernd, verzweifelt |
| *Der Maulwurf muss weg!* | Refrain weiter gesteigert, mit sehr viel Nachdruck |
| IV | |
| Herr Kremer schwor und lief herum: | herumlaufen |
| „Ich bring dich um! Ich bring dich um!“ | hysterisch, sehr aggressiv, mit den Händen gestikulierend |
| Ließ Wasser aus dem Gartenschlauch<br>ins Erdreich ein, kroch auf dem Bauch.<br>Pumpt' Auspuffgase in den Bau. | die Erzähleranteile: weniger betont und zügig |
| Im Töten ist Herr Kremer schlau. \|<br>Doch da! Im Morgensonnenschein: | Spannung hier erst durch Absenken der Stimme,<br>leiseres Sprechen steigern |
| Drei neue Hügel! „Nein! Nein! Nein! | hysterisch, sehr aggressiv |
| Du Teufel, du! Verreck! Verreck!“ | ebenso: sehr laut, schreiend |
| *Der Maulwurf muss weg!* | |
| V | |
| „Dass einer Recht und Sauberkeit<br>frech zu missachten sich nicht scheut!“ | extrem wütend |
| Herr Kremer rief: „Ich kriege ihn!“ | mit Nachdruck, eher langsam, verzögernd |
| Goss auf den Rasen das Benzin.<br>Die Flammen schlugen hoch hinauf. | |
| Sogar bis zu dem Dachstuhl rauf. \|\| | Spannungspausen einlegen |
| Das ganze Haus ist abgebrannt. \|\| | im Ton einer schrecklichen Nachricht |
| Herr Kremer in der Asche stand, | trocken, betont unbetont |
| Herr Kremer tanzte froh und keck: | einige Tanzbewegungen machen |
| *Der Maulwurf ist weg!* | jauchzend (oder als Kontrast: flüsternd) |

# Was kannst du schon? – Grammatik

## Seiten 32–33

**1** A Unser 7 – Klassenausflug 1 – in 5 – den 2 – Freizeitpark 1 – hat 4 – großen 3 – Spaß 1 – gemacht 4. 4 Punkte
B Dieses 8 – Erlebnis 1 – werde 4 – ich 6 – immer 9 – in 5 – Erinnerung 1 – behalten 4.

**2** **Nomen:** dunkel = Dunkelheit – spannend = Spannung 2 Punkte
**Adjektive:** Wunder = wunderbar, (ver)wunderlich, wundersam – Angst = ängstlich

**3** A er hatte gespielt – er spielte – er hat gespielt – er wird spielen 8 Punkte
B er war gefahren – er fuhr – er ist gefahren – er wird fahren

**4** Mögliche Wortbildungen mit Präfixen: entfallen – zerfallen – gefallen – befallen – missfallen 8 Punkte
er entfiel – es zerfiel – sie gefiel – es befiel – es missfiel

**5** A Aktiv – B Passiv – C Passiv – D Aktiv 4 Punkte

**6** a + b 3 Punkte
A Achterbahnen (Subjekt) / gehören (Prädikat) / in Freizeitparks (adv. Best. des Ortes) / zu den beliebtesten Attraktionen (Präpositionalobjekt).
B Sehr hohe oder schnelle Bahnen (Subjekt) / bereiten (Prädikat) / den Fahrgästen (Dativobjekt) / meistens (adv. Best. der Zeit) / besonders großen Spaß (Akkusativobjekt).
C Wegen der vielen Loopings (adv. Best. des Grundes) / leiden (Prädikat) / manche Fahrgäste (Subjekt) / nach der Fahrt (adv. Best. der Zeit) / unter Schwindelgefühlen (Präpositionalobjekt).

**7** a A Eine besondere Achterbahn, die Kingda Ka, wurde 2005 gebaut. (Adjektivattribut, Apposition) 4 Punkte
B Es handelt sich um die schnellste Achterbahn der Welt. (Adjektivattribut, Genitivattribut)
C Sie steht im neuesten Freizeitpark von New Jersey. (Adjektivattribut, präpositionales Attribut)
D Der beliebte Park heißt *Six Flags Great Adventure*. (Adjektivattribut)

**8** A + b (Satzgefüge) – B + d (Satzreihe) – C + c (Satzgefüge) – D + a (Satzgefüge) 4 Punkte

**9** Die Show hat mir großen Spaß gemacht, weil der Feuer-Tanz beeindruckend war. 1 Punkt

# Wortarten

## Seite 34

**1** A Nomen – B Pronomen – C Artikel – D Adjektiv – E Verb – F Konjunktion – G Adverb – H Präposition

## Seite 35

**1** a + b 6 Personalpronomen, 7 Possessivpronomen
Miraculix ist der Druide des Dorfes, in dem Asterix und Obelix leben. Als Ausdruck seiner Weisheit trägt er einen langen, weißen Bart, den er im Laufe der Zeit immer länger wachsen lässt. Seine Kleidung besteht aus einem weißen Gewand und einem roten Umhang, an seinen Füßen trägt er blaue Schuhe.
Seinem Häuptling Majestix gegenüber ist Miraculix sehr loyal, obwohl er klüger ist als Majestix. Bei den Dorfbewohnern genießt Miraculix ein höheres Ansehen als sein Häuptling. Sie bewundern ihn wegen seiner Klugheit und seines Wissens.

**2** a + b Miraculix schneidet mit seiner goldenen Sichel Misteln. Aus diesen Pflanzen und aus anderen geheimen Zutaten braut er einen Zaubertrank. **Der** verleiht den Dorfbewohnern übermenschliche Kräfte. Mit denen können diese sich gegen ihre gefährlichsten Gegner, die Römer, behaupten und jene vernichtend schlagen. Der Druide besitzt aber noch weitere Zaubermittel. Zu **diesen** gehört z. B. ein stark wirkendes Haarwuchsmittel oder eine Flüssigkeit, die aus Eicheln sekundenschnell Bäume wachsen lässt. Mit solchen Gebräuen macht er den Römern das Leben schwer. Bei den Jahrestreffen der Druiden, wo **derjenige** einen Preis bekommt, der am besten zaubern kann, geht Miraculix regelmäßig als Sieger heim.

**3** ●●● Mögliche Demonstrativpronomen:
Miraculix erklärt: „Wenn ich **diesen** Mistelzweig mit **diesem/jenem** geheimen Kraut, **diesen/jenen** speziellen Pflanzen und **dieser/jener** seltenen Wurzel mische, erhalte ich meinen Zaubertrank. **Dieser/der** darf aber nicht Obelix in die Hände geraten, weil **dieser/der/jener** als kleines Kind in den Zaubertrank gefallen ist."

## Seite 36

1 Adverbien des Ortes, ... der Zeit, ... *der Art und Weise*, ... **des Grundes**
Der Zauberer Gandalf ist eine wichtige Figur in den Romanen „Der kleine Hobbit" und „Der Herr der Ringe" von J. R. R. Tolkien. Anfangs trägt er einen langen Bart und graue Haare, die später weiß sind. Er führt stets einen Zauberstab bei sich, der *überraschenderweise* wie ein normaler Wanderstab wirkt. Er besitzt *zudem* das berühmte Schwert Glamdring. Sein Pferd Schattenfell trägt den Zauberer bergauf und bergab, tagaus und tagein jederzeit überallhin. **Darum** ist Schattenfell sein wichtigster Begleiter. Gandalf nimmt manchmal abends an den Festen der Hobbits teil. Dort inszeniert er spektakuläre Feuerwerke. **Deswegen** laden die Hobbits ihn immer *gern* ein.

2 ●●● Mögliche Verwendung der angebotenen Adverbien:
Gandalf und der Hobbit Bilbo Beutlin begeben sich mit 13 Zwergen auf eine abenteuerliche Reise. **Dabei** wollen sie gestohlenes Zwergengold finden. **Irgendwann** trifft Bilbo auf den finsteren Gollum, den er **glücklicherweise** bei einem Rätselspiel besiegt. **Unversehens** fällt ihm Gollums Schatz, der Ring der Macht, in die Hände. Dieser Ring macht unsichtbar und hilft ihm **sehr** beim Kampf gegen den bösen Drachen, der das Zwergengold bewacht.
**Bald** gibt Bilbo den Ring an Frodo weiter. **Allerdings** erkennt Gandalf, dass es sich bei dem Ring um den Ring Saurons handelt, den sie **keinesfalls** behalten sollten. **Darum** macht er sich gemeinsam mit Frodo und seinen Gefährten auf den Weg, um den Ring nach Mordor zu tragen und ihn **dort** zu zerstören, bevor er Unheil anrichtet.

# Das Verb – Die Tempora (Zeitformen)

## Seite 37

1 a + b steht (A: 1) – ist (B: 1) – wirft, durchschlägt, befindet, bringt (C: 1) – jubelt (D: 1) – zeigen (E: 2) – ist (F: 2) – betreiben, einsetzen (G: 2) – konzentriert (H: 2) – erklärt (I: 1) – tritt ... auf, zeigen (J: 3)

2 A In welchen Ländern **werden** Sie noch **auftreten**? – B Wann **werden** Sie wieder in Ihr Shaolin-Kloster **zurückkehren**? – C Welche Eindrücke **werden** Sie von Deutschland **mitnehmen**?

## Seite 38

3 A Hallo Max! Wie ist es dir in der letzten Woche ergangen? – B Du wirkst mager. Bist du nicht immer satt geworden? – C Erzähle, hast du etwas Spannendes erlebt? – D Hast du dich bei deinem Ausflug gestern nicht verlaufen? – E Sind die Lehrer diesmal netter zu dir gewesen?

4 [...] Stell dir vor, ich **habe** gestern das chinesische Neujahrsfest **besucht**. Wir **sind** alle bei den Xuns **gewesen**. Die **haben** vorher das Haus gründlich **geputzt**, damit an den Festtagen alles sauber ist. Vater Xun **hat** ein Bild des Küchengotts **verbrannt**. Der soll nun zum Himmel aufsteigen, um dort über die Familie zu berichten. Damit er nicht zu viel Schlechtes erzählt, **hat** Mutter Xun süßen Kuchen **gebacken** und ihm damit den Mund **verschlossen**. Wir **haben** zusammen ein leckeres Fischgericht **gegessen**. Fisch steht für Reichtum im neuen Jahr. Nach dem Essen **haben** wir alle rote Kuverts mit etwas Geld **bekommen**. Anschließend **sind** wir mit den Xuns nach draußen **gegangen**, um Knallkörper zu zünden. Mit dem Lärm **haben** wir den bösen Geistern Angst **gemacht** und sie **vertrieben.** [...]

5 ●●● Max hört seine Mutter rufen: „Max, du hast doch gestern gesagt, dass du die Glasnudeln besorgst, hast du jetzt Zeit?"
Er antwortet: „Ich habe das Gespräch mit Großmutter schon beendet, ich schaue noch schnell Fotos am PC vom Neujahrsfest an. Wenn ich die zehn lustigsten Fotos ausgewählt habe, maile ich sie noch an meine deutschen Freunde. Tim hat mir letztens Fotos von seinem Geburtstag geschickt. Ich habe mich noch gar nicht dafür bedankt, das will ich auch noch machen. Und dann gehe ich einkaufen."

## Seite 39

6 Er befreite sich aus vernagelten Kisten, schluckte Nadeln, ließ 1918 mitten auf dem Times Square einen Elefanten spurlos verschwinden und behauptete, sich aus jeder Fessel befreien zu können. Seine Tricks machten Harry Houdini zum ersten Superstar Amerikas. Schon damals galt seine Selbstbefreiung aus einer Zwangsjacke, während er kopfüber an einem Kran hing, als spektakulär. Zehntausende Zuschauer kamen und sahen, wie sich Houdini in weniger als fünf Minuten entfesselte. „Das Publikum schrie und jubelte", schrieb damals ein Reporter der Washington Times.

7 **regelmäßige Verben:** verzauberte – verzaubern; befreite – befreien; schluckte – schlucken; behauptete – behaupten; machten – machen; entfesselte – entfesseln; jubelte – jubeln **unregelmäßige Verben:** ließ – lassen; galt – gelten; hing – hängen; kamen – kommen; sahen – sehen; schrie – schreien; schrieb – schreiben

8 ●●● Mit 17 beschloss ich, Zauberkünstler zu werden. Ich trainierte meinen Körper, lernte Münzen- und Kartentricks und übte in der Badewanne das Luftanhalten. Nach einigen kleinen Auftritten gelang mir 1899 der Durchbruch: Als „König der Handschellen" stürzte ich mich gefesselt von Brücken und befreite mich aus Kisten und Särgen. Bis zu 40 000 Zuschauer versammelten sich bei meinen Auftritten und genossen das Spektakel. Später bekam ich sogar eine eigene Show.

9 A Nachdem Houdini in Handschellen und Ketten von einer Brücke gesprungen war, wurde er zum Superstar.
B Nachdem Polizisten ihn in eine Gefängniszelle gesperrt hatten, lief er kurze Zeit später wieder frei herum.

# Das Verb – Aktiv und Passiv

## Seite 40

1 a Ein Handlungsträger ist in den Sätzen A, C und D genannt.
b A = Magier – C = Profis – D = Anfänger
c Die angekreuzten Sätze stehen im **Aktiv**.

2 Akkusativobjekte, die im Passivsatz zum Subjekt geworden sind:
1 Die Seilenden werden in der rechten und linken Hand jeweils zwischen Daumen und Zeigefinger gehalten.
2 Als Erstes wird die rechte Hand nach links geführt.
3 Dann wird das Seil über den linken Unterarm gelegt.
4 Danach wird die rechte Hand weiter hinter die linke Hand bewegt.
5 Anschließend wird die rechte Hand nach unten an der zuvor gebildeten Schlinge vorbeigeführt.
6 Nun wird das Seilende der rechten Hand in die linke „Kammer“ gesteckt.
7 Das Seilende der rechten Hand wird anschließend von hinten durch die rechte „Kammer“ geführt.
8 Die Hände werden auseinanderbewegt.
9 Die beiden Seilschlingen werden über die Handgelenke fallen gelassen.
10 Gleichzeitig werden die Hände heimlich umgewendet.
11 Dabei wird das rechte Seilende unbemerkt losgelassen und das Seil an einer vorher markierten Stelle ergriffen, während es über sein Handgelenk gleitet.
12 Ein Knoten wird gebildet, weil Ben (verdeckt) umgreift. (oder: …, weil von Ben [verdeckt] umgegriffen wird.)

## Seite 41

3 a + b Handlungsträger, *Darstellung des Geschehens:*
**Flughafenchef Andy Fly:** Gestern habe ich *die Polizei wegen eines ungewöhnlichen Diebstahls gerufen.* Irgendein Verrückter hat *die Zauberkiste des Magiers Bernini gestohlen.* – **Maria Fantastic:** Meine beste Freundin *betet den Meister förmlich an!* Darum habe ich *ihn angesprochen und um ein Autogramm gebeten.* Für einen kurzen Augenblick *ließ* Bernini deshalb *seine Zauberkiste aus den Augen.* – **Bernini:** So ein Ärger! Ich *habe meinen größten Konkurrenten in Verdacht!* Monsieur Miro *neidet mir meinen Erfolg:* Ganz bestimmt hat er *den Diebstahl in Auftrag gegeben.* – **Rosa Reisewütig:** Ich habe *zwei Männer in schwarzen Anzügen beobachtet.* Sie *trugen eine große Kiste, die wie ein Sarg aussah, aus dem Flugzeug und luden sie in einen weißen Transporter, auf dessen Seitentür auffällig in violetten Großbuchstaben „MM“ stand.* – **Polizist:** Wir *suchen den Dieb.* Darum *bitten* wir *die Reisenden und die Mitarbeiter des Flughafens um sachdienliche Hinweise.*

4 Möglicher Zeitungsartikel:

**Berninis berühmte Zaubershow gefährdet – Polizei bittet um Hinweise**
Gestern wurde die Polizei wegen eines ungewöhnlichen Diebstahls zum Flughafen gerufen. Die Zauberkiste des Magiers Bernini wurde gestohlen. Der berühmte Magier wurde angesprochen und um ein Autogramm gebeten. Die Zauberkiste wurde aus den Augen gelassen. Der Diebstahl wurde bestimmt in Auftrag gegeben. Laut Zeugenaussagen wurden zwei Männer in schwarzen Anzügen beobachtet. Zudem wurde eine große Kiste aus dem Flugzeug getragen und in einen weißen Transporter geladen, auf dessen Seitentür auffällig in violetten Großbuchstaben „MM“ stand. Der Dieb wird gesucht. Darum werden die Reisenden und die Mitarbeiter des Flughafens um sachdienliche Hinweise gebeten.

5 ●●● Möglicher Zeitungsartikel:

**Dumme Diebe – Bernini überglücklich**
Im Laufe des Abends wurden der Polizei gestern noch viele Hinweise zum Flughafendiebstahl gegeben. Die große Kiste, die von Rosa Reisewütig während der Verladung in den Transporter beobachtet wurde, war ein Sarg, nicht die Zauberkiste des Magiers Bernini. Als entscheidend wird die Zeugenaussage eines Fluglotsen eingeschätzt: Vom Tower aus wurden drei äußerst auffällige Gestalten in rot-weiß gestreifter Kleidung beobachtet. Von einem besonders frechen Dieb wurde die Zauberkiste direkt vom Gepäckband gezogen. Da die Räuber nicht beim Verlassen des Flughafens beobachtet worden waren, mussten sie noch dort zu finden sein. Mit vereinten Kräften und vielen Suchhunden waren sie schnell aufgespürt. Sie hatten Pech gehabt und waren in einer Toilettenanlage eingeschlossen worden. Zu dumm – aber gut für Bernini! Der berühmte Magier freute sich sehr, seine Show wird wie geplant heute Abend im Palast aufgeführt.

### Seite 42

6 a A wird ... gezeigt – B ist ... verschwunden – C wird ... aufgeführt – D werden ... aufbewahrt
b Rekord B steht im Zustandspassiv.

7 A Es ist kurz vor der Premiere, gleich **wird** der Vorhang **geöffnet**. – B Die Eintrittskarten für die magische Show **sind** seit Wochen **verschickt**. – C Die Premiere **wird** noch emsig **vorbereitet**. – D Die Scheinwerfer **sind** bereits an der hohen Decke **befestigt**. – E Währenddessen **werden** die Künstler in ihrer Garderobe **geschminkt**.
**Hinweis:** Die Sätze B und D stehen im Zustandspassiv, alle anderen im Vorgangspassiv.

8 Richtig sind diese Sätze: 1. Bild = A, 2. Bild = D, 3. Bild = E und 4. Bild = H.

### Seite 43

9 a–c A hatte ... verteilt; Zeitform: Plusquamperfekt; Passiv: Flyer für die Abendvorstellung waren (vom Zirkusclown) in der Stadt verteilt worden. – B zeigte; Zeitform: Präteritum; Passiv: Mehrere außergewöhnliche Tricks wurden (vom Zauberkünstler) gezeigt. – C hat ... angekündigt; Zeitform: Perfekt; Passiv: Die einzelnen Nummern sind (von der Assistentin) professionell angekündigt worden. – D wird ... anbieten; Zeitform: Futur I; Passiv: Nächstes Jahr wird ein neues Programm (vom Zirkus) angeboten werden.

10 a Die gewählte Ersatzform für das Passiv ist **die man-Form**.
b Formulierung mit „sein" + Infinitiv mit „zu": Es ist eine siebenstellige Nummer zu notieren. Die ersten drei Ziffern der Nummer sind in einen Taschenrechner einzutippen. Sie sind mit 80 zu multiplizieren. Die Zahl 1 ist zu addieren. Das Ergebnis ist mit 250 zu multiplizieren.

## Das Verb – Der Konjunktiv

### Seite 44

1 Indikativ, Konjunktiv I
Julia erzählt Tim, dass sie zum Geburtstag einen Zauberkasten bekommen habe. Der Kasten enthalte Spielkarten, Münzen und einen magischen Würfel. Ein Zauberstab und ein Zauberbuch seien natürlich auch dabei. Sie schauen sich den Kasten an, auf dem steht, damit lerne man das Zaubern im Handumdrehen. Tim und Julia entscheiden sich für die spannendste Herausforderung. Sie wollen Münzen auf magische Art und Weise vermehren und damit reich werden. Beim Blick ins Zauberbuch sind sie aber enttäuscht. Darin steht, dass es sich dabei nur um einen Zaubertrick handele, mit dem man das Publikum täuschen könne. Die Anzahl der Münzen verändere sich in Wirklichkeit nicht.

2 ..., dass er von Hexerei noch überhaupt nichts **verstehe**, er **sehe** sich als Lehrling. Dass sein Meister Verbrechen begehen **könne**, **sei** ihm unbegreiflich, auch **wolle** er sich das gar nicht vorstellen. Der Meister **benutze** seine Kunst stets zum Guten der Menschen.

### Seite 45

4 a + b

| Infinitiv | Konjunktiv I | Präteritum | Konjunktiv II |
|---|---|---|---|
| tragen | wir tragen | wir trugen | wir trügen |
| leben | sie lebe | sie lebte | sie lebte |
| dürfen | du dürfest | du durftest | du dürftest |
| haben | sie haben | sie hatten | sie hätten |
| geben | es gebe | es gab | es gäbe |

5 A Wenn ein Zauberer mir **anböte**, mir einen Wunsch zu erfüllen, **bäte** ich ihn, mich unsichtbar machen zu können. – B Dann **müsste** ich im Kino keinen Eintritt zahlen, **führe** kostenlos mit Bus und Bahn und **flöge** ohne Ticket im Flugzeug. – C Außerdem **könnte** ich andere heimlich belauschen und ihnen lustige Streiche spielen. – D Aber: Was **sähen** die Leute auf meinem Passbild? – E Wie **würden** meine Freunde mich **erkennen**? – F **Würden** andere Fußgänger mich nicht ganz schnell versehentlich **überrennen**?

### Seite 46

6 a–d Konjunktiv I, Konjunktiv II, *Ersatzform mit „würde"*, **einleitende Hauptsätze**
**Der berühmte Zauberer ChrisMagic erklärt im Interview**, dass sein Interesse für Zauberei schon in seiner Kindheit angefangen habe. **Er erinnert sich**, dass er acht Jahre alt gewesen sei, als er im Fernsehen eine Sendung über Zauberkünstler gesehen habe. Später habe er sich dann einen Zauberkasten gekauft. Heute gehe er in spezielle Geschäfte, wo er professionelle Zaubertricks kaufe, **erzählt ChrisMagic weiter**. Außerdem hätten nette Kollegen ihm viel über Zauberei beigebracht. **Als er gefragt wird**, ob man allein von der Zauberkunst leben könne, **antwortet ChrisMagic**, dass dies zwar möglich sei, dass viele seiner Kollegen aber nicht hauptberuflich als Zauberer *arbeiten würden*.

7 Der Konjunktiv II musste gewählt werden, weil der Konjunktiv I (haben) sich nicht vom Indikativ Präsens unterscheidet. Die Ersatzform mit „würde "musste gewählt werden, weil der Konjunktiv II (arbeiteten) formgleich mit dem Indikativ Präteritum ist.

8 ●●● A ChrisMagic erklärt, sein Showprogramm **sei** einfach für alle interessant.
B Er erwähnt, dass er mittlerweile vornehmlich für Firmenkunden auf Messen und Firmenfeiern **arbeite**.
C Er **betreue** jedoch auch sehr gern noch schöne Privatveranstaltungen wie Hochzeiten oder Geburtstage, erzählt er weiter.

## Seite 47

1 Richtig ist die Aussage B, falsch sind A und C.

2 a [...] Wie es dazu kam, berichtet der Deutschlehrer Herr Tanner, der die AG leitet: „Ich selbst zaubere **(er zaubere)** schon seit meinem Studium. Manchmal zeige **(er zeige)** ich meinen Schülern am Stundenende einen meiner Tricks. Eines Tages haben mich die Schüler zur Gründung einer Zauber-AG überredet **(sie hätten ... überredet)**."
Während der Show ließen die Zuschauer sich von Karten- und Seiltricks beeindrucken. „Besonders genial ist **(sei)** der Trick von Tim", schwärmte der Schulleiter, „er kann **(könne ...)** einen Geldschein verschwinden lassen und ihn wieder herbeizaubern."
[...] Am Ende der Show verriet sie den Trick: „Für jede Zahl habe **(sie hätte)** ich eine eigene Tasche. Sagt **(sage)** der Zuschauer also ‚zwei', fordere ich **(sie fordere)** ihn auf, in die linke Hosentasche zu greifen, sagt **(sage)** er ‚drei', ist **(sei)** es die rechte Jackentasche und so weiter."
Aber wie haben die Schüler all diese spektakulären Tricks gelernt? Jonas erklärte am Ende der Show: „Meistens lernen **(sie würden lernen)** wir die Zaubertricks mit Videos aus dem Internet. Wir müssen dann lange vor dem Spiegel üben **(sie müssten üben)**, bis sie reibungslos funktionieren **(sie würden funktionieren)**."

b Mögliche Umformungen in indirekte Rede mit angepassten Personalpronomen:
(Z. 2–5) Herr Tanner berichtete, er selbst zaubere schon seit seinem Studium. Manchmal zeige er seinen Schülern am Stundenende einen seiner Tricks. Eines Tages hätten ihn die Schüler zur Gründung einer Zauber-AG überredet.
(Z. 7–8) Der Schulleiter schwärmte, besonders genial sei der Trick von Tim. Er könne einen Geldschein verschwinden lassen und ihn wieder herbeizaubern.
(Z. 12–14) Sie verriet, sie habe für jede Zahl eine eigene Tasche. Sage der Zuschauer also „zwei", fordere sie ihn auf, in die linke Hosentasche zu greifen, sage er „drei", sei es die rechte Jackentasche und so weiter.
(Z. 16–17) Jonas erklärte am Ende der Show, sie würden die Zaubertricks meistens mit Videos aus dem Internet lernen. Sie müssten dann lange vor dem Spiegel üben, bis sie [die Zaubertricks] reibungslos funktionieren würden.

## Seiten 48–49

### Teste dich! – Wortarten und rund ums Verb

1 Zu beugende Wortarten sind: Verb, Artikel, Pronomen, Adjektiv, Nomen. 5 Punkte

2 a + b Personalpronomen, Possessivpronomen, Demonstrativpronomen, *Bezugswörter*
Seinen ersten *Kontakt* zur Zauberkunst hatte Oliver Erens im Alter von zehn Jahren. Seither beschäftigt er sich intensiv mit diesem Hobby. Seine ersten *Auftritte* hatte er mit zwölf Jahren. Tricks mit Spielkarten sind seine *Lieblingsbeschäftigung*. Mit 16 Jahren wurde er jüngstes Mitglied des „Magischen Zirkels" in Deutschland. In diesem Alter erfolgten auch seine ersten *Veröffentlichungen* seiner *Kunststücke* in deutschen, später auch internationalen Fachzeitschriften. Im Jahre 1995 zeichnete ihn jener Zirkel als Schriftsteller des Jahres aus. Seit dieser Zeit erscheint bis heute im Schnitt jährlich ein Buch über Zaubertricks von Oliver Erens. 17 Punkte

3 Keine Adverbien sind die Wörter: schnell, vergnüglich, witzig, attraktiv, spektakulär, später. 6 Punkte

4 A (ich) habe geschrieben – (ich) schrieb – (ich) hatte geschrieben
B (du) hast gelesen – (du) lasest – (du) hattest gelesen
C (wir) haben verloren – (wir) verloren – (wir) hatten verloren (für jede Zeile 1 Punkt) 3 Punkte

5 Aktiv: A, D, E (Futur I) – Passiv: B, C 5 Punkte

6 A (er) wird gesucht – B (er) wird suchen – C (er) ist gesucht worden – D (er) suchte –
E (er) war gesucht worden 5 Punkte

7 Zustandspassiv: A, C – Vorgangspassiv: B 3 Punkte

8 A Ein Zauberkünstler gab zu, er sei bei seinem Auftritt sehr aufgeregt gewesen.
B Er berichtete, die Nervosität habe ihm fast einen Streich gespielt.
C Dann räumte er ein, dass ein bisschen Lampenfieber aber dazugehöre.
D Erleichtert erzählte er, er habe sich schließlich aber doch ganz auf seinen Trick konzentrieren können.
E Er sei ihm perfekt gelungen, erklärte er erfreut.
F Jetzt sei er Weltmeister, sagte er glücklich. 6 Punkte

**Insgesamt zu erreichende Punktzahl: 50 Punkte**

# Satzglieder unterscheiden

## Seite 50

1 A Subjekt – B Prädikat – C Objekte – D adverbiale Bestimmungen

## Seite 51

2 b A Satz 1: man, Satz 2: der Kaffeesatz, Satz 3: Melitta Benz (Wer oder was ...? = Subjekt)
B Satz 4 enthält ein Akkusativobjekt. (Wen oder was durchlöcherte sie? den Boden eines Messingtopfes)
C Satz 5 enthält ein Präpositionalobjekt. (Wonach suchte sie? nach einem möglichst wasserdurchlässigen Papier)
D Satz 6 enthält vier Satzglieder. (Im Schulheft ihres Sohnes / fand / sie / das geeignete Löschpapier.)
E Satz 7 enthält ein Akkusativ- und ein Dativobjekt. (Wen oder was bot sie ihrem Mann an? den gefilterten Kaffee = Akkusativobjekt – Wem bot sie den gefilterten Kaffee an? ihrem Mann = Dativobjekt)
F Satz 8 endet mit einem Genitivobjekt. (Wessen erfreut sich der Melitta-Filter? großer Beliebtheit)

3 zweifeln an – forschen nach – sich begnügen mit – flüchten vor

4 ●●● ... interessieren sich für neue Erfindungen. ... zweifelte an der Ehrlichkeit seiner Freunde. ... auf eine sehr sonderbare kleine Maschine gestoßen war, ... über welches Thema seine Freunde sprachen. ... wartete gespannt auf den befürchteten Verrat. Seine Freunde allerdings lachten laut über ihn!

## Seiten 52–53

1 b Im Winter 1903 (adv. Best. der Zeit) beobachtete ... in New York (adv. Best. des Ortes) den Verkehr. Bei Schnee und Regen (adv. Best. der Art und Weise) ... der ersten Automobile wegen der schlechten Sicht (adv. Best. des Grundes) stoppen, aussteigen und von Hand (adv. Best. der Art und Weise) die Windschutzscheibe säubern. ... konnte Mary Anderson problemlos (adv. Best. der Art und Weise) abschaffen. Sie ..., der im Wageninneren (adv. Best. des Ortes) mechanisch (adv. Best. der Art und Weise) in Bewegung gesetzt wird: ... Auf Grund ihrer Erfindung (adv. Best. des Grundes) konnte die geschickte Konstrukteurin im November 1903 (adv. Best. der Zeit) ein Patent anmelden. Das praktische Bauteil ist heute (adv. Best. der Zeit) in jedem Auto (adv. Best. des Ortes) Standard.

2 a adv. Best. **der Zeit:** in den Jahren 1913/14, vor ihrer Erfindung – adv. Best. **des Ortes:** an einer Sollbruchstelle
adv. Best. **der Art und Weise:** zuverlässig, exakt gefaltet –adv. Best. **des Grundes:** auf Grund vieler eigener Testflüge
b **In den Jahren 1913/14** erfand Katharina Paulus etwas, das nach ihr vielen Menschen das Leben retten sollte: das Fallschirmpaket. **Vor ihrer Erfindung** waren Fallschirme sperrige und schwere Tücher, die sich nicht **zuverlässig** öffneten. K. Paulus verpackte den Fallschirm **exakt gefaltet** in einen kleinen Sack, eine kleine Reißleine öffnete den Sack **an einer Sollbruchstelle,** sodass er sich entfaltete. **Auf Grund vieler eigener Testflüge** konnte sie ihre Erfindung immer perfekter gestalten.

3 ●●● Mögliche erweiterte Sätze:
A Jede kluge Erfinderin tüftelt aus grenzenloser Neugier (adv. Best. des Grundes) in jeder freien Minute (adv. Best. der Zeit) hoch konzentriert (adv. Best. der Art und Weise) in ihrem Labor (adv. Best. des Ortes).
B In solchen Laboren (adv. Best. des Ortes) entstehen mit viel Fantasie (adv. Best. der Art und Weise) und durch manchmal unerwartete Geistesblitze (adv. Best. des Grundes) über Nacht (adv. Best. der Zeit) Erfindungen.
C Ich möchte aus reiner Freude an Neuem (adv. Best. des Grundes) manchmal (adv. Best. der Zeit) in meinem Zimmer (adv. Best. des Ortes) selbst gern (adv. Best. der Art und Weise) etwas Tolles erfinden.

## Seite 54

1 a + b Mögliche Satzumstellungen:
A 1903 | nähte | Margarete Steiff | ein neuartiges Spielzeug zum Schmusen.
Ein neuartiges Spielzeug zum Schmusen nähte 1903 Margarete Steiff.
B Der pelzige Teddybär | ist | bis heute | eine Freude der Kinder.
Eine Freude der Kinder ist der pelzige Teddybär bis heute.
Bis heute ist der pelzige Teddybär eine Freude der Kinder.
C Josephine Cochrane, eine Amerikanerin, | erfand | 1886 | einen hilfreichen Automaten für die Küche.
1886 erfand Josephine Cochrane, eine Amerikanerin, einen hilfreichen Automaten für die Küche.
Einen hilfreichen Automaten für die Küche erfand 1886 Josephine Cochrane, eine Amerikanerin.
D Der Geschirrspülautomat mit Motor | ersetzte | mühsames Spülen von Hand.
Mühsames Spülen von Hand ersetzte der Geschirrspülautomat mit Motor.
E Windelnwechseln ohne Mühe | verdanken | Eltern | der experimentierfreudigen Marion Donovan.
Der experimentierfreudigen Marion Donovan verdanken Eltern Windelnwechseln ohne Mühe.
Eltern verdanken der experimentierfreudigen Marion Donovan Windelnwechseln ohne Mühe.

F Nach der Erfindung des Windelhöschens | entwickelte | sie | die praktische Windel zum Wegwerfen.
Die praktische Windel zum Wegwerfen entwickelte sie nach der Erfindung des Windelhöschens.
Sie entwickelte die praktische Windel zum Wegwerfen nach der Erfindung des Windelhöschens.
Sie entwickelte nach der Erfindung des Windelhöschens die praktische Windel zum Wegwerfen.

**2** a + b

B Der pelzige Teddybär — eine Freude der Kinder

C Josephine Cochrane, eine Amerikanerin, — einen hilfreichen Automaten für die Küche

D Der Geschirrspülautomat mit Motor — mühsames Spülen von Hand

E Windelnwechseln ohne Mühe — der experimentierfreudigen Marion Donovan

F Nach der Erfindung des Windelhöschens — die praktische Windel zum Wegwerfen

## Seite 55

**3** a + b [...] gilt als Erfinderin des Geschirrspülers (Ga). Als wohlhabende (Aa) Frau hat Cochrane zahlreiche (Aa) Partys gegeben, nach denen Berge von Geschirr (pA) gespült werden mussten. Weil zerbrochenes (Aa) Porzellan sie ärgerte, baute sie ein Gerät für den Abwasch (pA). Sie entwarf einen Geschirrhalter aus Drahtbügeln (pA), der in einem großen (Aa) Waschkessel aus Kupfer (pA) montiert wurde. Mit einem Motor wurde das Drahtgestell gedreht. Gleichzeitig pumpte eine Wasserpumpe heiße (Aa) Seifenlauge in den Kessel. Die entscheidende (Aa) Idee war es, Wasserdruck einzusetzen. 1886 ließ Josephine Cochrane, Tochter eines Wasserbauingenieurs (Ga) / (App) ihren Geschirrspülautomaten patentieren.

**4** ●●● Mögliche Sätze mit Apposition: A Margarete Steiff, Gründerin der gleichnamigen Spielwarenfabrik, wurde trotz ihrer Kinderlähmung eine selbstständige und erfolgreiche Frau. – B Durch die Erfindung der Einwegwindel, heute ein echter Verkaufsschlager, erleichterte Marion Donovan Millionen von Eltern das Wickeln.

## Seite 56

**1** b Die Satzanfänge sind immer gleich. Das Wort „hervorragend" wiederholt sich (und beschreibt nicht genau genug).
c „Chindogu" bedeutet auf Japanisch „seltsames Gerät". Chindogus sind hervorragende Erfindungen. Ein Chindogu löst ein alltägliches Problem ~~hervorragend und~~ ungewöhnlich. Chindogus sind aber oft auch ~~ziemlich~~ peinlich.
So könnte der verbesserte Text aussehen:
„Chindogu" bedeutet auf Japanisch „seltsames Gerät". Man versteht darunter besonders originelle Erfindungen.
Ein Chindogu löst ein alltägliches Problem auf ungewöhnliche Weise. Oft sind solche Erfindungen aber auch peinlich.

**2** Mögliche Erweiterungen durch adverbiale Bestimmungen oder Attribute: Dieser **merkwürdige** Hut ist sehr praktisch. [...], wird der Taschentuchhalter **auf dem Kopf** befestigt. [...] rollt sich **schnell und mühelos** ab. Die Hutträger können sich **jederzeit** die Nase putzen. Der Papiervorrat, **eine einfache Rolle Toilettenpapier,** kann [...].

## Seite 57

### Teste dich! – Satzglieder und Attribute

**1** a A = Prädikat – B = Subjekt – C = Dativobjekt – D adverbiale Bestimmung des Grundes – E = Akkusativobjekt – F = adverbiale Bestimmung der Zeit — 6 Punkte
b B = Hedy Lamarr, (die Namensgeberin) – D Auf Grund (synchroner) Frequenzwechsel (bei Sender und Empfänger) – E das Abhören oder Stören (eines Funksignals) – F während der Datenübermittlung (mittels Funk) — 5 Punkte

**2** **Adjektivattribut:** synchroner – **Apposition:** die Namensgeberin – **Genitivattribut:** eines Funksignals – **präpositionales Attribut:** bei Sender und Empfänger, mittels Funk — 5 Punkte

**3** A Kein Satzglied ist die Apposition. – B Es gibt keine adverbiale Bestimmung der Präposition. – C Es gibt keine adverbiale Bestimmung des Genitivs. — 3 Punkte

**Insgesamt zu erreichende Punktzahl:** — **19 Punkte**

# Satzreihen und Satzgefüge

## Seite 58

**1** a + b Die IdeenExpo ist ein Naturwissenschafts- und Technik-Event für Schülerinnen und Schüler, diese Veranstaltung findet alle zwei Jahre in Hannover statt. Die Aussteller präsentieren [...] Wissenschaft und Technik zum Anfassen und Mitmachen, denn sie möchten das Interesse Jugendlicher wecken. Schülerinnen und Schüler können als Besucher zur IdeenExpo reisen, aber einige Jugendliche dürfen auch eigene Nachwuchsprojekte präsentieren. Bis zu 25 Schüler-Teams werden als Aussteller eingeladen, doch sie müssen vorher ihren Erfindergeist im Wettbewerb „Ideenfang" unter Beweis stellen. Die Sieger vergangener Jahre haben den „sprechenden Schulweg" entwickelt(,) oder sie haben sturmsichere Regenschirme [...] konstruiert. Bei der Auswahl der Jury zählen nicht nur eine innovative Idee und deren technische Umsetzung, sondern das Projekt muss auf der IdeenExpo auch Möglichkeiten zum Ausprobieren und Mitmachen anbieten. Gefällt dir eher ein ferngesteuerter Rennbesen(,) oder überzeugt dich der solarbetriebene Schlittschuhwärmer?

**2** A Bis 2011 konnten nur Jugendliche aus Niedersachsen am „Ideenfang" teilnehmen, **doch/aber** seit 2013 dürfen alle erfindungsreichen Schülerteams ihre Projekte einreichen.
B Die Gewinner-Teams der Zwischenrunde erhalten bereits eine Unterstützung in Höhe von 600 Euro, **denn** sie müssen eine Präsentation ihres Projektes für die IdeenExpo vorbereiten.
C Die Sieger bekommen nicht nur ein Preisgeld, **sondern** ihnen wird auch ein Ausflug in die Welt der Technik spendiert.

## Seite 59

**3** a–c A Ein Schüler (hat), nachdem er selbst einen Gips tragen (musste), einen juckfreien Gipsverband erfunden.
— Hs —, (Konjunktion) — Ns —, — Hs (Fortsetzung) —.

B Eine Gruppe (hat) ein Handyladegerät für Fahrräder entwickelt, sodass man beim Treten das Handy (auflädt).
— Hs —, (Konjunktion) — Ns —.

C Damit die Füße beim Schifahren nicht überraschend (erfrieren), (wurde) ein Erfrierschutzalarm entwickelt.
(Konjunktion) — Ns —, — Hs —.

D Eine Schießautomatik an Hasenställen (soll) verhindern, dass Marder die Tiere (töten).
— Hs —, (Konjunktion) — Ns —.

E Wenn die Tüte mit Schimmelflecken bedruckt (ist), (wird) sicher niemand mehr das Pausenbrot stehlen.
(Konjunktion) — Ns —, — Hs —.

## Seite 60

**1** a + b [...] Hierbei werden jedes Jahr aus dem Bereich der Physik Aufgaben, (die) besonders pfiffige Lösungen benötigen, ins Netz gestellt. 2012 musste zum Beispiel eine Brücke aus Papier gebaut werden, (welche) einen Meter Distanz überbrückt und eine Getränkedose trägt. Auch eine Wasserrakete, (die) möglichst lange in der Luft bleibt, war gefragt. Beim Finale, (welches) in einem großen Zelt stattfindet, werden die besten Ideen präsentiert. Gewinnen werden am Ende die Schülerinnen und Schüler, (deren) Konstruktionen technisch besonders raffiniert sind.

**2** a + b Mögliche Relativsätze:
A Schülerinnen und Schüler, (die) Freude am Experimentieren haben, sind bei diesem Wettbewerb gefragt.
B Die nach Duisburg eingeladenen Schülergruppen werden von einem Lehrer begleitet, (der) engagiert ist.
C Professoren, (die) an der Universität Duisburg-Essen arbeiten, bewerten die Konstruktionen, (die) präsentiert werden.
D Jugendliche, (die) am Wettbewerb interessiert sind, finden im Internet unter *www.freestylephysics.de* Informationen.

# Gliedsätze unterscheiden

## Seiten 61–62

**1** A Nun muss man das Glas umdrehen, (während) man die Postkarte festhält.
— Hs —, (Konjunktion) — Ns —.

B (Wenn) man jetzt die Postkarte loslässt, bleibt sie am Glas kleben.
(Konjunktion) — Ns —, — Hs —.

**2** a + b A Die Postkarte klebt am Glas, weil die Luft von unten stärker drückt als das Wasser von oben. – B Die Postkarte sitzt ganz fest am Glasrand, sodass die Luft nicht eindringen kann. – C Es darf keine Luft ins Glas kommen, damit das Experiment gelingt. – D Wenn der Versuch im luftleeren Raum aufgebaut wird, misslingt das Experiment.

**3** a + b **Beobachtung:** ... Das Wasser bildet über dem Glas (aB, wo?) eine Kuppe und läuft nicht über, obwohl es nun übervoll ist (As, trotz welcher Umstände?).
**Erklärung:** Da die Wassermoleküle sich stark anziehen und zusammenhalten (As, warum?), entsteht an der Oberfläche (aB, wo?) eine Art gespannte Haut. Eine solche Oberflächenspannung lässt sich auf den meisten Flüssigkeiten (aB, wo?) beobachten. Auf einer glatten Oberfläche (aB, wo?) formt sie Tropfen, indem sie Wasser zusammenzieht (As, wie?).

## Seite 63

**4** a–c A Weil Strom für unser Leben sehr wichtig ist, suchen Menschen nach neuen Energiequellen.
Warum suchen Menschen nach neuen Energiequellen? Kausalsatz
B Auch die Kraft der Wellen soll seit 200 Jahren genutzt werden, obwohl sie sehr unberechenbar ist.
Trotz welcher Umstände soll die Kraft der Wellen genutzt werden? Konzessivsatz
C Die Wellenkraft wird genutzt, indem das Hin und Her des Wassers in eine Drehbewegung verwandelt wird.
Wie wird die Wellenkraft genutzt? Modalsatz
D Falls allerdings ein Sturm die Wellen hochpeitscht, ist das Wellenkraftwerk schnell in Gefahr.
Unter welcher Bedingung ist das Wellenkraftwerk schnell in Gefahr? Konditionalsatz

**5** a + b Mögliche Umformungen in Adverbialsätze (Satzstellung und Konjunktionen können abweichen):
A Aufgrund der Oberflächenspannung von Wasser können Wasserläufer über ein Gewässer krabbeln.
Weil/da das Wasser eine Oberflächenspannung besitzt, können Wasserläufer über ein Gewässer krabbeln.
B Allerdings gehen die Insekten beim Durchstoßen der „Wasserhaut" unter.
Allerdings gehen die Insekten unter, wenn/falls sie die „Wasserhaut" durchstoßen.
C Durch Ausnutzen der Oberflächenspannung kannst du Nadeln oder Büroklammern auf Wasser legen.
Indem du die Oberflächenspannung ausnutzt, kannst du Nadeln oder Büroklammern auf Wasser legen.
D Das Experiment mit der schwimmenden Büroklammer scheitert bei der Verwendung von Spülmittel.
Das Experiment mit der schwimmenden Büroklammer scheitert, wenn/falls man Spülmittel verwendet.
E Wegen der durch das Spülmittel verringerten Oberflächenspannung geht die Büroklammer dann unter.
Die Büroklammer geht dann unter, weil/da das Spülmittel die Oberflächenspannung verringert.

**6** ●●● Die Konjunktion „denn" leitet einen Hauptsatz ein, es entsteht eine Satzreihe:

Wasserläufer können über ein Gewässer laufen, denn das Wasser besitzt eine Oberflächenspannung.

Satzgefüge (Aufgabe 5): ____ Ns ____, ____ Hs ____. Satzreihe (Aufgabe 6): ____ Hs ____, ____ Hs ____.

## Seite 64

**7** Mögliche Konjunktionen: Wellenkraftwerke könnten eine Hauptenergiequelle der Zukunft sein, ...
A wenn/indem die Kraft der Wellen in verwertbare Energie umgewandelt wird. – B obwohl es in der Entwicklung immer wieder große Schwierigkeiten gibt. – C weil die Wellenbewegung sehr viel Energie enthält. – D wenn/falls/sofern/indem viele Forscher an den bisherigen Modellen weiterarbeiten. – E sodass Atomkraftwerke völlig überflüssig werden.

**8** ●●● A + c – B + d – C + e – D + a – E + b

## Seite 65

**9** a + b
Stell dir diese alltägliche Situation vor: Während Ben in der Küche seine Fischstäbchen brutzelt, klingelt sein Handy. Sein Freund Yannick hatte versprochen sich zu melden, sobald er mit den Hausaufgaben fertig ist. Nun plaudern die beiden am Telefon, bis Ben aus der Küche einen beißenden Geruch wahrnimmt. Nachdem er sich hastig von Yannick verabschiedet hat, stürzt Ben zurück an den Herd. Als er die brennende Pfanne sieht, greift er sofort zur Flasche Mineralwasser auf dem Küchentisch. Er schüttet das Wasser auf die verkohlten Fischstäbchen in die Pfanne. Ehe er die Flasche abstellen kann, breitet sich in der Küche ein gewaltiger Feuerball aus.
Brechen wir an dieser Stelle das Gedankenexperiment ab, bevor Ben sich schwere oder sogar tödliche Verletzungen zuzieht. Was ist passiert? In dem Moment, als Ben das Wasser in das brennende Fett geschüttet hat, ist das Wasser schlagartig verdampft. Dabei entstehen aus einem halben Liter Wasser ungefähr 850 Liter Wasserdampf. Der Wasserdampf schleudert das brennende Fett aus der Pfanne heraus, sodass es sich in der ganzen Küche verteilt. Seit Ben im Chemieunterricht Experimente zur Fettexplosion ausgewertet hat, weiß er, wie er auf brennende Pfannen reagieren sollte: Dem Feuer muss mit einem Deckel die Sauerstoffzufuhr entzogen werden.

**10** ●●● **Vorzeitigkeit:** sobald, nachdem, seit – **Gleichzeitigkeit:** während, als, als – **Nachzeitigkeit:** bis, ehe, bevor

## Seite 66

**1** a + b
A ..., dass es auf die Erklärung ankommt. (Wen oder) Was wissen die Schülerinnen und Schüler? **Objektsatz**
B ..., dass in Gruppen gearbeitet wird. (Wen oder) Was wünscht der Lehrer? **Objektsatz**
C Wer den Versuch verstanden hat, erklärt ihn ... Wer (oder was) erklärt den Versuch den Lernpartnern? **Subjektsatz**
D Warum der Versuch misslungen ist, ... (Wen oder) Was kann niemand nachvollziehen? **Objektsatz**

**2** ●●● Beispiel: Einmal wollte ich herausfinden, ob mein Plastikeimer auf dem Wasser schwimmt oder untergeht. Ich vermutete, dass er untergehen würde. Als ich aber sah, wie er auf dem See schwamm, fragte ich meine Mutter, warum das so sei ...

## Seite 67

**3** Subjektsatz, Objektsatz:
A Wer folgende Vorbereitungen trifft, ... B Beachtet, dass ihr zwei gleiche Plastikflaschen mit Schraubverschlüssen, Klebstoff und Klebeband, einen Bohrer von 10 mm Durchmesser und Wasser benötigt. D Wie ihr das Loch in die Verschlüsse bohrt, besprecht ihr ... E Es ist empfehlenswert, dass ihr den angefertigten Doppelverschluss verstärkt, indem ihr ... G Ob ihr dem Wasser Glitzerpulver oder Tinte zugebt, ist eure Entscheidung. H Ihr könnt dann besser erkennen, wie sich das Wasser während des Experiments bewegt. **Beobachtung:** K Ihr stellt fest, dass zunächst nichts passiert. L Wahrscheinlich überrascht es euch, dass kein Wasser aus der oberen in die untere Flasche fließt. M ..., wie ein trichterförmiger Wasserwirbel entsteht. N Warum Wasser und Luft jetzt ihre Plätze tauschen, erfahrt ihr auf der Seite 68.
Die Sätze C, F, I, J enthalten weder einen Subjekt- noch einen Objektsatz.

**4** Mögliche Satzumformungen: **Satz** E**:** Sinnvoll ist die Verstärkung des angefertigten Doppelverschlusses. – **Satz** H**:** Ihr könnt dann die Bewegung des Wassers während des Experiments besser erkennen. – **Satz** M**:** ..., könnt ihr das Entstehen eines trichterförmigen Wasserwirbels beobachten. – **Satz** N**:** Die Gründe für den Platztausch von Wasser und Luft erfahrt ihr auf der Seite 68.

**5** ●●● Mögliche Zusammenfassung mit Subjekt- und Objektsätzen: Tarik erzählt, dass er erfolgreich einen Tintenfleck ... entfernen konnte. (Objektsatz, dass-Satz) Emma fragt sich, ob das gelingen kann. (Objektsatz, indirekter Fragesatz) Carl fügt hinzu, dass auch in Wasser gelöstes Backpulver Tinte ausbleicht. (Objektsatz, dass-Satz)

## Seite 68

**1** a Mögliche Erklärungen: Hier wurde an die unterordnende Konjunktion (Subjunktion) „weil" ein Hauptsatz angeschlossen.
(oder) Auf die unterordnende Konjunktion (Subjunktion) „weil" muss ein Nebensatz folgen.
(oder) Auf „weil" muss ein Nebensatz folgen, die Personalform des Verbs steht dann am Schluss.
b Im ruhigen Zustand kann kein Wasser aus der oberen Flasche nach unten ablaufen, weil die Luft in der unteren Flasche nicht entweichen kann.

**2** a A Da das Wasser in eine kreisende Bewegung versetzt wurde, wirken Fliehkräfte.
b B In der Mitte kann sich ein Luftkanal bilden, weil die Fliehkräfte das Wasser an die Außenwand drücken.
c C Die Luft hat Platz, nach oben zu steigen, denn das Wasser verschließt jetzt das Loch im Doppelverschluss nicht mehr.

**3** Richtig ist die Konjunktion „bis".

**4** Das Komma zwischen Hauptsatz und Nebensatz fehlt:
Wirbel aus Luft werden „Tornados" genannt**,** weil das spanische Verb „tornar" im Deutschen „drehen" bedeutet. Z

## Seite 69

### Teste dich! – Satzgefüge

**2** Satz B: Konditionalsatz – Satz D: Finalsatz – Satz F: Modalsatz – Satz G: Objektsatz – Satz L: Modalsatz – Satz M: Konsekutivsatz — 6 Punkte

**3** Vorzeitigkeit: Satz H – Gleichzeitigkeit: Satz J – Nachzeitigkeit: Satz C — 3 Punkte

**4** Satz E: Male in der Mitte mit dem schwarzen Stift ein Muster mit einem Durchmesser von höchstens zwei Zentimetern. — 2 Punkte

**Insgesamt zu erreichende Punktzahl:** **11 Punkte**

# Wort und Bedeutung

## Seite 70

1 **Steuer:** Lenkrad – Abgabe (Kraftfahrzeugsteuer, Einkommenssteuer ...); **Ton:** Laut – Erde zum Töpfern; **Pass:** Ausweis – Weg, auf dem ein Gebirge überquert werden kann; **Niete:** Verbindungselement aus Metall – Los, das keinen Gewinn bringt; **Laster:** LKW – schlechte Angewohnheit

2 *Kommissar:* Sie haben, Herr Maier, im Verhör **die Unwahrheit gesagt**. Das ist strafbar.
*Beschuldigter:* Ich habe nicht **gelogen**, vielleicht habe ich ... ein bisschen **geschwindelt**, aber ...
*Kommissar:* Wenn Sie hier **Ausflüchte machen** und uns etwas **vorflunkern**, behindern Sie ...
*Beschuldigter:* Sie tun so, als würde ich das Blaue vom Himmel **herunterlügen**, aber etwas verschweigen und **falsches Zeugnis ablegen** ist doch etwas Verschiedenes!
*Kommissar:* Sie sollten bei der Wahrheit bleiben und uns nicht **vorgaukeln**, dass Sie ...

## Seite 71

1 schlank wie eine Gerte, empfindlich wie eine Mimose, stachelig wie ein Kaktus, anhänglich wie eine Klette, dumm wie Bohnenstroh, schwankend wie ein Rohr im Wind

2 **Ballzauberer im Stadion**
Die Gäste waren heiß auf den Sieg, aber das heimische Team ließ sie ins Leere laufen. Die erste Halbzeit war ein Knochenspiel. Zwei Verletzte mussten ausgewechselt werden. Nach der Notbremse von Dietz pfiff der Schiedsrichter Elfmeter. Wupper nagelte den Ball an den Pfosten und es blieb bis zur Pause beim 0:0.
Nach der Halbzeit diktierte die Gastmannschaft das Spiel. Besonders Hecht, der Ballzauberer im Angriff, machte Druck und erzielte mit einer Bogenlampe fast das 1:0. Das Heimteam konnte den Spieß nicht mehr umdrehen und ließ sich weit in die eigene Spielfeldhälfte drücken. Die Abwehr stand aber bombensicher und ließ bis zum Spielende keinen Gegentreffer zu. 0:0 gegen den haushohen Favoriten – ein gelungener Saisonauftakt!

3 ●●● **heiß auf den Sieg sein:** den Sieg unbedingt wollen, **ins Leere laufen lassen:** Kräfte so ablenken, dass sie wirkungslos bleiben, **Knochenspiel:** hartes, nicht immer faires Spiel, bei dem es auch Verletzte gibt, **die Notbremse:** ein Foul, das eine klare Torchance verhindert, **an den Pfosten nageln:** hart an den Pfosten schießen, **das Spiel diktieren:** das Spiel bestimmen, dominieren, **Ballzauberer:** Spieler, der verblüffend geschickt mit dem Ball umgeht, **Druck machen:** angreifen, torgefährlich sein, **Bogenlampe:** Ball mit hoher, bogenförmiger Flugkurve, **den Spieß umdrehen:** vom Unterlegenen zum Überlegenen werden, **sich in die eigene Spielfeldhälfte drücken lassen:** sich zum Verteidigen zwingen lassen, **bombensicher:** sehr stabil und sicher, **haushoher Favorit:** eindeutiger, hoch überlegener Favorit, **Saisonauftakt:** Beginn der Saison

## Seite 72

1 Arm – Bein – Fuß – Auge – Ohr: **Körperteile**; Spätzle – Ravioli – Spaghetti – Makkaroni: **Teigwaren** oder **Nudeln**; Wut – Freude – Trauer – Hass – Angst: **Gefühle**; Schloss – Haus – Stall – Hütte – Turm: **Bauwerke** oder **Gebäude**; Einhorn – Hexe – Elfe – Drache: **Fabelwesen**, **Märchen-** oder **Fantasiefiguren**; Buch – Zeitung – Radio – Fernsehen: **Medien**

2 **Oberbegriff:** Singvogel, **Unterbegriffe:** Amsel, Nachtigall, Star, Meise ..., **Oberbegriff:** Wasservogel, **Unterbegriffe:** Haubentaucher, Ente, Schwan ..., **Oberbegriff:** Raubvogel, **Unterbegriffe:** Habicht, Bussard, Adler, Falke ..., **Oberbegriff:** Eule, **Unterbegriffe:** Uhu, Schleiereule, Kauz, Schneeeule ...

## Seite 73

### Teste dich! – Wort und Bedeutung

1 Blüten – Kapelle – Wanze – Linse

2 zustimmen: beipflichten; beteuern: versichern; ablehnen: widersprechen; antworten: erwidern; erklären: erläutern; bemerken: äußern

3 **der Kasten:** das Tor; **eine Schwalbe machen:** sich fallen lassen, um ein Foul vorzutäuschen; **auf Zeit spielen:** den Ball halten, ohne Torchancen zu suchen

4 Reh – Hase – Fasan – Wildschwein – Hirsch: **Wild.** Hamster – Meerschweinchen –Schildkröte – Katze – Hund: **Haustier.** Falter – Libelle – Wanze – Käfer – Zikade: **Insekt**

5 Der Pinguin ist kein Meeressäuger, weil er Eier legt.

# Was kannst du schon? – Rechtschreibung

## Seite 74

**1** Die Freizeitgestaltung von kindern in deutschland ist sehr vielfältig. Diese richtet sich nach persönlichen interessen, Begabungen und dem Angebot im näheren wohnumfeld. Auch freunde und die Eltern haben einfluss auf die Wahl der Freizeitaktivitäten. Kinder orientieren sich hierbei auch manchmal an vorbildern aus dem Bereich des Sports oder der literatur. Je nach alter, Geschlecht und Schulart haben Kinder ein unterschiedliches maß an Freizeit. — 10 Punkte

**2** T/treffen, S/spielen, E/entspannen, F/fernsehen, S/spielen, B/betrachten, B/berücksichtigen — 7 Punkte

**3** Die Frage, welche Freizeitaktivität die Beliebteste ist, kann man nur Schwer beantworten. Jüngere Kinder verbringen ihre Freizeit auch noch gern mit ihrer Familie und möchten am Liebsten etwas Schönes zusammen machen. Ab etwa zwölf Jahren ist der Freundeskreis als Bezugsgruppe am Wichtigsten. Das Größte ist dann für viele Jugendliche das Gemeinsame Sporttreiben in Vereinen. — 5 Punkte

**4** Kinder und Jugendliche wollen auch Klamotten kaufen, tanzen gehen und Handytöne herunterladen. — 1 Punkt

**5** alle – wissen – Interessantes – hängen – mürrisch – Zimmer – anzupacken – anderen – gestresst – hetzen — 10 Punkte

## Seite 75

**6** **Wörter mit einfachem Vokal:** Minute, planen, erleben — 10 Punkte
**Wörter mit Vokal und h:** Rahmen – Zahl – ausführlich – Belohnung – Wohl – befehlen – fahren

**7** Tier – Kino – zierlich – verdienen – gratulieren – Tiger – sieben – wir – ihm — 9 Punkte

**8** Ein Fehler findet sich in A und E. – Kein Fehler ist in B, C und D. — 5 Punkte

**9** a + b A ~~Genuß~~/Genuss – B ~~Schluß~~/Schluss – C ~~Strauss~~/Strauß – D ~~Badespass~~/Badespaß – E ~~Fussstapfen~~/Fußstapfen – F ~~Strassenkreuzung~~/Straßenkreuzung — 12 Punkte

# Groß- und Kleinschreibung

## Seite 76

**1** a–c Im Text gibt es **sechs** Nomen ohne direktes Begleitwort.

| | |
|---|---|
| **Gibt es ein Grundgesetz für Kinder?** | 1, 4 |
| Über zwanzig Jahre gibt es die UN-Kinderrechtskonvention. Sie ist 1989 | 4/3, 1 |
| von den meisten Ländern der Welt beschlossen worden. Jedes Recht, das hier | 4/1/2, 1, 2 |
| festgeschrieben wurde, gilt für alle Kinder, unabhängig von ihrer Herkunft, | 4/2, 4/2 |
| ihrer Hautfarbe und ihrem Geschlecht. Auch wenn diese Grundrechte noch | 2, 2, 2 |
| nicht in jedem Land geachtet werden und manchen Kindern noch | 4/2, 2 |
| viele Ungerechtigkeiten widerfahren, gibt die Konvention Ziele vor, die überall | 2, 1 |
| auf der Welt gelten. Das Abkommen soll erreichen, dass für alle Kinder | 4/1, 1, 4/2 |
| zum Beispiel das Recht auf Gleichheit, Ernährung, Wohnung, | 4, 1, 4 |
| medizinische Versorgung und Bildung verwirklicht wird. Ein Artikel lautet sogar: | 3, 1 |
| „Jedes Kind hat ein Recht auf Freizeit, Spiel und Erholung." | 2, 1/4 |
| Jedes Jahr findet ein Weltkindertag statt, an dem auch mit gemeinsamen Spielen | 2, 1, 4/3 |
| auf die Rechte von Kindern aufmerksam gemacht wird. | 4/1, 4 |

## Seite 77

**1** (zum) V/verstehen – B/brauchen – (ausführliches) E/erläutern – (wenig) R/rätselhaftes – (im) W/wesentlichen – (das) E/erforschen – B/beantwortet – (durch gezieltes) D/drücken

**2** Mögliche Einfügungen für die Erweiterungsprobe:

… war in ↓ (strahlendem) r/Rot gehalten. … stand ↓ (ein dunkles) b/Blau. Sehr viele … lieben ↓ (das) f/Fernsehen oder ↓ (das) s/Spielen am Computer.

… war ↓ (frisches) g/Gelb. Am ↓ (–) i/Interessantesten beim ↓ (neugierigen) b/Befragen … … am ↓ (–) m/Meisten …;

… spielen ↓ (das) c/Chillen und ↓ (das) f/Fernsehen …

## Seite 78

**3** Der r/Rote ↓ (Button) war der l/Leuchtende ↓ (Button) und der v/Verlockende ↓ (Button) unter all den Buttons, er war mit Abstand der b/Beste ↓ (Button).

… durchaus der a/Attraktivste ↓ (Knopf) von den bunten Knöpfen. … die schwarzen Felder häufiger angeklickt als die r/Roten ↓ (Felder).

**4** Für den ersten Kinder- und Jugendreport, herausgegeben im Jahr 2010 für die Vereinten Nationen, bewerteten in Deutschland tausende junge Menschen, wie das Umsetzen der Kinderrechte für ihr Leben in der Freizeit geglückt ist: Mehr als zwei Drittel vergaben dafür sehr gute oder gute Noten. Nur weniger als zehn Prozent waren nicht zufrieden. Es ist sehr unterschiedlich, wie viel Freizeit Kinder und Jugendliche verfügbar haben. Ein Schwanken zwischen einer und weit über sechs Stunden am Tag ist beobachtbar. Die meisten der Befragten verfolgen vielseitige Freizeitinteressen. Sehr viele der Kinder und Jugendlichen gaben Lesen, Zeichnen, Schreiben und Basteln als beliebte Aktivitäten an. Noch beliebter ist jedoch Zeit mit den Freunden. Erst danach folgen Sportvereine, Spielen im Freien oder Daddeln am Computer. Alle miteinander wünschen sie sich jedoch mehr Zeit für Schönes und Ruhe neben der Schule.

**5** Im Diktattext finden sich fünf Nominalisierungen: (das) Fördern ihrer Fähigkeiten, selbstorganisiertes Handeln, das Hören von Musik, gemeinsames Spielen, teilweises Öffnen. Hast du sie richtig geschrieben? Sehr gut.

## Seite 79

**1** (am) Morgen – früh – (jeden) Tag – (bis zum) Mittag – meistens – heutzutage – früher – oftmals – (bis zu drei) Tage – (von) Montag (bis) Mittwoch – (am) Abend – frühzeitig – heute – (vor) Mittag – plötzlich – morgens – nachts

**2** Möglicher Text:

Leider kann ich an Werktagen nie lange schlafen, denn ich muss ja morgens in die Schule. Am Wochenende ist das anders: Weil ich Training habe, stehe ich samstags nicht ganz so spät auf, aber jeden Sonntag schlafe ich bis in den späten Morgen hinein. Meine Eltern spotten gern: „Sollen wir dich am Abend wecken?“ Aber das ist ziemlich übertrieben. Ich stehe spätestens mittags auf, denn nachmittags muss ich meist noch Hausaufgaben machen. Am nächsten Morgen geht die Woche ja wieder los, montags immer um 8:00 Uhr früh.

## Seite 80

**3** Mögliche SMS von Tim:

Hallo Stefan,
leider kann ich morgen Abend nicht, da ist Fußball, wie immer montags. Übermorgen am Mittag will ich mit Maike klären, ob wir spätnachmittags ins Kino gehen. Dann ist mittwochmittags ab 14:00 Uhr wie immer Geocaching-AG und am Mittwochabend bin ich mit meinem Opa zum Essen verabredet. Mit Paul will ich Donnerstag am Nachmittag für die Englischarbeit lernen. Aber am Freitag habe ich noch nichts vor. Am Samstag ist frühmorgens Krafttraining in der Muckibude geplant, am Nachmittag hätte ich Zeit für dich. Sonntags könnten wir uns den ganzen Tag über sehen. Also: Such dir ab Freitag einen Tag aus.
Dein Tim

## Seite 81

### Teste dich! – Groß- und Kleinschreibung

**1** Mögliche weitere Antworten:
B Etwas Außergewöhnliches: Nominalisierung eines Adjektivs *(Nomenbegleiter: [Indefinit-]Pronomen)* – 4 Punkte
C tagsüber: Zeitadverb – D heute Morgen: kombinierte Zeitangabe aus Adverb und Nomen –
E der beste: Superlativ zum Adjektiv „gut“ *(Schreibweise überprüfbar durch die Erweiterungsprobe)*

**2** (etwas) Aufregendes – begeistert – schwindelig – (beim) Betrachten – (dieses) gewaltigen (Ungeheuers) – (etwas) Überraschendes – (das) Fahren – (ein) schwieriges (Unternehmen) – (zum) Entsetzen – überlebt — 10 Punkte

**3** morgen früh – gestern Abend – donnerstags nachmittags – freitags – dienstagabends – gestern Mittag – spät nachts — 7 Punkte

**Insgesamt zu erreichende Punktzahl:** **21 Punkte**

# Getrennt- und Zusammenschreibung

## Seite 82

**1 + 2** [...] Am frühen Morgen musste sie für die Herrschaften in schweren Eimern **Wasser holen** und in allen Zimmern die **Öfen anfeuern**, damit es warm wurde. [...], sie musste die **Betten machen** und die **Zimmer ausfegen**. [...], musste sie außerdem die **Petroleumlampen putzen**. Nach jeder Mahlzeit sollte sie den **Tisch abräumen**. [...], musste sie jeden Tag auch **Socken stopfen** und **Kleidung ausbessern**.

**3** ●●● Mögliche Sätze: Das Zimmerausfegen und das Petroleumlampenputzen sind Svenja sicher schwergefallen. Spaß gemacht hat ihr vielleicht das Sockenstopfen oder Kleidungausbessern.

## Seite 83

**4** Svenja hat sich erst daran **gewöhnen müssen**, den Anweisungen [...]. So musste sie stundenlang **putzen üben**, [...], und täglich so oft Wasser **holen gehen**, [...]. Während die Herrschaften in den prunkvollen Speisesaal **essen gehen** durften, [...]. [...] einmal in der Woche **baden gehen** und [...]. [...], mussten sie sofort **stehen bleiben** und ihn respektvoll **vorübergehen lassen**.

**5** [...] und sofort **bereit sein**, mit den Hausarbeiten zu beginnen. Im Lauf des Tages durfte sie nie **erschöpft sein** und eine Pause machen. Am Abend musste Svenja mit allen ihren Aufgaben **fertig sein**, [...]. [...], dass das Leben als Dienstmädchen ziemlich **anstrengend sein** kann. Dass das Leben einer Schülerin im 21. Jahrhundert hingegen sehr **bequem sein** kann, [...]. Bald werden die zwei Monate im Gutshaus aber **vorbei sein**.

## Seite 84

**6** A sichergehen – B sicher gehen

**7** gut schreiben – richtig rechnen – blaumachen – sichergehen – gut lernen – schwerfallen – fernsehen

**8** ●●● schwarzfahren = ohne Fahrkarte fahren – tiefkühlen = einfrieren – schiefgehen = misslingen, schlecht ausgehen

## Seite 85

**9** A herausfordern – B hineinkommen – C zusammen spielen – D zurechtkommen – E herausfinden

**10** ●●● [...] wollten beim Experiment „Gutshaus 1900" **mitmachen**, da sie **ausprobieren** wollten, [...]. Weil alle ihre sechs Kinder ins Haus **mitkommen** durften, [...]. Sie musste sich dabei auf viele neue Herausforderungen **einlassen**. [...], wie man mit Dienstpersonal **umgehen** muss.

## Seite 86

### Teste dich! – Getrennt- und Zusammenschreibung

| | | |
|---|---|---|
| **1** | Getrennt geschrieben wird bei A, B, C, D und G. Zusammengeschrieben wird bei E und F. | 7 Punkte |
| **2** | ausprobieren – aussuchen – sozial engagieren – Feuer löscht – Erste Hilfe leistet – Einkäufe erledigen – essen gehen – zusammensitzen – allein sind | 9 Punkte |
| | **Insgesamt zu erreichende Punktzahl:** | **16 Punkte** |

# Üben macht sicher – Regeln zum Rechtschreiben

## Seite 87

**1** Omar und seine Eltern wohnen in der Karibik. Hier sind tolle Sandstrände und das Wasser ist immer wunderbar warm. Diese herrliche Gegend besuchen Touristen aus aller Welt. Omar geht fast jeden Tag schwimmen. Er taucht zu Felsen und Korallenriffen und sucht nach bunten Fischen. Durch seine Maske kann Omar unter Wasser sehen, dank seiner Flossen kommt er schnell vorwärts.

**2** a + b

A und (4x) – Eltern – sind – Sandstrände – ist – wunderbar – warm – Touristen – Welt – fast – taucht – Felsen – bunten – Fischen – Durch – Maske – unter – dank

B tolle – Wasser (2x) – immer – herrliche – aller – schwimmen – Korallenriffen – kann – Flossen – kommt – schnell

**3** a + b A Sonne, Tonne, Wonne – B Ball, Fall, Knall – C Puppe, Suppe, Gruppe – D Kette, Wette, Klette

## Seite 88

4 a + b Mögliche Wörter aus der Wortfamilie:
A Backbuch, Bäckerei, Backstube, Gebäck – B Blitz, blitzen, geblitzt, blitzartig, Blitzeinschlag, blitzschnell – C Schreck, schrecklich, erschrecken, schreckhaft, Kinderschreck – D kratzen, Kratzer, zerkratzt, Kratzeis, zerkratzen – E Decke, zudecken, bedecken, bedeckt, Bettdecke, Deckenlampe

5 **Olja aus Moskau**
Olja lebt in einem Vorort von Moskau, der Hauptstadt von Ru**ss**land. Sie besucht die „Kla**ss**ische Tanzschule", um Tän**z**erin zu werden. Mit diesem Schulabschlu**ss** ka**nn** sie einem professione**ll**en Ba**ll**ettensemble beitreten. Oljas Füße ste**ck**en beim Tan**z**en in Schuhen aus Sto**ff**. Da sie sehr schne**ll** verschleißen, braucht sie o**ft** ein neues Paar. Am liebsten tanzt Olja in einem Rö**ck**chen aus weißer Spi**tz**e, aber beim Üben hat sie mei**st**ens ein einfaches Trikot an. Ihre Haare trägt Olja gern o**ff**en, aber für den Ballettunterricht mu**ss** sie die Haare zu einem Du**tt** hochstecken. Olja wo**ll**te schon i**mm**er Tänzerin werden. Am liebsten würde sie einen der Schwäne in *Schwanensee* tanzen. Im le**tz**ten Jahr führten sie den *Nussknacker* öffentlich auf. Sie ha**tt**en dreizehn Auftri**tt**e. Beim ersten Mal war Olja schre**ck**lich za**pp**elig, aber später fa**n**d sie es auf der Bühne to**ll**.

## Seite 89

6 a + b A Freundinnen – B Ferienerlebnis, Ferienerlebnisse – C Ergebnis, Ergebnisse – D Pilotinnen

7 A aktiv – B Rektor – C Akku – D Anorak – E Artikel – F Doktor – G Hektik – H Marokko – I Insekt
Lösungswort: Akkordeon

8 ●●● A Jacke – B perfekt – C aktuell – D Takt – E Rekord – F Socke – G Rock – H Makkaroni – I okkupieren – J Sakko – K akkurat – L Decke

## Seite 90

1 Aufgepasst! In einigen Wörtern verbergen sich mehrere Wörter, manchmal gibt es mehrere Bedeutungen:
**waagerecht:** (1) Rasen, rasen – Bügel, bügeln; (2) –; (3) Trubel, Rubel – Laden, Lade; (4) Rabe; (5) Besen; (6) Globen, loben, Lob; (7) –; (8) Klagen, klagen, Lagen, Lage – schämen, Häme; (9) Brot, rot – Töne, tönen
**senkrecht:** (A) trüb; (B) Rad; (C) Säge – Ar; (D) Ton; (E) –; (F) Flut; (G) Nabel – Abel; (H) Rose; (I) Rebe; (J) Nase; (K) haben, Habe; (L) Lese, lesen; (M) –; (N) holen; (O) –; (P) grün, grüne; (Q) –; (R) Käse – nun
**diagonal:** (3A–8F) Träne(n); (2B–6F) Mut, mutig; (4C–9H) Sonate; (F2–I5) fade; (5M–9I) Boden; (R1–M6) Krümel

2 Mögliche Wörter (du kannst auch weniger gefunden haben):
**Nomen:** Rasen, Bügel, Trubel, Rubel, Lade, Laden, Rabe, Besen, Globen, Lob, Klagen, Lagen, Lage, Häme, Brot, Töne, Rad, Säge, Ar, Ton, Flut, Nabel, Rose, Rebe, Nase, Habe, Lese, Käse, Tränen, Sonate, Boden, Krümel
**Verben:** rasen, bügeln, loben, klagen, schämen, tönen, haben, lesen, holen
**Adjektive:** rot, trüb, grün, mutig, fade

3 ●●● Mache eine Safari!
Wenn jemand wilde Tiere beobachten will, muss er nicht in ferne Länder: In jedem Garten wuseln Lebewesen aller Arten herum. In Blumenrabatten, in Pfützen, auf Büschen, im Gras und fast auf jedem Ast wimmelt es vor Leben. Man kann sich mit einer Lupe auf die Lauer legen. Dann kann man sogar wilden Bestien beim Jagen zuschauen – zum Beispiel der geringelten Wespenspinne oder vielleicht einer Gottesanbeterin.

## Seite 91

4 a + b
**Kasten links:** Bahn – Sahne – Balkon – Lügen – Rohre – Mut – Urlaub – Fohlen – Sandalen – Königin – Namen – Leben – Lehrer – Möhren
**Kasten rechts:** schlagen – verehren – erwähnen – führen – krönen – besohlen – ernähren – nehmen – belohnen – verlegen – erzählen – schaben – kehren – fahren

5 Bahn fahren, Sahne schlagen, Balkon kehren, Lügen erzählen, Rohre verlegen, Mut belohnen, Urlaub nehmen, Fohlen ernähren, Sandalen besohlen, Königin krönen, Namen erwähnen, Leben führen, Lehrer verehren, Möhren schaben

6 ●●● A Bohnen – Melonen; B Kran – Hahn; C Hüne – Bühne; D Kohlen – Pistolen

## Seite 92

7 A Aal → (sich) aalen – B Paar → (sich) paaren – C Seele → beseelen – D Moos → vermoosen – E Haar → (ent)haaren – F Staat → verstaatlichen – G Teer → teeren – H Heer → verheeren

8 A pürieren → Püree – B wiegen → Waage – C frottieren → Frottee – D gelieren → Gelee – E säen → Saat – F schneien → Schnee

**9** A Fee → feenhaft – B Seele → seelisch (= die Seele betreffend; *Achtung:* selig = überglücklich, verstorben) – C Staat → staatlich – D Moos → moosig – E Haar → haarig – F Moor → moorig – G Paar → paarig (auch: paarweise)

**10** ●●● A Das **See**grundstück bot **see**wärts einen wunderbaren **See**blick auf **see**tüchtige Segelboote, die bei **See**wind in **See** stachen und am **See**ufer die **See**rosen zurückließen.
B Im **Moor** war der **Moor**boden schon so lange **moor**ig, dass es ungezählte **Moor**leichen von **Moor**hühnern gab, die nun bis in alle Ewigkeit ein **Moor**bad nehmen.

## Seite 93

**1** A Ziege – 4 Wiege; B Biene – 2 Schiene; C Sieb – 6 Dieb; D Spiel – 1 Ziel; E Lied – 5 Schmied; F Liege – 3 Fliege

**2** das Kino, die Nische, der Igel, der Liter, der Biber, die Bibel, das Klima, die Primel, die Brise, der Kamin, der Tiger, die Fibel, die Limonade, die Krise, das Benzin, das Kilo, der Termin, der Pilot, die Pantomime

**3** ihrer – ihr – ihrem – ihm – ihm – ihn

## Seite 94

**4** Lawine – Apfelsine – Gardine – Kusine – Routine – Rosine – Kantine

**5** **Nomen mit -ie:** Garantie – Bürokratie – Kopie – Theorie – Energie – Drogerie – Lotterie – Harmonie – Monarchie – Regie – Sinfonie – Allergie / **Nomen mit -ier:** Klavier – Revier – Pionier – Papier – Juwelier – Kurier – Turnier – Manier – Offizier

**6** dosierbar – addierbar – programmierbar – kontrollierbar – regierbar – strapazierbar – dividierbar – realisierbar – konservierbar

**7** ●●● A Aktiv – B operativ – C intensiv – D innovativ – E Dativ – F definitiv – G impulsiv Lösungswort: kreativ

## Seite 95

**1** Mögliche Sätze:
A Die Mülltonne wird heute geleert. – Der Professor lehrt Japanologie.
B Das Glück kann nicht ewig währen. – Wären wir nur zu Hause geblieben!
C Das war ein üppiges Mahl! – Dieses Mal habe ich einfach zu viel gegessen.
D Die Beteiligung an der Wahl war sehr gering. – Der Wal ist ein gejagtes Tier.
E Das Korn wird in der Mühle gemahlen. – Wir malen im Kunstunterricht mit Wasserfarbe.
F Dieses Lied geht mir nicht mehr aus dem Kopf. – Sein Lid war dick angeschwollen.
G Der Urlaub am Meer war wunderschön. – Ich könnte gut noch mehr Ferientage gebrauchen.
H Sie hat gute Miene zum bösen Spiel gemacht. – Ich muss mir eine neue Mine für meinen Stift besorgen.

**2** Mögliche Wörter:
A ... gelehrig – B bewähren, Währung/war, waren – C Mahlzeit, Festmahl/zweimal, einmalig – D Wahltermin, wählen/Waltran, Walherde – E Mahlstein, zermahlen/Malschule, ausmalen – F Volkslied, Liedgut/Augenlid, Lidschatten – G Meeresgrund, Meerjungfrau/mehrmals, vermehren – H Trauermiene, Mienenspiel/Bleistiftmine, Minenarbeiter

## Seite 96

### Teste dich! – Kurze und lange Vokale

**1** Fototechnik: Stra**h**lend schöne Bilder! 14 Punkte
Es geht h**ie**r um die Licht- und Scha**tt**enseiten des Fotograf**ie**rens! Schl**ie**ßlich ist es entscheidend für eure Bilder, ob **ih**r zur Mi**tt**agszeit oder in der Dä**mm**erung, bei Kunst- oder mit **G**egenlicht fotografiert. Achtet d**a**rum nicht zuletzt darauf, aus welcher Richtung das Licht auf euer Motiv fä**ll**t.

**2** a Tips für tolle Aufnamen 14 Punkte
Wenn mitags die Sonne fast senkrecht am Himel steht, ist das Licht hart. Weicher wirkt es, je weiter seine Quele entfehrnt und je größer die Fläche ist, von der es abstralen kann, etwa ein bewöhlkter Horizont. Fotografirt ihr mit Gegenlicht, werden die Bilder meist zihmlich düster. Schahde, falls ihr schöne Porträts schißen wolltet. Aber genau riechtig, wenn eure Bilder aussehen sollen wie Scheerenschnitte.
b Tipps, Aufnahmen, mittags, Himmel, Quelle, entfernt, abstrahlen, bewölkter, Fotografiert, ziemlich, Schade, schießen, richtig, Scherenschnitte 14 Punkte

**3** Richtig sind die Aussagen C und E. Falsch sind A, B und D. 5 Punkte

**Insgesamt zu erreichende Punktzahl: 47 Punkte**

## Seite 97

1 **-ßen:** grüßen – außen – einflößen – fließen – heißen – schmeißen – stoßen; **-ßig:** fleißig – dreißig – mäßig – gefräßig; **-ße:** Soße – Füße – Muße – Größe – Maße – Späße – Flöße – Schöße – Süße

2 Gras – Gräser, Glas – Gläser, Preis – Preise, Fuß – Füße, Gans – Gänse, Kloß – Klöße, Maus – Mäuse, Strauß – Strauße

## Seite 98

3 a **Boss** – Bass – Fass – nass – Nuss; **wessen** – messen – missen – wissen – Kissen; **Biss** – Riss – Ross – goss – Guss; **fassen** – lassen – Massen – müssen – küssen

b Mögliche Sätze (Zeile 1): Der Boss ist Paul. Doch wessen Boss? Das ist Paul gleichgültig, denn er hat Biss. Es ist nicht zu fassen.

4

| Nomen | Verb | Adjektiv |
|---|---|---|
| Missklang, Missernte, Misserfolg, Missgriff, Missgeschick, Missverhältnis | missachten, missgönnen, misslingen, missbilligen, missraten, missverstehen | misslaunig, missliebig, missgünstig, misstrauisch, missmutig, missverständlich |

5 ●●● Hindernis – Hindernisse, Geschehnis – Geschehnisse, Bekenntnis – Bekenntnisse, Vorkommnis – Vorkommnisse, Erfordernis – Erfordernisse, Kümmernis – Kümmernisse, Verhältnis – Verhältnisse, Erkenntnis – Erkenntnisse, Geständnis – Geständnisse

## Seite 99

6

| Infinitiv | Präsens Singular | Präteritum Singular | Nomen |
|---|---|---|---|
| erlassen | er erlässt | sie erließ | der Erlass |
| stoßen | sie stößt | er stieß | der Stoß |
| beschließen | er beschließt | sie beschloss | der Beschluss |
| vergessen | sie vergisst | er vergaß | das Vergessen |
| genießen | er genießt | sie genoss | der Genuss |
| messen | sie misst | er maß | das Maß |
| beißen | er beißt | sie biss | der Biss |
| verdrießen | sie verdrießt | er verdross | der Verdruss |

7 ●●● Unsere Erde wird oft „der blaue Planet“ genannt, denn das Meiste auf ihr ist Wasser. Eigentlich müsste sie daher „Wasser“ heißen und nicht „Erde“! Der größte Teil dieser Flüssigkeit – 97 Prozent – ist leider das Salzwasser in Meeren und Ozeanen. Süßwasser gibt es nur in Flüssen und Seen, außerdem am Nord- und Südpol und als Gletscher in Form von Eis. Das Wasser auf der Erde reist sozusagen immerzu im Kreis herum – darum sprechen wir auch von Wasserkreislauf. Nicht überall auf der Erde gibt es genug von diesem kostbaren Nass, deshalb sollten wir sparsam und umsichtig damit umgehen. Dazu kann man zum Beispiel Regen für die Gartenbewässerung in einer Tonne sammeln, das Auto in einer Waschstraße mit geschlossenem Kreislauf waschen und beim Zähneputzen das Wasser nicht weiterfließen lassen.

## Seite 100

1 Wie klappt es, ~~das~~/dass morgens alle pünktlich aufstehen, frühstücken und pünktlich loskommen? Das Radio, das/~~dass~~ auf 6:25 Uhr programmiert ist, hört man in allen Zimmern. Mama und Papa sorgen abwechselnd dafür, ~~das~~/dass unsere Pausenbrotboxen gefüllt werden. Im Bad ist so viel Platz am Waschbecken, ~~das~~/dass wir drei Mädchen uns gleichzeitig die Zähne putzen können. Das Honigglas, das/~~dass~~ reihum wandert, reicht meistens nur für zwei Tage. Das Telefon, das/~~dass~~ um 7:23 Uhr wie ein Wecker läutet, sagt, ~~das~~/dass jetzt alle aufbrechen müssen.

2 Daran, **dass** wir tagelang packen, merkt auch der letzte Nachbar, **dass** wir bald verreisen. Wir, das sind meine fünf Geschwister, unsere Eltern und ich, Gianna. 16 Koffer und Taschen zählte im vergangenen Sommer unser Gepäck, **das** sich im Flur bald übereinanderstapelte. Ich war froh, **dass** ich wenigstens noch zu meinem Bett durchkam.
Auch wir Kinder packen. Klar ist es manchmal nervig, **dass** wir alle mithelfen müssen. Aber so hat man das schöne Gefühl, **dass** der Urlaub immer näher kommt. Unser Auto, **das** ein Bus mit acht Plätzen ist, reicht gerade eben für unsere Familie aus. Als Großfamilie im Urlaub zu sein, ist schön und schlimm zugleich. Schlimm ist, **dass** es dann mehr Streit und weniger Süßigkeiten gibt. Schade ist auch, **dass** unsere Unternehmungen nicht bei allen gleichermaßen beliebt sind. Gemeinsam eine Bergtour zu machen zum Beispiel, finden die Kleinen viel zu anstrengend, aber die Großen langweilen sich. Das vielleicht Schönste am Urlaub in einer Großfamilie ist, **dass** ständig irgendetwas passiert.

### Seite 101

#### Teste dich! – Die s-Laute, „das" oder „dass"

1 Energiesparhaus – Haus – lässt – Außenwand – ausgelöst – Haus – Das – Schlüssel – vergessen – Türschloss – ist – heißes – lasse – Gewissen – weiß – dass — 16 Punkte

2 **Dass** in Gebäuden sehr viel Energie verbraucht wird, zum Beispiel für die Heizung, warmes Wasser oder Elektrogeräte, weiß jedes Kind. Und es weiß auch, **dass** dies teuer für die Bewohner und schlecht für die Umwelt ist. Denn wo Energie verbraucht wird, entsteht meist $CO_2$, ein Gas, **das** schädlich fürs Klima ist. In Deutschland gibt die Regierung deshalb Geld aus, **das** zwar nicht alle Hausbesitzer zum Energiesparen anregt, aber doch einige. Wir alle sollten anerkennen, **dass** viele Menschen ihre Häuser so umbauen, **dass** diese selbst Energie erzeugen können – etwa durch eine Solaranlage. — 6 Punkte

**Insgesamt zu erreichende Punktzahl:** — **22 Punkte**

# Zeichensetzung

### Seite 102

1 a–c **In Fernost unterwegs**

In vielen Ländern gibt es besondere Rituale, wie man einander begrüßt. Ein Begrüßungsritual, dem man in Thailand oft begegnet, ist das Wai: Dabei werden die Hände entweder vor der Brust oder vor dem Gesicht zusammengelegt und man verbeugt sich. Diese Form der Begrüßung zeigt, dass man Respekt vor dem anderen hat. Man bedankt sich in Thailand auch so oder man bittet auf diese Art um Entschuldigung. Daran, wie tief man sich verbeugt, kann man ablesen, wie groß der Respekt ist. Als Reisender sollte man auf das Wai am besten antworten, indem man freundlich lächelt. Es gilt nämlich nicht als gute Umgangsform, wenn man als Ausländer das Wai benutzt. Oft kennen Thailänder auch unsere Begrüßungsform des Händeschüttelns. Auch beim Händeschütteln sollte man immer lächeln, da Lächeln in Thailand zum Standard gehört. Thailänder lächeln zum Beispiel auch, während sie sich entschuldigen. Ein weiterer Tipp für Reisende ist, dass man in Thailand auf keinen Fall zu laut sprechen sollte, weil jemand, der laut spricht, auf Thailänder wütend oder gestresst wirkt.

### Seite 103

2 a + b **Kopf, Hand und Fuß**

- A4 Einer traditionellen Auffassung zufolge, die in Indonesien gilt, ist der Kopf der Sitz des menschlichen Selbst.
- B6 Deshalb gilt das Berühren des Kopfes eines anderen als Tabu(,) und zumindest in der Öffentlichkeit sollte man es vermeiden.
- C5 Man sollte sich in aller Form entschuldigen, falls es doch einmal passiert ist, dass man versehentlich den Kopf eines Indonesiers berührt.
- D1 Die Füße sind für die Indonesier das Niedrigste, sodass alles von ihnen Berührte als unrein angesehen wird.
- E3 Wenn man also einen Indonesier versehentlich mit dem Fuß berührt hat, sollte man sich sofort höflich entschuldigen, denn dies wird als schlimm empfunden.
- F2 Man sollte auch auf keinen Fall mit dem Fuß auf andere zeigen, aber das ist ja auch in Europa nicht üblich.

3 ●●● a + b Obwohl Griechenland als europäisches Land sehr ähnliche Sitten hat wie wir, sollte man hier mit Handzeichen besonders vorsichtig sein. Es ist nämlich so, dass fast jede Bewegung mit der offenen Handfläche, die gegen eine Person gerichtet wird, als eine große Beleidigung verstanden wird. Wenn man einer Person die offene Handinnenfläche mit gespreizten Fingern entgegenhält, wird dies als „moutza" verstanden. Diese gilt als eine der schlimmsten Beleidigungen überhaupt. Falls man jemandem zuwinken oder sich mit einem Heben der Hand verabschieden möchte, muss man also daran denken, dass man den Handrücken nach außen dreht.

### Seite 104

1 a + b **Zu Gast in Japan**

Wer eingeladen wird, erfährt in Japan eine große Ehre, denn private Einladungen spricht man meist nur unter guten Freunden oder Verwandten aus. Man sollte sich also nicht nur freuen, sondern auch gut vorbereiten: Besonders wichtig ist das Gastgeschenk. Die Farben Weiß und Gelb sowie die Zahl vier sind zu vermeiden: Weiß steht in Japan für Trauer, Gelb für Verrat, die Vier für den Tod. Oft erhält sowohl der Gastgeber als auch der Besucher ein Geschenk. Man sollte dann nicht neugierig, ungeduldig oder gar drängend sein: Das Gastgeschenk wird niemals in Anwesenheit des Schenkenden geöffnet. Würde nämlich beim Öffnen auch nur leichte Enttäuschung, Überraschung oder Ähnliches sichtbar, wäre dies für beide Seiten ein Gesichtsverlust.

**2** **Zu Gast in Indien**
Wer in Indien, einem spannenden Reiseland voller Gegensätze, eingeladen wird, sollte auf Pünktlichkeit Wert legen. Je nach der Glaubensrichtung des Gastgebers muss man beim Betreten des Hauses, am besten noch an der Schwelle, die Schuhe ausziehen. Ein Gastgeschenk, selbst eine Kleinigkeit, sollte man nie mitbringen, denn das gilt in Indien als unfreundlich. Vor dem Essen, dem Höhepunkt des Abends, muss man sich die Hände waschen, da man mit den Händen speist. Die unreine Hand, d. h. die linke Hand, darf man dabei nicht benutzen.

## Seite 105

### Teste dich! – Zeichensetzung

**1** **Zu Gast in Skandinavien**
Die skandinavischen Länder, z. B. Norwegen, Schweden und Dänemark, sind uns kulturell recht ähnlich, doch auch hier warten Fettnäpfchen auf dich. Wer in Schweden eingeladen wird, sollte pünktlich kommen und er sollte beim Eintreten seine Schuhe ausziehen. Beim Essen prostet man sich mit „Skal", das heißt „Prost", zu und schaut sich in die Augen. Dass man auf das Wohl des Gastgebers trinkt, gilt aber als Verstoß gegen die Benimmregeln.

**2**
A In Finnland, dem östlichsten der skandinavischen Länder, ist man sehr gastfreundlich.
Regel: Die Apposition wird durch Kommas abgetrennt.
B Eine Besonderheit, die fast jedes finnische Haus hat, ist die Sauna.
Der eingeschobene Relativsatz wird durch Kommas vom Hauptsatz abgetrennt.
C Wenn man von einem Finnen in seine Sauna eingeladen wird, ist das eine hohe Gunst.
Im Satzgefüge steht zwischen Neben- und Hauptsatz ein Komma.
D Mehr noch: Diese Einladung ist nicht nur eine Ehre, sondern auch eine Pflicht.
Wörter/Wortgruppen in Aufzählungen werden durch Komma abgetrennt.
E Man müsste sonst schon eine brillante Ausrede finden, warum man nicht in die Sauna will.
Der Nebensatz (hier ein indirekter Fragesatz) wird vom Hauptsatz durch ein Komma abgetrennt.

**3** Wusstest du schon, dass **(, falsch)** der Saunabesuch in Finnland auch der Körperreinigung, dem Wohlbefinden und der Geselligkeit dient? Auch die finnische „Vasta" oder „Vihta", ein Büschel aus Birkenzweigen, ist eine Besonderheit. Die Zweige, mit denen der ganze Körper abgeschlagen wird, haben noch ihre Blätter, dadurch tut es nicht weh. Während im Sommer **(, falsch)** oft frische Zweige verwendet werden, kann man sich im Winter in finnischen Supermärkten **(, falsch)** mit Birkenzweigen versorgen, mit tiefgefrorenen wohlgemerkt. — 11 Punkte

**Insgesamt zu erreichende Punktzahl:** — **24 Punkte**

# Übungen für einen Abschlusstest

## Seite 107

**1** Richtig ist Antwort D. — 1 Punkt

**2** Sinnabschnitt 1: D – Sinnabschnitt 2: C – Sinnabschnitt 3: A – Sinnabschnitt 4: B — 4 Punkte

**3** Richtig sind die Aussagen A, C und D. Falsch sind die Aussagen B und E. — 5 Punkte

## Seite 108

**4** Richtig sind die Aussagen A und D. Falsch sind B, C und E. — 5 Punkte

**5** Richtig ist Antwort B. — 1 Punkt

**6** Richtig ist Antwort C. — 1 Punkt

**7** Die Personifikation ist: „[...] die Bäume verbeugen sich alle." (Vers 12) — 2 Punkte
Mögliche Beschreibung der Wirkung: Die Bäume wirken infolge der Schaukelbewegung bewegt.
Diese wahrgenommene Bewegung wird durch das Wort „verbeugen" vermenschlicht.
(Als weitere Personifikation kann verstanden werden: „[...] die ganze Chaussee und alle Häuser schweben.")

**8** Richtig ist Antwort D. — 1 Punkt

## Seite 109

**9** a + b (je 4 Punkte für die Unterstreichung eines jeden Passivsatzes sowie der Passivformen darin) 8 Punkte

A Bei einem so genannten Parabelflug wird künstlich Schwerelosigkeit erzeugt.
C Dabei werden die Passagiere mit doppeltem Körpergewicht an den Boden gepresst.
G Diese Flugbewegung wird bis zu 30 Mal wiederholt.
H Durch den achterbahnartigen Kurvenflug wird der Orientierungssinn verwirrt.

c Mögliche Umwandlungen ins Passiv: 3 Punkte

B Ein speziell ausgerüstetes Flugzeug wird zuerst steil nach oben beschleunigt.
F Das Flugzeug wird (von den Piloten) später aus dem Sturz abgefangen.
I Die Kurven werden Parabeln genannt.

d Richtig ist Antwort A. 1 Punkt

**10** a A Es gab kein Oben und Unten mehr, sodass man frei im Raum schweben konnte. (je 6 Punkte) 12 Punkte

B Ich fühlte mich, als hätte ich gar kein Gewicht mehr.
C Damit ich die Umgebung neu wahrnehmen konnte, setzte ich mich immer wieder an die Decke.
D Während ich Purzelbäume in der Luft schlug, fühlte ich mich glücklich und frei.
E Vor dem Abstürzen hatte ich nie Angst, obwohl wir uns im freien Fall befanden.
F Das Fotografieren war allerdings nicht so einfach, weil man ohne Halt leicht irgendwo anstößt.

b B Modalsatz — E Konzessivsatz
F Kausalsatz — A Konsekutivsatz
D Temporalsatz — C Finalsatz

## Seite 110

**11** 7 Punkte

| | |
|---|---|
| Noch heute abend antworten: Einladung zur Geburtstagsfeier! | Abend |
| Freut euch, denn wir dürfen am Samstag feierngehen. Seit ihr ... | feiern gehen, Seid |
| ... *schwindelfrei?* Ich habe mir nähmlich das Achterbahn fahren im | nämlich, (das) Achterbahnfahren |
| Vergnügungspark gewünscht. Dort steht auch eines der grösten | größten |
| Riesenräder in Europa. Oben erwartet uns etwas schönes: | (etwas) Schönes |
| Wir werden einen ausblick über die ganze Stadt haben. | Ausblick |
| ... *seefest?* Denn es gibt auch eine rießige, neue Schiffschaukel. | riesige |
| Beim Schaukeln heist es da fest halten! | heißt, festhalten |
| ... *mutig?* Dann könnt ihr mit mir auf den Freifalturm kommen. | Freifallturm |
| Das wird ein kribbeln im Bauch geben, wenn wir aus 30 Metern | (ein) Kribbeln, |
| höhe nach unten rauschen. Ich freue mich auf euer Kommen! | Höhe |

**12** ~~B~~/besondere – ~~B~~/bewegen – (in einer ...) G/~~g~~ondel – ~~G~~/garantiert – ~~E~~/erleben – (das) W/~~w~~ildeste – (die) M/~~m~~utigen – (einen besonderen) K/~~k~~ick – (einem) ~~V~~/verlängerten Arm – ~~A~~/außen – H/~~h~~öhe – (ein) M/~~m~~uss 6 Punkte

## Seite 111

**13** a + b A fliegen lernen, Getrenntschreibung von Verb + Verb – B (das) Autofahren, Zusammenschreibung von Nomen + Verb bei Nominalisierung – C (am nächsten) Morgen, Nomen = Großschreibung – D (spät) abends, Adverb = Kleinschreibung 4 Punkte

**14** Überprüfe deine Ergebnisse, indem du sie schrittweise durchgehst. Vielleicht kann dir auch eine Mitschülerin oder ein Mitschüler bei der Beurteilung helfen. Notiere dir zu jedem Bereich, den du als gelungen bewertest, die angegebene Punktzahl.

a Sind die Informationen in deinem Text sinnvoll **gegliedert** (W-Fragen)? 3 Punkte
**Einleitung**: Was geschah? Wann geschah es? Wo geschah es? Wer war beteiligt?
**Hauptteil**: Wie lief das Ereignis ab?
**Schluss**: Welche Folgen hatte das Ereignis?
**Reihenfolge:** A = 1 – B = 4 – C = 5 – D = 6 – E = 2 – F = 3

b Passt die **Überschrift** zu den Informationen auf dem Stichwortzettel? 2 Punkte
Beispiele: *Rekordsturz aus dem Himmel / Der Himmelssturz: Rekorde gebrochen / Sprung aus der Stratosphäre: Baumgartner bricht Rekorde*

c – Prüfe, ob dein Text alle wichtigen Informationen enthält: **Fakten** zum Projekt, **Beschreibung der Umstände** und der drei **Rekorde**, **Baumgartners Aussagen**, **Kittingers Rolle**, Ausblick: **Buchveröffentlichung**. (je 2 Punkte) gesamt 10 Punkte
– Untersuche, ob du durchgängig **sachlich** (ohne Meinungen oder Wertungen) und **zum Thema** geschrieben hast. Gibt es z. B. Stellen, an denen du eher spannend erzählst oder an denen du vom Thema abschweifst? Unterstreiche solche Stellen. 2 Punkte
– Hast du die **Tempusformen** richtig gewählt? Sind die zurückliegenden Ereignisse (1960, 2012) im **Präteritum** geschrieben und der Ausblick auf das aktuelle Vorhaben (Buchveröffentlichung) im **Präsens**? 2 Punkte

- Hast du die wörtliche Rede in die **indirekte Rede** umgewandelt? — 2 Punkte
- Ist die **Rechtschreibung** korrekt? Hier kannst du bis zu vier Punkte anrechnen: — max. 5 Punkte
  0 Fehler = 5 P., bis zu 3 Fehler = 4 P., bis zu 6 Fehler = 3 P., 7 Fehler und mehr = 0 P.

Möglicher Text:

**Der Himmelssturz: Rekorde gebrochen**
Der 43-jährige österreichische Abenteurer und Extremsportler Felix Baumgartner stellte am 14. Oktober 2012 mit seinem Sprung aus der Stratosphäre über der Wüste von New Mexico drei neue Rekorde auf.
Er stieg mit einem heliumgefüllten Ballon in einer Kapsel in über 39 Kilometer Höhe auf. Bei einer Temperatur von −57 °C ließ er sich in seinem Schutzanzug aus der Kapsel fallen. Nach einem freien Fall von über 4 Minuten öffnete er seinen Fallschirm. Dabei erreichte er eine Geschwindigkeit von 1343 Stundenkilometern und durchbrach damit die Schallmauer. Er landete nach etwa 9 Minuten sicher auf der Erde.
Baumgartner stellte in diesem Projekt mehrere Rekorde auf: die höchste bemannte Ballonfahrt, der höchste Fallschirmsprung, die höchste Geschwindigkeit eines Menschen ohne besondere Schutzhülle.
Baumgartner sagte nach dem Rekordsprung, dass man demütig werde, wenn man da oben stehe. Man denke nicht mehr daran, Rekorde zu brechen oder wissenschaftliche Daten zu sammeln. Man wolle nur noch lebend zurückkommen.
Bei den Vorbereitungen zum Sprung beriet Joe Kittinger, ein ehemaliger Testpilot der US-amerikanischen Luftwaffe, den Österreicher. Kittinger hielt die Rekorde seit über 50 Jahren. 1960 unternahm er einen ähnlichen Sprung als Projekt zur Weltraumforschung.
Baumgartner plant nun ein Buch mit dem Titel „Himmelsstürmer – Mein Leben im freien Fall“.

**Punkteverteilung**

| Nr. | Aufgabenstellung | Punkte |
|---|---|---|
| A 1 | Thema des Textes | 1 Punkt (für das richtig gesetzte Kreuz) |
| A 2 | Sinnabschnitte | 4 (je ein Punkt für einen richtig gesetzten Buchstaben) |
| A 3 | richtig oder falsch? | 5 Punkte (je 1 Punkt für jedes richtig gesetzte Kreuz) |
| A 4 | Grafik: richtig oder falsch? | 5 Punkte (je 1 Punkt für jedes richtig gesetzte Kreuz) |
| A 5 | Thema des Gedichts | 1 Punkt für das richtig gesetzte Kreuz |
| A 6 | Inhalt 3. Strophe | 1 Punkt für das richtig gesetzte Kreuz |
| A 7 | Personifikation | 2 Punkte (1 Punkt für die Unterstreichung und 1 Punkt für die Beschreibung der Wirkung in einem vollständigen Satz) |
| A 8 | Wort „und“ | 1 Punkt für das richtig gesetzte Kreuz |
| B 9 | a) Passivsätze | 4 Punkte (je 1 Punkt für den richtig unterstrichenen Satz) |
| | b) Subjekte | 4 Punkte (je 1 Punkt für die richtig umkreiste Prädikatsklammer) |
| | c) Passivsätze | 3 Punkte (je 1 Punkt für den richtig formulierten Passivsatz) |
| | d) Wirkung | 1 Punkt für das richtig gesetzte Kreuz |
| B 10 | Gliedsätze | 12 Punkte (je 1 Punkt für die richtig unterstrichene Konjunktion und je 1 Punkt für den richtig gewählten Gliedsatz) |
| C 11 | Fehler korrigieren | 7 Punkte (1/2 Punkt je entdecktem Fehler + Verbesserung) |
| C 12 | Groß- und Kleinschreibung | 6 Punkte(1/2 Punkt je richtig durchgestrichenem Buchstaben) |
| C 13 | Fehlerschwerpunkte | 4 Punkte (je 1/2 Punkt für den richtig korrigierten Fehler und die richtige Begründung der Schreibweise) |
| D 14 | informativer Text | 26 (Verteilung: siehe Hinweise im Lösungsteil, S. 31) |
| **Summe** | | **87** |

**Bewertungsschlüssel**

| **87–60 Punkte** | **59–30 Punkte** | **29–0 Punkte** |
|---|---|---|
| **Du liegst im guten bis sehr guten Bereich.**<br><br>Vielleicht siehst du dir trotzdem noch einmal die Stellen an, an denen du dich noch verbessern kannst. | **Einiges gelingt dir gut, manches musst du aber noch einmal üben.**<br><br>Versuche anhand des Testes Fehlerschwerpunkte zu entdecken, damit du gezielt wiederholen kannst. | **Du musst vieles wiederholen und noch einmal gründlich üben.**<br><br>Überlege gemeinsam mit deinen Eltern oder deinem Lehrer / deiner Lehrerin, wo besondere Fehlerschwerpunkte liegen und wie du vorgehen kannst, um dich zu verbessern. |

# Das Verb – Die Tempora (Zeitformen)

## Das Präsens und das Futur I

**Information** **Die Zeitform Präsens**

Das **Präsens** wird verwendet, …
1 wenn etwas **in der Gegenwart** geschieht, z. B.: *Shaolin-Mönch Guanjun Zhang macht Qigong-Übungen.*
2 wenn **eine Aussage immer gilt**, z. B.: *Qigong erfordert vollkommene Körperbeherrschung.*
3 um **Zukünftiges** auszudrücken. Meist verwendet man dann eine Zeitangabe, die auf die Zukunft verweist (z. B.: *morgen, nächste Woche*): *In den nächsten Tagen interviewe ich Guanjun Zhang.*

**1** **a Unterstreiche im folgenden Text die Verben im Präsens.**
**b Notiere für jeden Satz: 1 = Gegenwart, 2 = allgemeingültige Aussage, 3 = Zukünftiges.**

### Ein Wunder an Körperbeherrschung

*Von Sebastian Flick*

A Hochkonzentriert steht Guanjun Zhang mit einer gewöhnlichen Nadel in der Hand am Bühnenrand. B Nach einigen Meditationsübungen ist der Shaolin-Mönch so weit. C Er wirft die Nadel mit einer derartigen Wucht, dass diese eine Glasscheibe durchschlägt und einen Luftballon, der sich hinter der Scheibe befindet, zum Platzen bringt. D Das Publikum jubelt. E In der Kung-Fu-Show „Die Rückkehr der Shaolin-Mönche" zeigen 18 Spitzensportler auf der Bühne Außergewöhnliches.

F Shaolin ist der Name eines buddhistischen Mönchsordens in China. G Die Mönche betreiben einen kunstvollen Kampfsport zur Selbstverteidigung, bei dem sie Stöcke, Speere, Schwerter und Säbel einsetzen. H „Man konzentriert die Kraft auf einen Punkt im Körper", I erklärt Zhang mir im Interview. J Morgen tritt er wieder in einer der 75 Shows auf, die die Shaolin-Mönche in diesem Jahr noch in Deutschland zeigen.

*General Anzeiger, 27.02.2012*

A: ____________________

**Information** **Die Zeitform Futur I**

Die Zeitform **Futur I** (Personalform von „werden" und der Infinitiv des Verbs) drückt ein **zukünftiges Geschehen** aus, z. B.: *Es wird weiterhin beeindruckende Aufführungen der Shaolin-Mönche geben.*

**2** **Vervollständige die Fragen für das Interview mit Guanjun Zhang.**
**Setze die Verben zurückkehren, mitnehmen und auftreten in der Zeitform Futur I ein.**

A In welchen Ländern ______________ Sie noch ______________?

B Wann ______________ Sie wieder in Ihr Shaolin-Kloster ______________?

C Welche Eindrücke ______________ Sie von Deutschland ______________?

# Das Perfekt

**Information** **Die Zeitform Perfekt**

Wenn man **mündlich von etwas Vergangenem** berichtet, verwendet man häufig das **Perfekt**, z. B.:
*Ich habe Bauklötze gestaunt. Ich bin neugierig gewesen.*
Es ist eine **zusammengesetzte Zeitform**, die mit einer Personalform von **„haben"** oder **„sein"** im Präsens (z. B.: *habe, bin*) und dem **Partizip II des Verbs** (z. B.: *suchen* → *gesucht, denken* → *gedacht*) gebildet wird.

**3** **Max lebt mit seinen Eltern in Shanghai. Seine Großmutter fragt häufig nach Neuigkeiten. Lies ihre Fragen und unterstreiche darin die Perfektformen. Beachte: Sie sind immer zweiteilig.**

A Hallo Max! Wie ist es dir in der letzten Woche ergangen?

B Du wirkst mager. Bist du nicht immer satt geworden?

C Erzähle, hast du etwas Spannendes erlebt?

D Hast du dich bei deinem Ausflug gestern nicht verlaufen?

E Sind die Lehrer diesmal netter zu dir gewesen?

**4** **Max antwortet. Setze die Infinitive in Rahmen im Perfekt ein.**

Großmutter, alles bestens! Stell dir vor, ich ____________ gestern das chinesische Neujahrsfest ____________ [besuchen]. Wir ____________ alle bei den Xuns ____________ [sein]. Die ____________ vorher das Haus gründlich ____________ [putzen], damit an den Festtagen alles sauber ist. Vater Xun ____________ ein Bild des Küchengotts ____________ [verbrennen]. Der soll nun zum Himmel aufsteigen, um dort über die Familie zu berichten. Damit er nicht zu viel Schlechtes erzählt, ____________ Mutter Xun süßen Kuchen ____________ [backen] und ihm damit den Mund ____________ [verschließen]. Wir ____________ zusammen ein leckeres Fischgericht ____________ [essen]. Fisch steht für Reichtum im neuen Jahr. Nach dem Essen ____________ wir alle rote Kuverts mit etwas Geld ____________ [bekommen]. Anschließend ____________ wir mit den Xuns nach draußen ____________ [gehen], um Knallkörper zu zünden. Mit dem Lärm ____________ wir den bösen Geistern Angst ____________ [machen] und sie ____________ [vertreiben]. Das war echt cool! Tschüss, Großmutter!

**5** **Markiere nur die Sätze bzw. die Teilsätze, die im Perfekt stehen.**
●●●

Max hört seine Mutter rufen: „Max, du hast doch gestern gesagt, dass du die Glasnudeln besorgst, hast du jetzt Zeit?" Er antwortet: „Ich habe das Gespräch mit Großmutter schon beendet, ich schaue noch schnell Fotos am PC vom Neujahrsfest an. Wenn ich die zehn lustigsten Fotos ausgewählt habe, maile ich sie noch an meine deutschen Freunde. Tim hat mir letztens Fotos von seinem Geburtstag geschickt. Ich habe mich noch gar nicht dafür bedankt, das will ich auch noch machen. Und dann gehe ich einkaufen."

# Das Präteritum und das Plusquamperfekt

**Information** **Die Zeitform Präteritum**

Das **Präteritum** ist eine einfache **Zeitform der Vergangenheit**, z. B.: *Der Magier zeigte gestern seine Show.*
- Bei den **regelmäßigen** (schwachen) Verben ändert sich im Präteritum der Vokal im Verbstamm nicht, z. B.: *Das Publikum staunt.* (Präsens) → *Das Publikum staunte.* (Präteritum)
- Bei den **unregelmäßigen** (starken) Verben ändert sich im Präteritum der Vokal im Verbstamm, z. B.: *Er hebt den Zauberstab.* (Präsens) → *Er hob den Zauberstab.* (Präteritum)

**6** **Markiere im folgenden Text die Verbformen, die im Präteritum stehen.**

## Der Mann, der Amerika verzauberte

Er befreite sich aus vernagelten Kisten, schluckte Nadeln, ließ 1918 mitten auf dem Times Square einen lebenden Elefanten spurlos verschwinden und behauptete, sich aus jeder Fessel befreien zu können. Seine Tricks machten Harry Houdini zum ersten Superstar Amerikas. Schon damals galt seine Selbstbefreiung aus einer Zwangsjacke, während er kopfüber an einem Kran hing, als spektakulär. Zehntausende Zuschauer kamen und sahen, wie sich Houdini in weniger als fünf Minuten entfesselte. „Das Publikum schrie und jubelte", schrieb damals ein Reporter der Washington Times.

**7** **Übertrage die nachfolgende Tabelle in dein Heft. Trage dort die Verbformen im Präteritum ein, die du im Text von Aufgabe 6 unterstrichen hast: Bilde zu jedem Verb den dazugehörigen Infinitiv.**

| regelmäßige (schwache) Verben | unregelmäßige (starke) Verben |
|---|---|
| *verzauberte – verzaubern* | … |

**8** ●●● **Stell dir vor, Houdini will seine Autobiografie schreiben. Unterstütze ihn dabei: Setze den folgenden Textauszug ins Präteritum und schreibe ihn in dein Heft. Achtung: Schreibe in der Ich-Form und achte auf passende Pronomen.**

Mit 17 beschließt Houdini, Zauberkünstler zu werden. Er trainiert seinen Körper, lernt Münzen- und Kartentricks und übt in der Badewanne das Luftanhalten. Nach einigen kleinen Auftritten gelingt ihm 1899 der Durchbruch: Als „König der Handschellen" stürzt er sich gefesselt von Brücken und befreit sich aus Kisten und Särgen.
Bis zu 40 000 Zuschauer versammeln sich bei seinen Auftritten und genießen das Spektakel. Später bekommt er sogar eine eigene Show.

**Information** **Die Zeitform Plusquamperfekt**

Wenn etwas vor dem passiert, wovon im Präteritum oder Perfekt erzählt oder berichtet wird, verwendet man das **Plusquamperfekt**, z. B.: *Nachdem er in Deutschland aufgetreten war, reiste er nach Amerika.*
Das Plusquamperfekt ist eine **zusammengesetzte Zeitform**. Es wird mit einer Form von „haben" und „sein" im Präteritum (z. B.: *hatte, war*) und dem Partizip II des Verbs (z. B.: *bezahlt, geflogen*) gebildet.

**9** **Bilde zwei Satzgefüge (Ns = Plusquamperfekt, Hs = Präteritum) und schreibe sie ins Heft. Verdeutliche die zeitliche Abfolge mit Hilfe der Konjunktion „nachdem".**

A Houdini wurde zum Superstar, er sprang in Handschellen und Ketten von einer Brücke.
B Polizisten sperrten ihn in eine Gefängniszelle, kurze Zeit später lief er wieder frei herum.

# Das Verb – Aktiv und Passiv

**Information** | **Aktiv und Passiv der Verben**

Das Aktiv und das Passiv sind zwei Verbformen, mit deren Hilfe man Handlungen und Vorgänge unterschiedlich darstellen kann. Man kann aus **zwei Perspektiven** darauf schauen:

1 Im **Aktiv** wird der Handlungsträger (Handelnde) betont. Es ist wichtig, **wer** handelt/etwas tut, z. B.: *Der Magier übt einen neuen Zaubertrick ein.*

2 Im **Passiv** steht die Handlung/der Vorgang im Mittelpunkt. Betont wird, **was** geschieht, z. B.: *Der neue Zaubertrick wird ins Programm aufgenommen.*

Das Passiv wird meist mit einer Form von „werden" und dem Partizip II des Verbs gebildet, z. B.: *murmeln → wird ... gemurmelt, versuchen → wird ... versucht, beachten → werden ... beachtet.*

**1** a **Kreuze die Sätze an, in denen ein Handlungsträger genannt ist.**
b **Unterstreiche in den angekreuzten Sätzen den Handlungsträger.**
c **Kreuze unten an, ob diese Sätze im Aktiv oder im Passiv stehen.**

A ☐ Magier machen das scheinbar Unmögliche möglich.

B ☐ Manche große Attraktion wird nur selten gezeigt.

C ☐ Profis verblüffen durch unglaubliche Fesselungsnummern.

D ☐ Anfänger müssen besonders ihre Geschicklichkeit trainieren.

E ☐ Trickgeheimnisse werden in so genannten Zauberklubs ausgetauscht.

Die angekreuzten Sätze stehen im ☐ Aktiv, ☐ Passiv.

**2** **Bens Seiltrick wird im Aktiv erklärt: Wandle die Erklärung ins Passiv um. Tipp: Markiere die Akkusativobjekte, bevor du ins Passiv umwandelst. Schreibe anschließend ins Heft.**

Sätze, in denen der Handlungsträger als Subjekt des Satzes erscheint, stehen in der Verbform Aktiv. Bei der Umwandlung eines Aktivsatzes in einen Passivsatz wird das **Akkusativobjekt** (Wen oder was ...?) des Aktivsatzes zum **Subjekt** (Wer oder was ...?) des Passivsatzes.

- **Aktiv:** *Ben führt einen Seiltrick vor.*
  Wen oder Was? → Akkusativobjekt
- **Passiv:** *Ein Seiltrick wird (von Ben) vorgeführt.*
  Wer oder was? → Subjekt

## Bens Seiltrick – Der unmögliche Knoten

1 Ben hält die Seilenden in der rechten und linken Hand jeweils zwischen Daumen und Zeigefinger.
2 Als Erstes führt er die rechte Hand nach links.
3 Er legt dann das Seil über seinen linken Unterarm.
4 Danach bewegt Ben die rechte Hand weiter hinter die linke Hand.
5 Anschließend führt Ben die rechte Hand nach unten an der zuvor gebildeten Schlinge vorbei.
6 Nun steckt Ben das Seilende der rechten Hand in die linke „Kammer".
7 Das Seilende der rechten Hand führt Ben anschließend von hinten durch die rechte „Kammer".
8 Ben bewegt die Hände auseinander.
9 Ben lässt die beiden Seilschlingen über die Handgelenke fallen.
10 Gleichzeitig wendet er die Hände heimlich um.
11 Dabei lässt Ben das rechte Seilende unbemerkt los und ergreift das Seil an einer vorher markierten Stelle, während es über sein Handgelenk gleitet.
12 Weil Ben (verdeckt) umgreift, bildet das Seil einen Knoten.

**Information** **Passiv aus Informationsmangel/als Informationsriegel**

- In einem Passivsatz kann der Handlungsträger ergänzt werden, z. B.:
  *Gestern wurde der berühmte Magier Bernini von einem Konkurrenten bestohlen.*
- In einem **Passivsatz** kann der **Handlungsträger** aber auch völlig **weggelassen** werden, z. B. wenn er unbekannt oder unwichtig ist oder der Handelnde aus bestimmten Gründen nicht genannt werden soll, z. B. um eine betroffene Person zu schützen oder die verantwortlichen Personen oder Täter zu verschleiern.

**Aktiv** (Tatsache): *Tricky Torsten entwendete Berninis schwebende Jungfrau.*
**Passiv** (Zeitungsschlagzeile): *Berninis schwebende Jungfrau wurde entwendet.*
(→ Tricky Torsten soll nicht wissen, dass man ihn verdächtigt. Sonst entzieht er sich der Festnahme.)

**3** **a** **Lies die Aussagen in den folgenden Sprechblasen.**
**b** **Markiere die Handlungsträger (Wer oder was ...?) in Grün, die Darstellungen des Geschehens (Was geschieht?) in Gelb.**

## Zauberkiste des Magiers Bernini gestohlen!

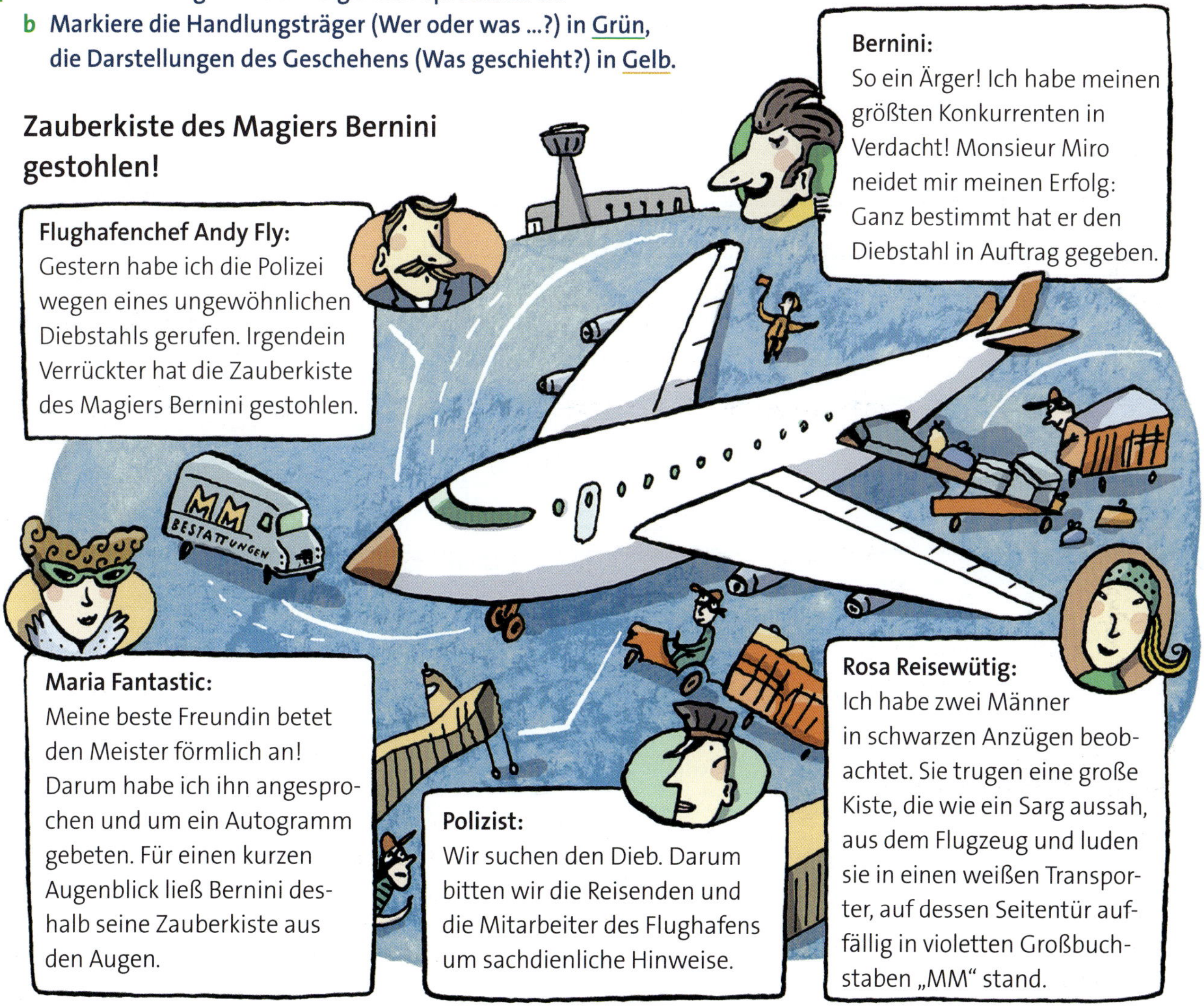


**4** **Schreibe über den Diebstahl der Zauberkiste einen Zeitungsartikel im Passiv: Formuliere Aussagen, die das Geschehene benennen, nicht aber die Handlungsträger. Du kannst so beginnen:**

*Berninis berühmte Zaubershow gefährdet – Polizei bittet um Hinweise*
*Gestern wurde die Polizei wegen eines ungewöhnlichen Diebstahls zum Flughafen gerufen ...*

**5** ●●● **Verfasse einen kurzen Artikel über das Auftauchen der Zauberkiste am nächsten Tag: War der Täter Monsieur Miro? Hinweise findest du im Bild oben. Denke dir eine Geschichte aus. Verwende Passivformen und schreibe ins Heft.**

**Information** **Zustands- und Vorgangspassiv**

1 Das **Zustandspassiv** *(sein-Passiv)* beschreibt das Ergebnis eines Vorgangs. Es wird durch eine Personalform von **„sein"** und dem **Partizip II des Verbs** gebildet, z. B.: *Die Zauberkiste ist seit gestern verschwunden.*
2 Das **Vorgangspassiv** *(werden-Passiv)* beschreibt den Ablauf eines Vorgangs. Es wird durch eine Personalform von **„werden"** und das **Partizip II des Verbs** gebildet, z. B.: *Die Zauberkiste wird von allen gesucht.*

**6** **a Unterstreiche in der folgenden Liste der Rekorde die Verbformen des Passivs.**
**b Kreuze an: Welcher Rekord steht im Zustandspassiv?**

A ☐ Größte Tiershow: Ein Kunststück mit 80 000 Bienen wird in Las Vegas in der Show von Jillette Penn und Raymond Teller gezeigt.

B ☐ Größter Zaubertrick: 1983 ist durch einen Zaubertrick von David Copperfield (scheinbar) die Freiheitsstatue auf Liberty Island verschwunden.

C ☐ Längste Spielzeit: Seit Juni 2008 wird in New York regelmäßig die Broadway-Show „Simon Lovell's Strange and Unusual Hobbies" aufgeführt.

D ☐ Größte Zauber-Kästen-Sammlung: Über 2000 verschiedene Zauberkästen werden von dem Österreicher Manfred Klaghofer aufbewahrt.

**7** **Vor der Show: Trage die Verben in der richtigen Passivform ein.**
**Tipp: Prüfe, ob du das Zustandspassiv oder das Vorgangspassiv verwenden musst.**

A Es ist kurz vor der Premiere, gleich *wird* der Vorhang *geöffnet*. — öffnen

B Die Eintrittskarten für die magische Show __________ seit Wochen __________. — verschicken

C Die Premiere __________ noch emsig __________. — vorbereiten

D Die Scheinwerfer __________ bereits an der hohen Decke __________. — befestigen

E Währenddessen __________ die Künstler in ihrer Garderobe __________. — schminken

**8** **Die Show beginnt: Schau dir die folgenden Bilder genau an.**
●●● **Kreuze für jedes an, welcher der beiden Passivsätze rechts genau wiedergibt, was du siehst.**

A ☐ Die Bühne wird vom Moderator für den ersten Zaubertrick freigegeben.
B ☐ Die Bühne ist vom Moderator für den ersten Zaubertrick freigegeben.

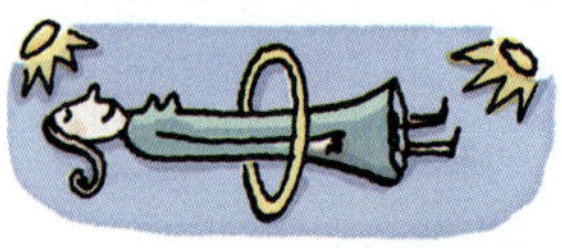

C ☐ Der Trick mit Mademoiselle Coco wird als erster vollendet.
D ☐ Der Trick mit Mademoiselle Coco ist als erster vollendet.

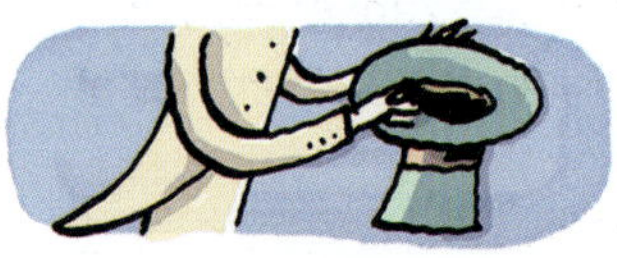

E ☐ Dann wird ein Kaninchen aus dem Hut gezaubert.
F ☐ Dann ist ein Kaninchen aus dem Hut gezaubert.

G ☐ Der Zauberer wird für die Entfesselungsnummer angekettet.
H ☐ Der Zauberer ist für die Entfesselungsnummer angekettet.

**Information** **Zeitformen im Aktiv und Passiv**

Jede Zeitform (Tempus) im Aktivsatz hat eine Entsprechung im Passivsatz.

| | **Aktivsatz** | **Passivsatz** |
|---|---|---|
| Präsens | *Der Zirkus errichtet das Zelt.* | *Das Zelt wird (vom Zirkus) errichtet.* |
| Futur I | *Der Zirkus wird das Zelt errichten.* | *Das Zelt wird (vom Zirkus) errichtet werden.* |
| Präteritum | *Der Zirkus errichtete das Zelt.* | *Das Zelt wurde (vom Zirkus) errichtet.* |
| Perfekt | *Der Zirkus hat das Zelt errichtet.* | *Das Zelt ist (vom Zirkus) errichtet worden.* |
| Plusquamperfekt | *Der Zirkus hatte das Zelt errichtet.* | *Das Zelt war (vom Zirkus) errichtet worden.* |

**9** **a Unterstreiche in den folgenden Sätzen die Verbformen.**
**b Bestimme für jeden Satz die Zeitform und trage sie ein.**
**c Setze die Sätze in derselben Zeitform ins Passiv.**

A Der Zirkusclown hatte in der Stadt Flyer für die Abendvorstellung verteilt. Zeitform: ____________

____________________________________________

B Der Zauberkünstler zeigte mehrere außergewöhnliche Tricks. Zeitform: ____________

____________________________________________

C Die Assistentin hat die einzelnen Nummern professionell angekündigt. Zeitform: ____________

____________________________________________

D Nächstes Jahr wird der Zirkus ein neues Programm anbieten. Zeitform: ____________

____________________________________________

**Information** **Ersatzformen für das Passiv**

Um Passivformen in Texten zu vermeiden, können Ersatzformen mit aktiven Verbformen verwendet werden, die den Handlungsträger ebenfalls nicht nennen. Die wichtigsten Ersatzformen für das Passiv sind:

- man-Form: *Man durchschaut den Trick nicht.*
- „sich lassen“ + Infinitiv: *Der Trick lässt sich nachmachen.*
- „sein“ + Infinitiv mit „zu“: *Es ist zu verstehen.*
- „sein“ + Adjektiv (mit *-bar, -lich, -fähig*): *Es ist verständlich.*

**10** **a Welche Ersatzform für das Passiv wurde für den folgenden Zahlentrick eingesetzt? Notiere sie auf der Schreiblinie unten.**
**b Wähle eine andere Ersatzform für das Passiv aus und schreibe die Schritte 1 bis 5 umformuliert in dein Heft.**

1. Man notiert eine siebenstellige Nummer (z. B. eine Telefonnummer).
2. Man tippt die ersten drei Ziffern der Nummer in einen Taschenrechner ein.
3. Man multipliziert sie mit 80.
4. Man addiert die Zahl 1.
5. Man multipliziert das Ergebnis mit 250.
6. Man addiert die letzten vier Ziffern der Telefonnummer als Zahl hinzu.
7. Man addiert diese vierstellige Zahl nochmals.
8. Man zieht vom Ergebnis die Zahl 250 ab.
9. Man teilt das Ergebnis durch 2.
10. Man schreibt das Ergebnis auf: ____________

Die gewählte Ersatzform für das Passiv ist ____________________________.

# Das Verb – Der Konjunktiv

**Information** **Den Konjunktiv I bilden**

Verben haben einen **Modus**, d. h. eine Aussageweise: Er zeigt an, wie wirklich und sicher eine Aussage ist.

- Der **Indikativ** ist die **Wirklichkeitsform**, z. B.: *Julia kennt Zaubertricks.*
- Der **Konjunktiv I** wird z. B. **in der indirekten Rede** verwendet, um zu zeigen, dass nur wiedergegeben wird, was jemand gesagt hat, z. B.:
  – Indikativ: *Julia sagt: „Ich kenne Zaubertricks."*
  – Indirekte Rede mit Konjunktiv I: *Julia sagt, sie kenne Zaubertricks.*

Der Konjunktiv I wird durch den Stamm des Verbs (Infinitiv ohne *-en)* + Personalendung gebildet, z. B.:

| **Singular** | | **Plural** | |
|---|---|---|---|
| **Indikativ Präsens** | **Konjunktiv I** | **Indikativ Präsens** | **Konjunktiv I** |
| *ich komm-e* | *ich komm-e* | *wir komm-en* | *wir komm-en* |
| *du komm-st* | *du komm-est* | *ihr komm-t* | *ihr komm-et* |
| *er/sie/es komm-t* | *er/sie/es komm-e* | *sie komm-en* | *sie komm-en* |

**1** **Markiere im folgenden Text alle Verbformen im Indikativ grün und die im Konjunktiv I blau.**

## Echte Zauberei ...?

Julia erzählt Tim, dass sie zum Geburtstag einen Zauberkasten bekommen habe. Der Kasten enthalte Spielkarten, Münzen und einen magischen Würfel. Ein Zauberstab und ein Zauberbuch seien natürlich auch dabei. Sie schauen sich den Kasten an, auf dem steht, damit lerne man das Zaubern im Handumdrehen. Tim und Julia entscheiden sich für die spannendste Herausforderung. Sie wollen Münzen auf magische Art und Weise vermehren und damit reich werden. Beim Blick ins Zauberbuch sind sie aber enttäuscht. Darin steht, dass es sich dabei nur um einen Zaubertrick handele, mit dem man das Publikum täuschen könne. Die Anzahl der Münzen verändere sich in Wirklichkeit nicht.

**2** **Trage in die Lücken die richtige Konjunktivform ein.**

## Wird die Anklage wegen Hexerei fallen gelassen?

Im Prozess gegen den als „Hexenmeister" bekannten Dr. Georg Faust wurde gestern vor Gericht der Lehrling des Schwarzkünstlers vernommen. Er berichtete ausführlich, dass er von Hexerei noch überhaupt nichts ____________________ (verstehen), er ____________ (sehen) sich als Lehrling. Dass sein Meister Verbrechen begehen ________________ (können), ________ (sein) ihm unbegreiflich, auch ________________ (wollen) er sich das gar nicht vorstellen. Der Meister ____________________ (benutzen) seine Kunst stets zum Guten der Menschen.

**3** ●●● **Erfinde ein Beispiel für die Kunst des Meisters, über das der Lehrling berichten könnte. Verwende die indirekte Rede. Schreibe in dein Heft.**

*Der Lehrling berichtete, dass sein Meister ...*

**Information** **Den Konjunktiv II bilden**

Der Konjunktiv II kennzeichnet Unwirkliches, Unwahrscheinliches, Zweifel, aber auch eine höfliche Aufforderung. Der Konjunktiv II wird **vom Präteritum Indikativ abgeleitet**.

| | Indikativ Präteritum | Konjunktiv II | Indikativ Präteritum | Konjunktiv II |
|---|---|---|---|---|
| **Regelmäßige Verben:** | *du suchtest* | *du suchtest* | *ich liebte* | *ich liebte* |
| **Unregelmäßige Verben:** | *er sah* | *er sähe* | *wir fuhren* | *wir führen* |

Die **Ersatzform mit „würde“** wird verwendet, wenn die Konjunktiv-II-Form
- vom Indikativ Präteritum nicht zu unterscheiden ist, z. B.: *wir gingen → wir würden gehen,*
- ungebräuchlich ist, z. B.: *ich empfähle → ich würde empfehlen.*

**4** **a Ergänze die Verbformen, die in der Tabelle fehlen.**

| Infinitiv | Konjunktiv I | Präteritum | Konjunktiv II |
|---|---|---|---|
| bringen | er bringe | er brachte | er brächte |
| tragen | wir tragen | ___ | ___ |
| leben | ___ | sie lebte | ___ |
| dürfen | ___ | du durftest | ___ |
| haben | sie haben | sie hatten | ___ |
| geben | es gebe | ___ | ___ |

**b Markiere in der Tabelle die Konjunktivformen, die mit dem Indikativ übereinstimmen.**

**5** **Setze bei den Sätzen A bis D die Verben in Klammern in den Konjunktiv II und verwende bei den Sätzen E und F die Ersatzform mit „würde“.**

A Wenn ein Zauberer mir anböte (anbieten), mir einen Wunsch zu erfüllen, ___ (bitten) ich ihn, mich unsichtbar machen zu können. B Dann ___ (müssen) ich im Kino keinen Eintritt zahlen, ___ (fahren) kostenlos mit Bus und Bahn und ___ (fliegen) ohne Ticket im Flugzeug. C Außerdem ___ (können) ich andere heimlich belauschen und ihnen lustige Streiche spielen. D Aber: Was ___ (sehen) die Leute auf meinem Passbild? E Wie ___ meine Freunde mich ___ (erkennen)? F ___ andere Fußgänger mich nicht ganz schnell versehentlich ___ (überrennen)?

**Information** **Der Konjunktiv in der indirekten Rede**

In indirekter Rede kann man wiedergeben, was jemand gesagt hat. Das Verb steht im **Konjunktiv I**. Wer etwas gesagt hat, wird in einem einleitenden oder angefügten Hauptsatz angegeben, z. B.:
*Der Zauberer betont, er möge seine Arbeit sehr.* (indirekte Rede im Konjunktiv I) oder:
*Er möge seine Arbeit sehr, betont der Zauberer.*

**Ersatzformen:**
- Wenn der Konjunktiv I sich nicht vom Indikativ Präsens unterscheidet, wird der **Konjunktiv II oder die Ersatzform mit „würde“** verwendet.
- Ist der Konjunktiv II formgleich mit dem Indikativ Präteritum, muss die **Ersatzform mit „würde“** gewählt werden.

Indikativ: *Der Volksmund sagt: „Magier paktieren mit dunklen Mächten.“*
Konjunktiv I: *Der Volksmund sagt, Magier ~~paktieren~~ mit dunklen Mächten.* (Konj. I = Indikativ Präsens)
→ Konjunktiv II: *Der Volksmund sagt, Magier ~~paktierten~~ mit dunklen Mächten.* (Konj. II = Indikativ Präteritum)
→ Ersatzform mit „würde“: *Der Volksmund sagt, Magier würden mit dunklen Mächten paktieren.*

**6** **a Unterstreiche im folgenden Text alle Verbformen im Konjunktiv I blau.**
**b Ein Verb steht im Konjunktiv II: Umkreise es.**
**c Unterstreiche die Ersatzformen mit „würde“ grün.**
**d Unterstreiche die fünf Hauptsätze, die angeben, wer etwas sagt.**

## ChrisMagic bezaubert

Der berühmte Zauberer ChrisMagic erklärt im Interview, dass sein Interesse für Zauberei schon in seiner Kindheit angefangen habe. Er erinnert sich, dass er acht Jahre alt gewesen sei, als er im Fernsehen eine Sendung über Zauberkünstler gesehen habe. Später habe er sich dann einen Zauberkasten gekauft. Heute gehe er in spezielle Geschäfte, wo er professionelle Zaubertricks kaufe, erzählt ChrisMagic weiter. Außerdem hätten nette Kollegen ihm viel über Zauberei beigebracht. Als er gefragt wird, ob man allein von der Zauberkunst leben könne, antwortet ChrisMagic, dass dies zwar möglich sei, dass viele seiner Kollegen aber nicht hauptberuflich als Zauberer arbeiten würden.

**7** **Erkläre, warum im Text von Aufgabe 6 einmal der Konjunktiv II und einmal die Ersatzform mit „würde“ gewählt werden musste.**

Der Konjunktiv II musste gewählt werden, weil der Konjunktiv I ______________________________

______________________________________________________________.

Die Ersatzform mit „würde“ musste gewählt werden, weil ______________________________

______________________________________________________________.

**8** ●●● **Formuliere die folgenden Äußerungen von ChrisMagic in deinem Heft in indirekte Rede um. Verwende den Konjunktiv I und achte bei den einleitenden Hauptsätzen auf abwechslungsreiche Verben.**

A „Mein Showprogramm ist einfach für alle interessant.“
B „Ich arbeite mittlerweile vornehmlich für Firmenkunden auf Messen und Firmenfeiern.“
C „Jedoch betreue ich auch sehr gern noch schöne Privatveranstaltungen wie Hochzeiten oder Geburtstage.“

# Texte überarbeiten: Den Konjunktiv in der indirekten Rede prüfen

**1 Prüfe dein Wissen über die indirekte Rede.**
**Kreuze für jede der folgenden Aussagen an, ob sie richtig oder falsch ist.**

| | richtig | falsch |
|---|---|---|
| A Bei der indirekten Rede verwendet man den Indikativ. | ☐ | ☐ |
| B Man verwendet bei der indirekten Rede auch den Konjunktiv II oder die Ersatzform mit „würde", um den Unterschied zum Indikativ Präsens zu verdeutlichen. | ☐ | ☐ |
| C Der Konjunktiv I wird vom Indikativ Präteritum abgeleitet. Bei unregelmäßigen Verben werden *a, o, u* im Wortstamm zu *ä, ö, ü*. | ☐ | ☐ |

**2 Der folgende Text ist ein Bericht für eine Schülerzeitung. Die Redebeiträge wurden hier in wörtlicher Rede festgehalten. Überarbeite den Text, indem du die wörtliche Rede in indirekte Rede umformst.**

**a Markiere alle Verben in der wörtlichen Rede und notiere am Rand die richtige Konjunktivform oder die Ersatzform mit „würde". Tipp: Beachte den Pronomenwechsel von „ich", „wir" zu „er/sie", „sie".**

**b Schreibe den überarbeiteten Artikel in dein Heft.**

## Die Zaubershow am Anne-Frank-Gymnasium

Am 6. Mai fand am Anne-Frank-Gymnasium eine Zaubershow der in diesem Schuljahr neu gegründeten Zauber-AG statt. Wie es dazu kam, berichtet der Deutschlehrer Herr Tanner, der die AG leitet: „Ich selbst zaubere schon seit meinem Studium. Manchmal zeige ich meinen Schülern am Stundenende einen meiner Tricks. Eines Tages haben mich die Schüler zur Gründung einer Zauber-AG überredet."

(Randnotizen: *er zaubere* / *er*)

Während der Show ließen die Zuschauer sich von Karten- und Seiltricks beeindrucken. „Besonders genial ist der Trick von Tim", schwärmte der Schulleiter, „er kann einen Geldschein verschwinden lassen und ihn wieder herbeizaubern."

Nach der Pause verblüffte Lea mit ihren Fähigkeiten im Gedankenlesen. Sie forderte einen Zuschauer auf, eine Zahl zwischen eins und sechs zu nennen und anschließend in ihre Jackentasche zu greifen. Erstaunlicherweise fand sich dort ein Zettel mit der vom Zuschauer genannten Zahl. Am Ende der Show verriet sie den Trick: „Für jede Zahl habe ich eine eigene Tasche. Sagt der Zuschauer also ‚zwei', fordere ich ihn auf, in die linke Hosentasche zu greifen, sagt er ‚drei', ist es die rechte Jackentasche und so weiter."

Aber wie haben die Schüler all diese spektakulären Tricks gelernt? Jonas erklärte am Ende der Show: „Meistens lernen wir die Zaubertricks mit Videos aus dem Internet. Wir müssen dann lange vor dem Spiegel üben, bis sie reibungslos funktionieren."

# Teste dich!

## Wortarten und rund ums Verb

**1 Markiere die Wortarten, die sich beugen lassen. (5 Punkte)**

Verb Artikel Pronomen Konjunktion

Adjektiv Nomen Adverb Präposition

**2 a Markiere im folgenden Text Personalpronomen, Possessivpronomen und Demonstrativpronomen mit verschiedenen Farben. (13 Punkte)**

**b Umkreise die Bezugswörter zu den Possessivpronomen. (4 Punkte)**

Seinen ersten Kontakt zur Zauberkunst hatte Oliver Erens im Alter von zehn Jahren. Seither beschäftigt er sich intensiv mit diesem Hobby. Seine ersten Auftritte hatte er mit zwölf Jahren. Tricks mit Spielkarten sind seine Lieblingsbeschäftigung. Mit 16 Jahren wurde er jüngstes Mitglied des „Magischen Zirkels“ in Deutschland. In diesem Alter erfolgten auch seine ersten Veröffentlichungen seiner Kunststücke in deutschen, später auch internationalen Fachzeitschriften. Im Jahre 1995 zeichnete ihn jener Zirkel als Schriftsteller des Jahres aus. Seit dieser Zeit erscheint bis heute im Schnitt jährlich ein Buch über Zaubertricks von Oliver Erens.

**3 Welche der folgenden Wörter sind keine Adverbien? Streiche sie durch. (6 Punkte)**

schnell • morgen • vergnüglich • sehr • vorher • witzig • gern • attraktiv • dort • daher • spektakulär anders • später • bald • draußen • glücklicherweise • keinesfalls • schließlich • immer

**4 Setze die folgenden Infinitive in die verschiedenen Vergangenheitsformen des Verbs. (3 Punkte)**

| Infinitiv | | Perfekt | Präteritum | Plusquamperfekt |
|---|---|---|---|---|
| A schreiben | *ich …* | | | |
| B lesen | *du …* | | | |
| C verlieren | *wir …* | | | |

**5 Aktiv oder Passiv? Kreuze an. (5 Punkte)**

| | Aktiv | Passiv |
|---|---|---|
| A Der Abend war ein voller Erfolg. | ☐ | ☐ |
| B Die Illusionseffekte wurden bestaunt. | ☐ | ☐ |
| C Das Publikum wurde reich belohnt. | ☐ | ☐ |
| D Die Show war einfach fantastisch. | ☐ | ☐ |
| E Die Zuschauer werden auch nächstes Jahr auf ihre Kosten kommen. | ☐ | ☐ |

**6** **Trage die fehlenden Personalformen in die Tabelle ein. (5 Punkte)**

| Tempus | Aktiv | Passiv |
|---|---|---|
| A Präsens | er sucht | er |
| B Futur I | er | er wird gesucht werden |
| C Perfekt | er hat gesucht | er |
| D Präteritum | er | er wurde gesucht |
| E Plusquamperfekt | er hatte gesucht | er |

**7** **Vorgangs- oder Zustandspassiv? Kreuze an. (3 Punkte)**

| | Vorgangspassiv | Zustandspassiv |
|---|---|---|
| A Die Abbildungen im Zauber-Buch sind meist sehr genau gezeichnet. | ☐ | ☐ |
| B Auch auf der Buchmesse in Frankfurt werden Zauberbücher vorgestellt. | ☐ | ☐ |
| C Im Goethe-Museum Düsseldorf ist einer der ältesten erhaltenen Zauberkästen ausgestellt. | ☐ | ☐ |

**8** **Gib die Aussagen des Zauberkünstlers in indirekter Rede wieder. (6 Punkte)**

A Ein Zauberkünstler gab zu: „Bei meinem Auftritt war ich sehr aufgeregt."

_______________________________________________

B Er berichtete: „Die Nervosität hat mir fast einen Streich gespielt."

_______________________________________________

C Dann räumte er ein: „Ein bisschen Lampenfieber gehört aber dazu."

_______________________________________________

D Erleichtert erzählte er: „Schließlich habe ich mich aber doch ganz auf meinen Trick konzentrieren können."

_______________________________________________

E „Er ist mir perfekt gelungen", erklärte er erfreut.

_______________________________________________

F „Jetzt bin ich Weltmeister", sagte er glücklich.

_______________________________________________

Vergleiche deine Ergebnisse mit dem Lösungsheft. Für jede richtige Antwort bekommst du einen Punkt.

| ☺ 50–39 Punkte | ☺ 38–26 Punkte | ☹ 25–0 Punkte |
|---|---|---|
| Gut gemacht! | Gar nicht schlecht, aber lies dir die Informationskästen auf den Seiten 34 bis 46 noch einmal genau durch. | Arbeite die Seiten 34 bis 47 noch einmal genau durch. |

# Satzglieder unterscheiden

**Information** **Satzglieder erkennen und bestimmen**

- Mit der **Umstellprobe** stellst du fest, wie viele Satzglieder ein Satz hat. Wörter und Wortgruppen, die beim Umstellen zusammenbleiben und die im Vorfeld des Satzes stehen können, bilden ein Satzglied, z. B.:

| Vorfeld | linke Satzklammer | Mittelfeld | rechte Satzklammer | Nachfeld |
|---|---|---|---|---|
| Erfinder | lassen | oft großen Einfallsreichtum | erkennen. | |
| Oft | lassen | Erfinder großen Einfallsreichtum | erkennen. | |
| Großen Einfallsreichtum | lassen | Erfinder oft | erkennen. | |

- Mit der **Frageprobe** ermittelst du, um welche Art von Satzglied es sich handelt, z. B.:
  Manche berühmten Erfinder entwickelten schon in früher Kindheit große Neuerungen.
  **Frage:** Wer oder Was? → **Satzglied:** Subjekt
  entwickelten → Prädikat*
  Wann? → adverbiale Bestimmung
  Wen oder was? → Akkusativobjekt

* Das Prädikat ist der Kern des Satzes und wird durch Verben gebildet. Oft ist das Prädikat zweiteilig und bildet eine Satzklammer.

**1** **Füge mit Hilfe des Wortspeichers die Fachwörter für die Satzglieder an der richtigen Stelle in die Übersicht ein.**

Objekte • Subjekt • adverbiale Bestimmungen • Prädikat

**Satz**

**Satzglieder**

- A ______ Wer oder was?
- B ______
- C ______
  - **Genitivobjekt:** Wessen?
  - **Präpositionalobjekt:** Wofür? Worauf? Womit?
  - **Akkusativobjekt:** Wen oder was?
  - **Dativobjekt:** Wem?
- D ______
  - **der Art und Weise:** Wie?
  - **des Grundes:** Warum?
  - **der Zeit:** Wann?
  - **des Ortes:** Wo?

**Attribut**
Erweiterung eines Satzglieds, z. B. des Subjekts, des Objekts, der adverbialen Bestimmung

**2** **a** **Lies den folgenden Text über die Erfindung des Kaffeefilters.**

1 Früher kochte man gemahlenen Kaffee in heißem Wasser auf.
2 Beim Trinken blieb der Kaffeesatz zwischen den Zähnen hängen.
3 1908 beendete Melitta Bentz das unangenehme Kaffeesatztrinken.
4 Sie durchlöcherte den Boden eines Messingtopfes.
5 Dann suchte sie nach einem möglichst wasserdurchlässigen Papier.
6 Im Schulheft ihres Sohnes fand sie das geeignete Löschpapier.
7 Nun bot sie den gefilterten Kaffee ihrem Mann an.
8 Seitdem erfreut sich der Melitta-Filter großer Beliebtheit.

**b Beantworte die folgenden Fragen zum Text auf Seite 50 und notiere die Antworten.**
**Tipp: Die Frageprobe und die Umstellprobe helfen dir dabei.**

A Was sind in den Sätzen 1, 2 und 3 die Subjekte?

*Satz 1:* ______________________________

B Enthält Satz 4 ein Dativobjekt oder ein Akkusativobjekt? ______________________________

C Welches Objekt enthält Satz 5? ______________________________

D Wie viele Satzglieder enthält Satz 6? ______________________________

E Welche Art von Objekten enthält Satz 7? ______________________________

F Mit welchem Satzglied endet Satz 8? ______________________________

**3 Ordne den folgenden Verben links die passende Präposition rechts zu. Ziehe Verbindungslinien.**

| | |
|---|---|
| handeln | an |
| zweifeln | von |
| forschen | vor |
| sich begnügen | mit |
| flüchten | nach |

**Präpositionalobjekte bestimmen**
Das Präpositionalobjekt steht nach Verben, die fest mit einer Präposition verbunden sind, z. B.: *lachen über, achten auf, warten auf.* Diese Präposition ist auch im Fragewort enthalten, z. B.: *Die Erfinderin hofft sehr **auf** den Durchbruch.*
→ **Worauf** hofft sie?
Nach Präpositionalobjekten fragst du z. B. mit: *Wofür …? Wonach …? Wovon …?*

**4 Unterstreiche im folgenden Text sechs Präpositionalobjekte.**

Nicht alle Menschen interessieren sich für neue Erfindungen. Dabei gibt es im Alltag unzählige Anlässe für Neuerungen. Jens (13 Jahre) aus Osnabrück zum Beispiel zweifelte an der Ehrlichkeit seiner Freunde. Nachdem er bei seinen Nachforschungen auf dem Dachboden seines Großvaters auf eine sehr sonderbare kleine Maschine gestoßen war, hatte er ihnen dies berichtet. Sie schworen einen Eid, dass sie nichts verraten würden. Aber Jens war misstrauisch. Er verband ein Stück Gartenschlauch und einen Trichter, indem er beides mit Klebestreifen umwickelte. Fertig war das Fernabhörgerät! Am nächsten Schultag bewegte Jens den Schlauch samt Trichter vorsichtig und leise voran, bis dieser den Kreis der Jungen erreichte. Er wollte erfahren, über welches Thema seine Freunde sprachen. Es gelang. Jens lauschte und wartete gespannt auf den befürchteten Verrat. Seine Freunde allerdings lachten laut über ihn!

# Genaue Angaben machen – Adverbiale Bestimmungen

**Information** **Adverbiale Bestimmungen** (auch: Adverbiale, Sg.: Adverbial)

Adverbiale Bestimmungen sind Satzglieder, die **zusätzliche Informationen über** den **Ort**, die **Zeit**, den **Grund** und die **Art und Weise** eines Geschehens oder einer Handlung geben.
Mit der **Frageprobe** kannst du ermitteln, welche adverbiale Bestimmung vorliegt:

- Wann? Wie lange? Seit wann? Wie oft? **adverbiale Bestimmung der Zeit**
- Wo? Wohin? Woher? **adverbiale Bestimmung des Ortes**
- Warum? Weshalb? Weswegen? **adverbiale Bestimmung des Grundes**
- Wie? Auf welche Weise? Womit? **adverbiale Bestimmung der Art und Weise**

**1** a **Ordne den adverbialen Bestimmungen Farben zu. Male dazu die Felder aus.**
b **Unterstreiche im nachfolgenden Text 13 adverbiale Bestimmungen in den vier Farben.**

☐ adv. Best. des Ortes ☐ der Zeit ☐ der Art und Weise ☐ des Grundes

## Die Erfinderin mit Durchblick

Im Winter 1903 beobachtete die Amerikanerin Mary Anderson in New York den Verkehr. Bei Schnee und Regen mussten die Fahrer der Straßenbahnen und der ersten Automobile wegen der schlechten Sicht stoppen, aussteigen und von Hand die Windschutzscheibe säubern. Diese lästige und nasse Fahrtunterbrechung konnte Mary Anderson problemlos abschaffen. Sie konstruierte einen Schwingarm mit Gummiblatt, der im Wageninneren mechanisch in Bewegung gesetzt wird: Der Scheibenwischer war erfunden. Auf Grund ihrer Erfindung konnte die geschickte Konstrukteurin im November 1903 ein Patent anmelden. Das praktische Bauteil ist heute in jedem Auto Standard.

**2** a **Trage die folgenden adverbialen Bestimmungen passend in die Übersicht ein.**

an einer Sollbruchstelle | zuverlässig | in den Jahren 1913/14

auf Grund vieler eigener Testflüge | exakt gefaltet | vor ihrer Erfindung

**adverbiale Bestimmung ...**

| **... der Zeit** | **... des Ortes** | **... der Art und Weise** | **... des Grundes** |
|---|---|---|---|
| | | | |
| | | | |
| | | | |
| | | | |

**b Beantworte zum folgenden Text die Fragen in der Randspalte: Wähle hierzu eine passende adverbiale Bestimmung in der Übersicht von Aufgabe 2 a aus und trage sie im Text ein.**

____________________ erfand Katharina Paulus etwas, *wann?*

das nach ihr vielen Menschen das Leben retten sollte: das Fallschirmpaket.

____________________ waren Fallschirme sperrige und schwere *wann?*

Tücher, die sich nicht ____________________ öffneten. K. Paulus verpackte den *wie?*

Fallschirm ____________________ in einen kleinen Sack, *wie?*

eine kleine Reißleine öffnete den Sack ____________________, *wo?*

sodass er sich entfaltete. ____________________ *warum?*

____________________ konnte sie ihre Erfindung immer perfekter gestalten.

**3 ●●● Erweitere jeden der folgenden Sätze durch alle vier Arten von adverbialen Bestimmungen. Schreibe die erweiterten Sätze auf.**

A Jede kluge Erfinderin tüftelt.

________________________________________

________________________________________

B Erfindungen entstehen.

________________________________________

________________________________________

C Ich möchte selbst etwas Tolles erfinden.

________________________________________

________________________________________

# Attributformen als Teil eines Satzglieds

**Information** **Attribute (Beifügungen)**

Attribute **bestimmen ein Bezugswort** (meist ein Nomen) näher. Sie sind immer **Teil eines Satzglieds** und bleiben bei der Umstellprobe (▶ S. 50) mit ihrem Bezugswort verbunden. Attribute können mehrteilig sein, sie stehen vor oder nach ihrem Bezugswort. Man kann sie mit **„Was für ... ?“** erfragen.
Attribute gibt es in unterschiedlichen **sprachlichen Formen:**

- **Adjektivattribut**, z. B.: *eine intelligente Frau, die kreative Entwicklung.*
- **präpositionales Attribut**, z. B.: *eine Maschine zum Geschirrspülen.*
- **Genitivattribut**, z. B.: *die Idee der Erfinderin, das Trocknen des Geschirrs.*
- **Apposition**, z. B.: *Margarete Steiff, eine gelernte Schneiderin, erfand den Teddy.*
  Beachte die **Zeichensetzung**: Eine Apposition steht zwischen zwei Kommas. Meist steht sie hinter dem Bezugswort.

**1** **a** **Trenne in den folgenden Sätzen die Satzglieder mit senkrechten Strichen | voneinander ab.**
**b** **Wende die Umstellprobe an und notiere je einen Satz mit anderem Satzanfang.**
**Hinweis: Bilde keine Fragen.**

A 1903 | nähte | Margarete Steiff | ein neuartiges Spielzeug zum Schmusen.

B Der pelzige Teddybär ist bis heute eine Freude der Kinder.

C Josephine Cochrane, eine Amerikanerin, erfand 1886 einen hilfreichen Automaten für die Küche.

D Der Geschirrspülautomat mit Motor ersetzte mühsames Spülen von Hand.

E Windelwechseln ohne Mühe verdanken Eltern der experimentierfreudigen Marion Donovan.

F Nach der Erfindung des Windelhöschens entwickelte sie die praktische Windel zum Wegwerfen.

**2** **a** **Prüfe für die Sätze von Aufgabe 1, welche Satzglieder Attribute umfassen, und unterstreiche diese Attribute.**
**b** **Kennzeichne mit einem Pfeil, auf welches Bezugswort sich das jeweilige Attribut bezieht.**

1903 | nähte | Margarete Steiff | ein neuartiges Spielzeug zum Schmusen.

**3** **a Unterstreiche im folgenden Text 13 weitere Attribute.**
**b Bestimme die Form jedes Attributs, indem du das richtige Kürzel darunterschreibst:**
**Aa = Adjektivattribut, Ga = Genitivattribut, pA = präpositionales Attribut, App = Apposition.**

### Die Abschaffung der Spülhände
Ga

Josephine Cochrane aus dem US-Bundesstaat Illinois gilt als
pA
Erfinderin des Geschirrspülers. Als wohlhabende Frau hat Cochrane zahlreiche Partys gegeben, nach denen Berge von Geschirr gespült werden mussten. Weil zerbrochenes Porzellan sie ärgerte, baute sie ein Gerät für den Abwasch. Sie entwarf einen Geschirrhalter aus Drahtbügeln, der in einem großen Waschkessel aus Kupfer montiert wurde. Mit einem Motor wurde das Drahtgestell gedreht. Gleichzeitig pumpte eine Wasserpumpe heiße Seifenlauge in den Kessel. Die entscheidende Idee war es, Wasserdruck einzusetzen. 1886 ließ Josephine Cochrane, Tochter eines Wasserbauingenieurs, ihren Geschirrspülautomaten patentieren.

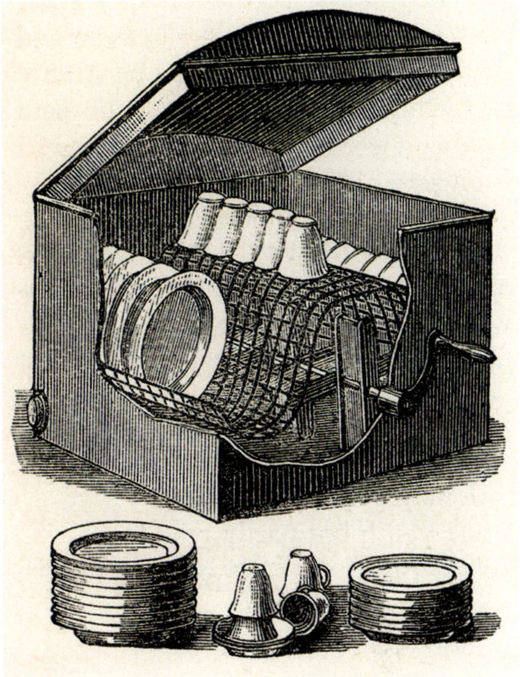

**4** ●●● **Fasse die Informationen der folgenden Sätze jeweils in einem Satz zusammen und verwende dazu Appositionen. Achte auf die Kommasetzung.**

Mary Anderson meldete 1903 ein Patent für eine Scheibenwischanlage an.
Mary Anderson arbeitete als Bauunternehmerin und Rancherin in Amerika.

*Mary Anderson, eine amerikanische Bauunternehmerin und Rancherin, meldete 1903 ein Patent für eine Scheibenwischanlage an.*

A Margarete Steiff gründete die gleichnamige Spielwarenfabrik.
Margarete Steiff wurde trotz ihrer Kinderlähmung eine selbstständige und erfolgreiche Frau.

B Durch die Erfindung der Einwegwindel erleichterte Marion Donovan Millionen von Eltern das Wickeln.
Die Einwegwindel ist heute ein echter Verkaufsschlager.

# Texte überarbeiten mit Hilfe von Proben

**Methode** **Die Textlupe anwenden: Texte überarbeiten**

Die folgenden Proben helfen dir, **genauer zu schreiben** und Texte **stilistisch zu verbessern**.

- **Umstellprobe: Satzanfänge abwechslungsreich gestalten**
  Durch die Umstellprobe kannst du Texte abwechslungsreicher gestalten, z. B. die Satzanfänge:
  *[Manche berühmten Erfinder] [entwickeln] [schon als kleines Kind] [große Neuerungen.]*
  *[Schon als kleines Kind] [entwickeln] [manche berühmten Erfinder] [große Neuerungen.]*
- **Ersatzprobe: Wortwiederholungen vermeiden**
  *~~Manche berühmten Erfinder~~ Sie kommen auf verblüffende Ideen.*
- **Weglassprobe: Texte straffen, Wiederholungen vermeiden**
  *Sie entwickeln schon als ~~kleines~~ Kind große Neuerungen.*
- **Erweiterungsprobe: Genau und anschaulich schreiben** (mit Attributen oder adverbialen Bestimmungen)
  *Sie entwickeln manchmal schon als Kind große Neuerungen mit überraschender Wirkung.*

**1** **a** **Nele hat sich mit witzigen Erfindungen aus Japan beschäftigt.**
**Im folgenden Text hat sie ihre Informationen zusammengefasst. Lies ihn.**

VORSICHT FEHLER!

*„Chindogu" bedeutet auf Japanisch „seltsames Gerät". Chindogus sind hervorragende Erfindungen. Ein Chindogu löst ein alltägliches Problem hervorragend und ungewöhnlich. Chindogus sind aber oft auch ziemlich peinlich.*

**b** **Beschreibe, was an Neles Text nicht gelungen ist.**

______________________________________________

______________________________________________

**c** **Schreibe genauer: Verbessere Neles Text mit Hilfe der Umstell-, der Ersatz- und der Weglassprobe.**
**Arbeite in deinem Heft.**

**2** **Nele hat einen besonderen Hut beschrieben.**
**Ihr Lernpartner hat bereits notiert, welche Informationen dem Leser fehlen. Wende die Erweiterungsprobe an und beschreibe den Hut mit Hilfe der Abbildung genauer.**
**Schreibe den verbesserten Text ins Heft.**

## Ein Chindogu

Dieser ? Hut ist sehr praktisch. *Was für ein Hut?*

Wenn Heuschnupfen-Allergiker das Haus verlassen, wird der Taschentuchhalter ? befestigt. *Wo?*

Das längste Taschentuch der Welt rollt sich ? ab. *Wie?*

Die Hutträger können sich ? die Nase putzen. *Wann?*

Der Papiervorrat ? kann immer wieder nachgefüllt werden.

*Was für ein Papiervorrat? (Apposition)*

# Teste dich!

## Satzglieder und Attribute

**1** **Im folgenden Text sind Satzglieder unterstrichen.**
**a Bestimme diese Satzglieder und notiere ihre Bezeichnung unter dem Text. (6 Punkte)**
**b Einige der unterstrichenen Satzglieder umfassen Attribute.**
**Kreise diese Attribute ein. (5 Punkte)**

### Leinwandgöttin mit Erfindergeist

Der Hedy-Lamarr-Preis A wird verliehen für besondere Leistungen von Frauen auf dem Gebiet der Nachrichtentechnik. B Hedy Lamarr, die Namensgeberin, war ein Hollywoodstar der 1930er und 1940er Jahre. C Ihren Tüfteleien verdanken wir das Frequenzsprungverfahren, das heute der LAN- und Bluetooth-Technik zugrunde liegt. D Auf Grund synchroner Frequenzwechsel bei Sender und Empfänger verhindert dieses Verfahren E das Abhören oder Stören eines Funksignals. Hedy Lamarr und ihr Partner George Antheil setzten F während der Datenübermittlung mittels Funk 88 Kanäle ein.

A ____________ B ____________ C ____________

D ____________ E ____________ F ____________

**2** **Ordne die bei Aufgabe 1 umkreisten Attribute in die nachfolgende Tabelle ein. (5 Punkte)**

| **Adjektivattribut** | **Apposition** |
|---|---|
| ____________ | ____________ |
| **Genitivattribut** | **präpositionales Attribut** |
| ____________ | ____________ |
| | ____________ |

**3** **Kreuze für jede Aussage die richtige Ergänzung an. (3 Punkte)**

A Kein Satzglied ist ☐ das Präpositionalobjekt, ☐ die Apposition, ☐ die adverbiale Bestimmung.

B Es gibt keine adverbiale Bestimmung ☐ des Ortes, ☐ des Grundes, ☐ der Präposition.

C Es gibt ☐ keine adverbiale Bestimmung des Genitivs, ☐ kein Genitivattribut, ☐ kein Genitivobjekt.

Vergleiche deine Ergebnisse mit dem Lösungsheft. Für jede richtige Antwort bekommst du einen Punkt.

| ☺ 19–16 Punkte | ☺ 15–10 Punkte | ☹ 9–0 Punkte |
|---|---|---|
| Gut gemacht! | Gar nicht schlecht, aber lies dir die Informationkästen auf den Seiten 50 bis 56 noch einmal genau durch. | Arbeite die Seiten 50 bis 56 noch einmal genau durch. |

# Satzreihen und Satzgefüge

**Information** **Wiederholung: Die Satzreihe** (Hauptsatz + Hauptsatz)

Ein Satz, der aus **zwei oder mehr Hauptsätzen** besteht, wird Satzreihe genannt. Die einzelnen Hauptsätze werden durch ein **Komma** voneinander getrennt.
Häufig werden Hauptsätze durch **nebenordnende Konjunktionen** wie *und, oder, aber, doch, sondern, denn* miteinander verbunden. Nur vor den Konjunktionen *und* bzw. *oder* darf das Komma entfallen, z. B.:
*Jugendliche Erfinder erhalten Geld, denn die Jury unterstützt ihre Kreativität.* (Komma muss stehen.)
*Die Erfinder-Teams überzeugen die Jury(,) oder sie scheiden bereits in der Vorrunde aus.* (Komma kann stehen.)

**1** **a Setze im folgenden Text die fehlenden Kommas.**
**b Unterstreiche die nebenordnenden Konjunktionen in den Satzreihen.**

VORSICHT FEHLER!

Die IdeenExpo ist ein Naturwissenschafts- und Technik-Event für Schülerinnen und Schüler diese Veranstaltung findet alle zwei Jahre in Hannover statt. Die Aussteller präsentieren im „größten Klassenzimmer der Welt“ Wissenschaft und Technik zum Anfassen und Mitmachen denn sie möchten das Interesse Jugendlicher wecken. Schülerinnen und Schüler können als Besucher zur IdeenExpo reisen aber einige Jugendliche dürfen auch eigene Nachwuchsprojekte präsentieren. Bis zu 25 Schüler-Teams werden als Aussteller eingeladen doch sie müssen vorher ihren Erfindergeist im Wettbewerb „Ideenfang“ unter Beweis stellen. Die Sieger vergangener Jahre haben den „sprechenden Schulweg“ entwickelt oder sie haben sturmsichere Regenschirme nach dem Vorbild großer Palmblätter konstruiert. Bei der Auswahl der Jury zählen nicht nur eine innovative Idee und deren technische Umsetzung sondern das Projekt muss auf der IdeenExpo auch Möglichkeiten zum Ausprobieren und Mitmachen anbieten. Gefällt dir eher ein ferngesteuerter Rennbesen oder überzeugt dich der solarbetriebene Schlittschuhwärmer?

**2** **Füge die folgenden Sätze zu sinnvollen Satzreihen zusammen. Verwende passende nebenordnende Konjunktionen. Tipp: Konjunktionen findest du im Informationskasten oben.**

A Bis 2011 konnten nur Jugendliche aus Niedersachsen am „Ideenfang“ teilnehmen. Seit 2013 dürfen alle erfindungsreichen Schülerteams ihre Projekte einreichen.

B Die Gewinner-Teams der Zwischenrunde erhalten bereits eine Unterstützung in Höhe von 600 Euro. Sie müssen eine Präsentation ihres Projektes für die IdeenExpo vorbereiten.

C Die Sieger bekommen nicht nur ein Preisgeld. Ihnen wird auch ein Ausflug in die Welt der Technik spendiert.

**Information** **Wiederholung: Das Satzgefüge** (Hauptsatz + Nebensatz)

Ein Satzgefüge besteht aus **mindestens einem Hauptsatz (Hs) und einem Nebensatz (Ns).**
- Nebensätze werden vom Hauptsatz immer durch **Komma** getrennt.
- Der Nebensatz wird mit einer **unterordnenden Konjunktion** (Subjunktion, z. B.: *weil, nachdem, obwohl, wenn, während* ...) oder mit einem **Relativpronomen** eingeleitet.
- Im Hauptsatz steht die Personalform des Verbs immer an zweiter Satzgliedstelle (Verbzweitsatz). Im Nebensatz steht die Personalform des Verbs an letzter Stelle (Verbletztsatz).
- Ein Nebensatz kann vor, hinter oder innerhalb des Hauptsatzes stehen.
- Ein Nebensatz kann im **Vorfeld, Mittelfeld** oder **Nachfeld** eines Satzes stehen (▶ S. 50).
- Ein Nebensatz kann **vorangestellt, eingeschoben** oder **nachgestellt** werden, z. B.:

*Weil man dort das Fach „Erfinden" wählen kann, wird eine Schule Erfindergymnasium genannt.*

(Konjunktion) ________ Ns ________, ________ Hs ________.

*Eine Schule wird, weil man dort das Fach „Erfinden" wählen kann, Erfindergymnasium genannt.*

____ Hs ____, (Konjunktion) ________ Ns ________, ____ Fortsetzung Hs ____.

*Eine Schule wird Erfindergymnasium genannt, weil man dort das Fach „Erfinden" wählen kann.*

________ Hs ________, (Konjunktion) ________ Ns ________.

**3** **a Umkreise jeweils in beiden Teilsätzen die Personalform des Verbs.**
**b Unterstreiche den Nebensatz und markiere die Konjunktion.**
**c Zeichne zu jedem Satz einen Satzbauplan.**

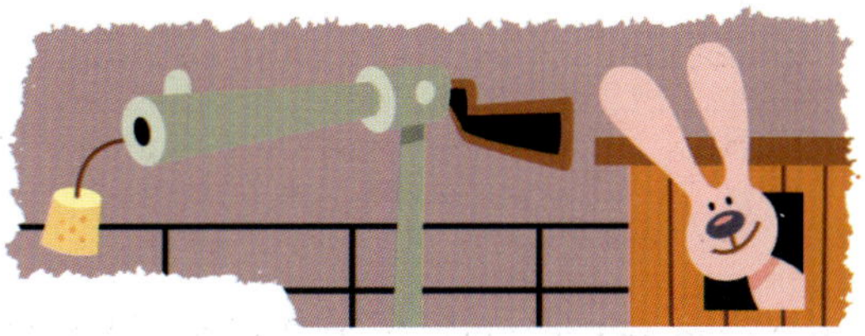

Weil die Schülerinnen und Schüler nichts für unmöglich halten, erfinden sie die tollsten Dinge.

(Konjunktion) ________ Ns ________, ________ Hs ________.

A Ein Schüler hat, nachdem er selbst einen Gips tragen musste, einen juckfreien Gipsverband erfunden.

B Eine Gruppe hat ein Handyladegerät für Fahrräder entwickelt, sodass man beim Treten das Handy auflädt.

C Damit die Füße beim Schifahren nicht überraschend erfrieren, wurde ein Erfrierschutzalarm entwickelt.

D Eine Schießautomatik an Hasenställen soll verhindern, dass Marder die Tiere töten.

E Wenn die Tüte mit Schimmelflecken bedruckt ist, wird sicher niemand mehr das Pausenbrot stehlen.

# Relativsätze – Attribute in Form eines Nebensatzes

**Information** **Näher erklären mit einem Relativsatz** (auch: Attributsatz)

Relativsätze sind **Nebensätze, die ein vorausgehendes Bezugswort** (Nomen oder Pronomen) **näher erklären**. Sie werden mit einem **Relativpronomen** eingeleitet, z. B.: *der, die, das, welcher, welche, welches*.
Ein Relativsatz wird immer durch ein **Komma** vom Hauptsatz getrennt. Eingeschobene Relativsätze werden durch zwei Kommas abgetrennt, z. B.: *Ein Nebensatz, der ein Bezugswort näher beschreibt, heißt Relativsatz.*
Relativsätze nehmen im Satz die Rolle eines Attributs ein und werden deshalb auch **Attributsätze** genannt.

**1** **a Setze im folgenden Text die fehlenden Kommas.**
**b Umkreise die Relativpronomen und unterstreiche die Bezugswörter.**

VORSICHT FEHLER!

Freestyle-Physics ist ein Schülerwettbewerb, den die Universität Duisburg-Essen durchführt. Hierbei werden jedes Jahr aus dem Bereich der Physik Aufgaben die besonders pfiffige Lösungen benötigen ins Netz gestellt. 2012 musste zum Beispiel eine Brücke aus Papier gebaut werden welche einen Meter Distanz überbrückt und eine Getränkedose trägt. Auch eine Wasserrakete die möglichst lange in der Luft bleibt war gefragt. Beim Finale welches in einem großen Zelt stattfindet werden die besten Ideen präsentiert. Gewinnen werden am Ende die Schülerinnen und Schüler deren Konstruktionen technisch besonders raffiniert sind.

**2** **a Forme die unterstrichenen Attribute in Relativsätze um.**
**b Umkreise in deinen Sätzen die Relativpronomen. Achte auf die Zeichensetzung.**

A Schülerinnen und Schüler mit Freude am Experimentieren sind bei diesem Wettbewerb gefragt.

*Schülerinnen und Schüler, die* ______________________

______________________.

B Die nach Duisburg eingeladenen Schülergruppen werden von einem engagierten Lehrer begleitet.

______________________

______________________

C Professoren der Universität Duisburg-Essen bewerten die präsentierten Konstruktionen.

______________________

______________________

D Am Wettbewerb interessierte Jugendliche finden im Internet unter *www.freestylephysics.de* Informationen.

______________________

______________________

# Gliedsätze unterscheiden

## Mit Adverbialsätzen Zusammenhänge herstellen

**Information** **Die Adverbialsätze**

Je nach **Funktion im Satz** unterscheidet man unterschiedliche Arten von Nebensätzen. Nebensätze können die Stelle von Satzgliedern übernehmen. Man nennt sie dann auch **Gliedsätze**. **Adverbialsätze** sind Gliedsätze, weil sie die **Stelle einer adverbialen Bestimmung** einnehmen, z. B.:

*Wegen eines Fehlers in der Versuchsanordnung stand der Lehrer plötzlich triefnass da.*
adverbiale Bestimmung
↓
*Weil ein Fehler in der Versuchsanordnung war, stand der Lehrer plötzlich triefnass da.*
Adverbialsatz (mit einleitender Konjunktion *weil*)

Adverbialsätze werden meist mit einer **unterordnenden Konjunktion** (Subjunktion) eingeleitet. Sie können nicht ohne Hauptsatz stehen und werden **immer** durch ein **Komma** von diesem abgetrennt.

**1** **Umkreise in den folgenden Sätzen die Konjunktionen und zeichne Satzbaupläne (▶ S. 59).**

Nachdem man ein Glas bis oben mit Wasser gefüllt hat, legt man eine Postkarte darauf.

(Konjunktion) ________ Ns ________, ________ Hs ________.

A Nun muss man das Glas umdrehen, während man die Postkarte festhält.

B Wenn man jetzt die Postkarte loslässt, bleibt sie am Glas kleben.

**2** **a Erkläre diesen Vorgang: Verbinde die folgenden Sätze mit Hilfe der angebotenen Konjunktionen zu Satzgefügen. Schreibe diese auf und achte auf die Kommasetzung.**
**b Unterstreiche in deinen Satzgefügen jeweils den Adverbialsatz und umkreise die Konjunktion.**

A Die Postkarte klebt am Glas. Die Luft drückt stärker von unten als das Wasser von oben. | weil

______________________________

B Die Postkarte sitzt ganz fest am Glasrand. Die Luft kann nicht eindringen. | sodass

______________________________

C Es darf keine Luft ins Glas kommen. Das Experiment gelingt. | damit

______________________________

D Der Versuch wird im luftleeren Raum aufgebaut. Das Experiment misslingt. | wenn

______________________________

**Information** **Arten von Adverbialsätzen**

Mit der **Frageprobe** kannst du ermitteln, welche **Art von Adverbialsatz** vorliegt:

| Adverbialsatz | Frageprobe | Konjunktionen | Beispiel |
|---|---|---|---|
| **Temporalsatz** (Zeit) | Wann ...? Seit wann ...? Wie lange ...? | *nachdem, als, während, bis, bevor, solange, sobald, seit ...* | *Solange es Menschen gibt*, nutzen sie Wasser. |
| **Kausalsatz** (Grund) | Warum ...? | *weil, da* | *Weil Wasser nass ist*, ist es zum Waschen nützlich. |
| **Konditionalsatz** (Bedingung) | Unter welcher Bedingung ...? | *wenn, falls, sofern, unter der Bedingung, dass* | *Wenn Wasser fest ist*, eignet es sich zum Kühlen. |
| **Konsekutivsatz** (Folge) | Mit welcher Folge ...? | *sodass (auch: so ..., dass)* | Wassermassen sind viel stärker als der Mensch, *sodass Wasser schnell lebensgefährlich werden kann.* |
| **Finalsatz** (Absicht, Zweck) | Wozu ...? | *damit* | Menschen stauen Wasser, *damit sie Strom gewinnen können.* |
| **Modalsatz** (Art und Weise) | Wie ...? | *indem, ohne dass, als (ob)* | *Indem Menschen Wasser zum Trinken bereitstellen*, erhalten sie ihre wichtigste Lebensgrundlage. |
| **Konzessivsatz** (Einräumung) | Trotz welcher Umstände ...? | *obwohl, obgleich obschon, selbst wenn* | Aber Wasser wird häufig verschwendet, ... *obwohl es lebensnotwendig ist.* ... *selbst wenn es knapp ist.* |

**3** a **Was erklären die unterstrichenen Angaben? Führe die Frageprobe durch und notiere die Fragewörter in der Randspalte.**

b **Prüfe für jede unterstrichene Angabe, worum es sich handelt, und trage ein: aB (adverbiale Bestimmung) oder As (Adverbialsatz).**

## Die Haut des Wassers

**Beobachtung:** Nachdem du ein Glas randvoll mit Wasser gefüllt hast [As], lässt du vorsichtig Münzen ins Wasser fallen. Das Wasser bildet über dem Glas [ ] eine Kuppe und läuft nicht über, obwohl es nun übervoll ist [ ].

**Erklärung**: Da die Wassermoleküle sich stark anziehen und zusammenhalten, [ ] entsteht an der Oberfläche [ ] eine Art gespannte Haut. Eine solche Oberflächenspannung lässt sich auf den meisten Flüssigkeiten [ ] beobachten. Auf einer glatten Oberfläche [ ] formt sie Tropfen, indem sie Wasser zusammenzieht [ ].

Randspalte: wann?

**4** **a Unterstreiche in den folgenden Sätzen die Adverbialsätze.**
**b Umkreise darin die Konjunktionen.**
**c Bestimme mit Hilfe der Frageprobe, um welche Art von Adverbialsatz es sich handelt. Notiere dies.**

A Weil Strom für unser Leben sehr wichtig ist, suchen Menschen nach neuen Energiequellen.

Frage: ______

Art des Adverbialsatzes: ______

B Auch die Kraft der Wellen soll seit 200 Jahren genutzt werden, obwohl sie sehr unberechenbar ist.

Frage: ______

Art des Adverbialsatzes: ______

C Die Wellenkraft wird genutzt, indem das Hin und Her des Wassers in eine Drehbewegung verwandelt wird.

Frage: ______

Art des Adverbialsatzes: ______

D Falls allerdings ein Sturm die Wellen hochpeitscht, ist das Wellenkraftwerk schnell in Gefahr.

Frage: ______

Art des Adverbialsatzes: ______

**5** **a Unterstreiche im folgenden Text die adverbialen Bestimmungen.**
**b Wandle sie in Adverbialsätze um. Verwende passende Konjunktionen und achte auf die Kommasetzung.**

A Auf Grund der Oberflächenspannung von Wasser können Wasserläufer über ein Gewässer krabbeln.

*Weil* ______.

B Allerdings gehen die Insekten beim Durchstoßen der „Wasserhaut" unter.

______

C Durch Ausnutzen der Oberflächenspannung kannst du Nadeln oder Büroklammern auf Wasser legen.

______

D Das Experiment mit der schwimmenden Büroklammer scheitert bei der Verwendung von Spülmittel.

______

E Wegen der durch das Spülmittel verringerten Oberflächenspannung geht die Büroklammer dann unter.

______

**6** ●●● **In Satz A von Aufgabe 5 wird eine Begründung genannt.**
**Notiere: Wie verändert sich der Satz, wenn du alternativ die Konjunktion „denn" verwendest?**
**Tipp: Zeichne für beide Satzvarianten Satzbaupläne.**

______

**7** **Die Notwendigkeit von Wellenkraftwerken soll präzise erklärt werden.
Trage für jede Äußerung eine Konjunktion ein, die ein inhaltlich sinnvolles Satzgefüge ergibt.**

## Neues vom Zukunftskongress

Jens Pfiffig berichtet vom Zukunftskongress:
Wellenkraftwerke könnten eine Hauptenergiequelle der Zukunft sein, ...

A ____________________ die Kraft der Wellen in verwertbare Energie umgewandelt wird.

B ____________________ es in der Entwicklung immer wieder große Schwierigkeiten gibt.

C ____________________ die Wellenbewegung sehr viel Energie enthält.

D ____________________ viele Forscher an den bisherigen Modellen weiterarbeiten.

E ____________________ Atomkraftwerke völlig überflüssig werden.

**8** ●●● **Zeichne Verbindungslinien zwischen je einem Haupt- und einem Nebensatz, sodass sich inhaltlich richtige Satzgefüge ergeben.**

## Die Sea Organ in Kroatien – eine Meeresorgel

| | |
|---|---|
| A Es wird Luft durch Orgelpfeifen gedrückt, | a wenn Sturm herrscht. |
| B Die Rohre haben eine genau berechnete Größe, | b seit das Meisterwerk 2005 eröffnet wurde. |
| C Die Orgel erzeugt ganz unterschiedliche Akkorde, | c indem die Wellen unter den Treppen in verschiedene Rohre fließen. |
| D So entsteht ein besonders wildes Orgelkonzert, | d sodass harmonische Klänge erzeugt werden. |
| E Viele Touristen bewundern die Klänge, | e weil die Musik von der Kraft und der Größe der Wellen abhängt. |

**Information** **Mit Temporalsätzen Zeitverhältnisse ausdrücken**

Temporalsätze sind Adverbialsätze, die ein **Zeitverhältnis** ausdrücken. Sie geben an, wann sich das Geschehen im Verhältnis zum Geschehen im Hauptsatz vollzieht. Dabei kann zwischen **Vorzeitigkeit, Gleichzeitigkeit** und **Nachzeitigkeit** unterschieden werden.

Hauptsatz: *Die Schüler erkennen die Gefährlichkeit von Wasser, ...*

**Temporalsätze**

| | | |
|---|---|---|
| ... *nachdem sie Wasser in heißes Fett geschüttet haben.* | ... *während sie die Fettexplosion beobachten.* | ... *bevor sie endlich das Feuer mit einem Glasdeckel ersticken.* |
| ← **Vorzeitigkeit:** Das Ereignis im Temporalsatz liegt vor dem Ereignis im Hauptsatz. | ↓ **Gleichzeitigkeit:** Das Ereignis im Temporalsatz verläuft gleichzeitig mit dem Ereignis im Hauptsatz. | → **Nachzeitigkeit:** Das Ereignis im Temporalsatz findet nach dem Ereignis im Hauptsatz statt. |

**9** **a Unterstreiche im folgenden Text die Temporalsätze.**
**b Umkreise die Konjunktionen.**

## Wasser als Gefahr

Stell dir diese alltägliche Situation vor: Während Ben in der Küche seine Fischstäbchen brutzelt, klingelt sein Handy. Sein Freund Yannick hatte versprochen, sich zu melden, sobald er mit den Hausaufgaben fertig ist. Nun plaudern die beiden am Telefon, bis Ben aus der Küche einen beißenden Geruch wahrnimmt. Nachdem er sich hastig von Yannick verabschiedet hat, stürzt Ben zurück an den Herd. Als er die brennende Pfanne sieht, greift er sofort zur Flasche Mineralwasser auf dem Küchentisch. Er schüttet das Wasser auf die verkohlten Fischstäbchen in die Pfanne. Ehe er die Flasche abstellen kann, breitet sich in der Küche ein gewaltiger Feuerball aus.

Brechen wir an dieser Stelle das Gedankenexperiment ab, bevor Ben sich schwere oder sogar tödliche Verletzungen zuzieht. Was ist passiert? In dem Moment, als Ben das Wasser in das brennende Fett geschüttet hat, ist das Wasser schlagartig verdampft. Dabei entstehen aus einem halben Liter Wasser ungefähr 850 Liter Wasserdampf. Der Wasserdampf schleudert das brennende Fett aus der Pfanne heraus, sodass es sich in der ganzen Küche verteilt. Seit Ben im Chemieunterricht Experimente zur Fettexplosion ausgewertet hat, weiß er, wie er auf brennende Pfannen reagieren sollte: Dem Feuer muss mit einem Deckel die Sauerstoffzufuhr entzogen werden.

**10** ●●● **Bestimme für jeden Temporalsatz von Aufgabe 9, ob das Ereignis gleichzeitig mit oder vor oder nach dem Ereignis im Hauptsatz stattfindet. Ordne die temporalen Konjunktionen dementsprechend in die Tabelle ein.**

| Vorzeitigkeit | Gleichzeitigkeit | Nachzeitigkeit |
|---|---|---|
| | *während* | |
| | | |
| | | |

# Subjekt- und Objektsätze

**Information** **Nebensätze unterscheiden: Subjektsätze und Objektsätze**

Nebensätze können die Stelle von Satzgliedern übernehmen. Man nennt sie dann auch **Gliedsätze**. Subjektsätze und Objektsätze sind Gliedsätze, weil sie die Rolle des Subjekts bzw. des Objekts für den Hauptsatz übernehmen. Sie lassen sich wie Subjekt oder Objekt durch die Frageprobe ermitteln.

- **Subjektsatz:** Das Subjekt wird von einem Nebensatz gebildet, z. B.:
  *Der Lehrer* verlässt bei Gefahr zuletzt den Raum. *Wer die Verantwortung hat,* verlässt zuletzt den Raum.
  Subjekt — Subjektsatz (Wer oder was verlässt zuletzt den Raum?)
- **Objektsatz:** Das Objekt wird von einem Nebensatz gebildet, z. B.:
  *Er erklärt möglichen Gefahren.* *Er erklärt, wann Gefahr droht.*
  Objekt — Objektsatz (Wen oder was erklärt er?)

Subjekt- und Objektsätze sind Nebensätze und können nicht ohne Hauptsatz stehen. Sie werden **immer** durch ein **Komma** vom Hauptsatz abgetrennt.
Subjekt- und Objektsätze können auf unterschiedliche Weise gebildet werden, z. B.:

| **Satzform** | **Subjektsatz** (Wer oder was ...?) | **Objektsatz** (Wen oder was ...?) |
|---|---|---|
| indirekter Fragesatz | *Wie man im Unterricht möglichst gefahrlos experimentierten kann,* wird genau besprochen. | Das Kollegium überlegt, *ob Experimente mit Feuer für die Schule geeignet sind.* |
| dass-Satz | *Dass bestimmte Experimente gefährlich sind,* leuchtet jedem ein. | Das Kollegium beschließt, *dass Experimente mit Wasser geeigneter sind.* |

**1** **a** **Unterstreiche in den folgenden Sätzen die Gliedsätze.**
**b** **Erfrage, ob es sich jeweils um einen Subjektsatz oder um einen Objektsatz handelt. Notiere die Frage und kreuze an.**

| | **Subjektsatz** | **Objektsatz** |
|---|---|---|
| A Die Schülerinnen und Schüler wissen, dass es auf die Erklärung ankommt. | ☐ | ☐ |
| Frage: ______________________ | | |
| B Der Lehrer wünscht, dass in Gruppen gearbeitet wird. | ☐ | ☐ |
| Frage: ______________________ | | |
| C Wer den Versuch verstanden hat, erklärt ihn den Lernpartnern. | ☐ | ☐ |
| Frage: ______________________ | | |
| D Warum der Versuch misslungen ist, kann niemand nachvollziehen. | ☐ | ☐ |
| Frage: ______________________ | | |

**2** ●●● **Erinnere dich an Experimente mit Wasser, die du als Kind durchgeführt hast. Wähle unter den angebotenen Verben aus und beschreibe deinen Versuch mit Subjekt- oder Objektsätzen. Schreibe ihn im Heft auf.**

Subjekt- und Objektsätze geben den Inhalt z. B. dessen an, was man *weiß, sagt, vermutet, merkt, hofft, wünscht, was klar* oder *unklar ist*.

ausprobieren, ob ... • untersuchen, warum ... • (be)merken, dass ... • sehen dass/wie ...
überlegen, wie/was/wo ... • lernen, dass/wie ... • herausfinden, ob/wie ... • (nicht) wissen, dass/was ...
beobachten dass/wie ... • vermuten, dass ... • (un)klar sein, ob ... • sich fragen, wie/warum ...

**3** **Unterstreiche in der folgenden Versuchsbeschreibung die Objektsätze grün, die Subjektsätze blau.**

## Tornado in der Flasche

A Wer folgende Vorbereitungen trifft, kann in einer Getränkeflasche einen kleinen Tornado erzeugen. B Beachtet, dass ihr zwei gleiche Plastikflaschen mit Schraubverschlüssen, Klebstoff und Klebeband, einen Bohrer von 10 mm Durchmesser und Wasser benötigt. C Die beiden Rückseiten der Schraubverschlüsse werden gegeneinander verklebt und genau in der Mitte aufgebohrt. D Wie ihr das Loch in die Verschlüsse bohrt, besprecht ihr bitte mit einem Erwachsenen. E Es ist empfehlenswert, dass ihr den angefertigten Doppelverschluss verstärkt, indem ihr ihn mehrfach mit Klebeband umwickelt. F Eine der Flaschen wird nicht vollständig mit Wasser gefüllt. G Ob ihr dem Wasser Glitzerpulver oder Tinte zugebt, ist eure Entscheidung. H Ihr könnt dann besser erkennen, wie sich das Wasser während des Experiments bewegt. I Mit Hilfe des Doppelverschlusses wird die leere Flasche mit der gefüllten dicht zusammengeschraubt. J Nun dreht ihr die Doppelflasche, damit die gefüllte Flasche oben ist.

**Beobachtung:** K Ihr stellt fest, dass zunächst nichts passiert. L Wahrscheinlich überrascht es euch, dass kein Wasser aus der oberen in die untere Flasche fließt. M Wenn ihr allerdings die obere Flasche in eine schnelle Kreisbewegung versetzt (siehe Abbildung), könnt ihr beobachten, wie ein trichterförmiger Wasserwirbel entsteht. N Warum Wasser und Luft jetzt ihre Plätze tauschen, erfahrt ihr auf der Seite 68.

**4** **Ersetze in den Sätzen E, H, M und N die Gliedsätze jeweils durch ein Satzglied.**
**Du kannst die folgenden Wendungen nutzen, aber auch andere verwenden. Schreibe die Sätze auf.**

das Entstehen eines … • die Verstärkung des … • die Gründe für … • die Bewegung des …

Satz E: *Sinnvoll ist* ______________________________.

Satz H: ______________________________

Satz M: ______________________________

Satz N: ______________________________

**5** ●●● **Gib die folgenden Äußerungen zusammengefasst wieder. Verwende dazu Subjekt- oder Objektsätze. Schreibe in dein Heft.**

Tarik erzählt: „Gestern habe ich einen Tintenfleck im T-Shirt mit Zitronensaft entfernt!"
„Ach was, das schafft ja nicht einmal unser Fleckenlöser in der Waschmaschine", zweifelt Emma.
Doch Carl bestätigt: „Kann schon sein. Wenn du Backpulver in ein bisschen Wasser auflöst, bleicht das Tinte auch aus."

Subjekt- und Objektsätze werden oft im Zusammenhang mit der **Wiedergabe von Äußerungen Dritter** verwendet, z. B.: *Carl erklärt, wie man Tintenflecken entfernen kann.*

# Texte überarbeiten: „weil" als Fehlerquelle

**Methode** **Satzbaufehler nach „weil"**

„Weil" ist eine unterordnende Konjunktion (Subjunktion, ▶ S. 59). Sie leitet einen Nebensatz ein, genauer: einen Kausalsatz (▶ S. 62). Im **Nebensatz** steht die **Personalform des Verbs an letzter Stelle.**

## Erklärung zum Experiment „Tornado in der Flasche" (▶ S. 67)

**1** **Lies den folgenden Satz. Die Lehrerin hat einen Fehler angestrichen.**
**a** **Erkläre den Fehler.**
**b** **Schreibe den verbesserten Satz auf.**

VORSICHT FEHLER!

*Im ruhigen Zustand kann kein Wasser aus der oberen Flasche nach unten ablaufen, weil die Luft kann in der unteren Flasche nicht entweichen.* Sb

Erklärung: ________________________________________

Verbesserung: ________________________________________

____________________________________________________

**2** **Im folgenden Textauszug wiederholen sich die Satzanfänge. Verbessere die Sätze so:**
**a** **Tausche in Satz A die Konjunktion „weil" gegen eine sinngleiche, andere Konjunktion aus.**
**b** **Verändere im Satzgefüge B die Stellung von Hauptsatz und Nebensatz.**
**c** **Forme den Satz C in eine Satzreihe mit der nebenordnenden Konjunktion „denn" um.**

VORSICHT FEHLER!

A *Weil das Wasser in eine kreisende Bewegung versetzt wurde, wirken Fliehkräfte.* Wdh

B *Weil die Fliehkräfte das Wasser an die Außenwand drücken, kann sich in der Mitte ein Luftkanal bilden.*

C *Weil das Wasser jetzt das Loch im Doppelverschluss nicht mehr verschließt, hat die Luft Platz, nach oben zu steigen.*

Satz A: ________________________________________

Satz B: ________________________________________

Satz C: ________________________________________

**3** **Überprüfe den logischen Zusammenhang zwischen Hauptsatz und Nebensatz.**
**Wähle eine passende Konjunktion: Kreuze an.**

*Ähnliche Wasserstrudel kennen wir aus dem Alltag. Zum Beispiel nähert sich ein schwimmender Fussel so lange spiralförmig dem Abflussloch, weil er schließlich verschluckt wird.* Logik?

☐ damit ☐ indem ☐ bis ☐ obwohl

**4** **Finde in diesem Satz selbst den Fehler und streiche ihn an.**

VORSICHT FEHLER!

*Wirbel aus Luft werden „Tornados" genannt weil das spanische Verb „tornar" im Deutschen „drehen" bedeutet.*

# Teste dich!

## Satzgefüge

**1** **Lies vor Bearbeitung der weiteren Aufgaben die folgende Versuchsbeschreibung.**

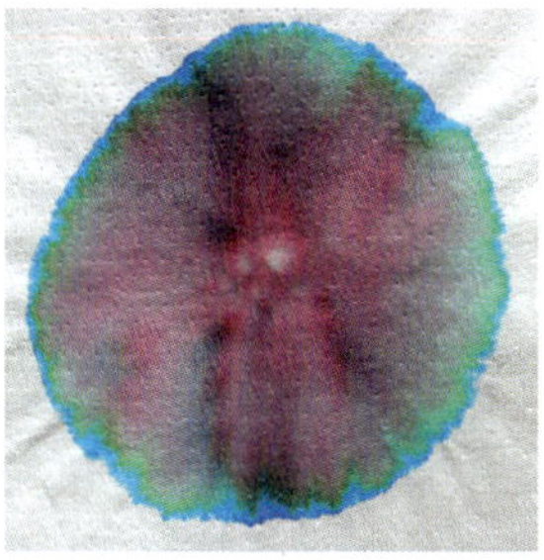

### Versuch: Buntes Schwarz

A Du benötigst mehrere wasserlösliche schwarze Filzstifte, Löschpapier, etwas Wasser, einen alten Teller und eine Pipette. B Falls du keine Pipette hast, kannst du auch vorsichtig von einem Löffel tropfen. C Bevor du beginnen kannst, musst du aus dem Löschpapier einen tellergroßen Kreis ausschneiden.
D Damit dein Tisch sauber bleibt, lege nun das Löschpapier auf den Teller.
E Male in der Mitte mit dem schwarzen Stift ein Muster, das höchstens einen Durchmesser von zwei Zentimetern hat. F Tropfe nun Wasser in die Mitte des Löschpapiers, ohne dass das ganze Papier nass wird. G Jetzt kannst du beobachten, was auf dem Papier passiert!

**Beobachtung:** H Nachdem sich die ersten Tropfen in das Löschpapier gesaugt haben, entsteht ein interessantes Muster. I Das Schwarz wird mit dem Wasser auf dem Papier verteilt. J Die Farbe verändert sich, während das Wasser sich nach außen verteilt.

**Erklärung:** K Schwarz besteht aus verschiedenen Farben. L Diese Farben werden bei dem Experiment getrennt, indem die Farbe in Wasser gelöst wird. M Die unterschiedlichen Farben lösen sich aber unterschiedlich gut im Wasser, sodass die einen schneller, die anderen langsamer auf dem Löschpapier bewegt werden. N Dadurch sieht man sie auf dem Löschpapier jetzt nebeneinander und man kann nun erkennen, aus welchen Farben der Schwarzstift besteht.

**2** **Die folgenden Buchstaben beziehen sich auf die Versuchsbeschreibung von Aufgabe 1. Bestimme für jeden angegebenen Satz die Art des Gliedsatzes. (6 Punkte)**

Satz B ____________________ Satz G ____________________

Satz D ____________________ Satz L ____________________

Satz F ____________________ Satz M ____________________

**3** **Die Versuchsbeschreibung von Aufgabe 1 enthält drei Temporalsätze: Bestimme ihr Zeitverhältnis zum Hauptsatz und trage die Buchstaben richtig ein. (3 Punkte)**

Vorzeitigkeit: ____ Gleichzeitigkeit: ____ Nachzeitigkeit: ____

**4** **Ein Satzgefüge der Versuchsbeschreibung enthält einen Relativsatz. Notiere seinen Buchstaben und wandle den Relativsatz in ein Attribut um. Schreibe den neuen Satz auf. (2 Punkte)**

Satz ____: ________________________________________

Vergleiche deine Ergebnisse mit dem Lösungsheft. Für jede richtige Antwort bekommst du einen Punkt.

| 11–9 Punkte | 8–6 Punkte | 5–0 Punkte |
|---|---|---|
| Gut gemacht! | Gar nicht schlecht, aber lies dir die Informationskästen auf den Seiten 59 bis 68 noch einmal genau durch. | Arbeite die Seiten 59 bis 68 noch einmal genau durch. |

# Wort und Bedeutung

## Homonyme und Synonyme

**Information** **Homonyme**

Wörter, die **gleich lauten, aber unterschiedliche Bedeutungen** haben, nennt man **Homonyme.**
Ihre Bedeutung kann nur im Sinnzusammenhang geklärt werden, z. B.:
*Ball (Spielgerät, Tanzveranstaltung): Wir spielen mit dem Ball. Wir gehen auf den Ball.*

**1** **Zu jedem der folgenden Wörter gibt es zwei Bedeutungen. Erkläre sie. Schreibe in dein Heft.**

Steuer • Ton • Pass • Niete • Laster

**Information** **Synonyme**

Wörter mit **gleicher oder fast gleicher Bedeutung** bezeichnet man als **Synonyme.** Mit Hilfe von Synonymen können wir unsere Ausdrucksweise abwechslungsreicher gestalten. So können wir Wiederholungen vermeiden, indem wir ein anderes, ähnliches Wort verwenden, z. B.: statt *sagen: reden, mitteilen, sprechen.*

In einem Synonymlexikon findet sich zum Verb „lügen" folgender Eintrag:

**lügen:** < *absichtlich eine falsche Aussage machen* > die Unwahrheit sagen • nicht bei der Wahrheit bleiben
schwindeln • falsches Zeugnis ablegen • vorfabeln • vorgaukeln • Ausflüchte machen
*umgangssprachlich:* flunkern • das Blaue vom Himmel herunterlügen • (jemandem) etwas vormachen

**2** **Setze in folgendem Verhörprotokoll aus einem Krimi passende Synonyme ein.**

*Kommissar:* Sie haben, Herr Maier, im Verhör ______________________________. Das ist strafbar.

*Beschuldigter:* Ich habe nicht _______________, vielleicht habe ich nicht alles gesagt und ein bisschen _______________, aber ich habe niemandem dadurch schaden wollen.

*Kommissar:* Wenn Sie hier _____________________ und uns etwas _______________, behindern Sie erheblich die Wahrheitsfindung der Polizei.

*Beschuldigter:* Sie tun so, als würde ich das Blaue vom Himmel _________________, aber etwas verschweigen und __________________________ ist doch etwas Verschiedenes!

*Kommissar:* Sie sollten bei der Wahrheit bleiben und uns nicht _______________, dass Sie das Lokal schon vor 10 Uhr verlassen haben.

# Vergleiche und Metaphern

**Information** **Der Vergleich**

Wir verwenden oft Vergleiche, wenn wir etwas besonders anschaulich mitteilen wollen. Bei einem Vergleich werden zwei verschiedene Vorstellungen durch ein **wie** oder ein **als ob** miteinander verknüpft, z. B.: *Sie stand wie versteinert da. Er ging, als ob er einen Stock verschluckt hätte.*

**1** **Vergleiche mit Tieren und Pflanzen dienen oft dazu, Menschen zu charakterisieren und zu bewerten, ähnlich wie in dem alten Poesiealbumspruch rechts. Suche aus den Vorschlägen im Wortspeicher passende Vergleiche aus der Pflanzenwelt.**

ein Rohr im Wind • ein Kaktus • eine Tulpe
eine Mimose • Bohnenstroh • eine Palme
eine Gerte • Moos • ein Pilz • eine Klette

*Sei wie das Veilchen im Moose,*
*bescheiden, sittsam und rein,*
*und nicht wie die stolze Rose,*
*die immer bewundert will sein.*

schlank wie ______________________

stachelig wie ______________________

dumm wie ______________________

empfindlich wie ______________________

anhänglich wie ______________________

schwankend wie ______________________

**Information** **Die Metapher**

Bei einer Metapher wird ein Ausdruck nicht wörtlich, sondern in einer **übertragenen (bildlichen) Bedeutung** gebraucht, z. B.: *Schnee von gestern* für ein nicht mehr aktuelles Thema.

**2** **Markiere im folgenden Text die Metaphern und metaphorischen Redewendungen.**

## Ballzauberer im Stadion

Die Gäste waren heiß auf den Sieg, aber das heimische Team ließ sie ins Leere laufen. Die erste Halbzeit war ein Knochenspiel. Zwei Verletzte mussten ausgewechselt werden. Nach der Notbremse von Dietz pfiff der Schiedsrichter Elfmeter. Wupper nagelte den Ball an den Pfosten und es blieb bis zur Pause beim 0:0. Nach der Halbzeit diktierte die Gastmannschaft das Spiel. Besonders Hecht, der Ballzauberer im Angriff, machte Druck und erzielte mit einer Bogenlampe fast das 1:0. Das Heimteam konnte den Spieß nicht mehr umdrehen und ließ sich weit in die eigene Spielfeldhälfte drücken. Die Abwehr stand aber bombensicher und ließ bis zum Spielende keinen Gegentreffer zu. 0:0 gegen den haushohen Favoriten – ein gelungener Saisonauftakt!

**3** **Wähle fünf Metaphern aus dem Text aus Aufgabe 2 und erläutere ihre Bedeutung. Schreibe ins Heft.**

# Ober- und Unterbegriffe

**Information** | **Ober- und Unterbegriffe unterscheiden**

Ein Oberbegriff ist ein Sammelbegriff, dessen Bedeutung mehrere Unterbegriffe umfasst, z. B.:
**Oberbegriff:** *Wassersportarten*
**Unterbegriffe:** *Schwimmen, Tauchen, Surfen, Rudern, Segeln ...*

**1** **Notiere jeweils einen Oberbegriff für die folgenden Wortgruppen.**

Arm – Bein – Fuß – Auge – Ohr ______

Spätzle – Ravioli – Spaghetti – Makkaroni ______

Wut – Freude – Trauer – Hass – Angst ______

Schloss – Haus – Stall – Hütte – Turm ______

Einhorn – Hexe – Elfe – Drache ______

Buch – Zeitung – Radio – Fernsehen ______

**2** **Ergänze die folgende Mind-Map, indem du auf die Äste und Zweige passende Ober- und Unterbegriffe schreibst.**

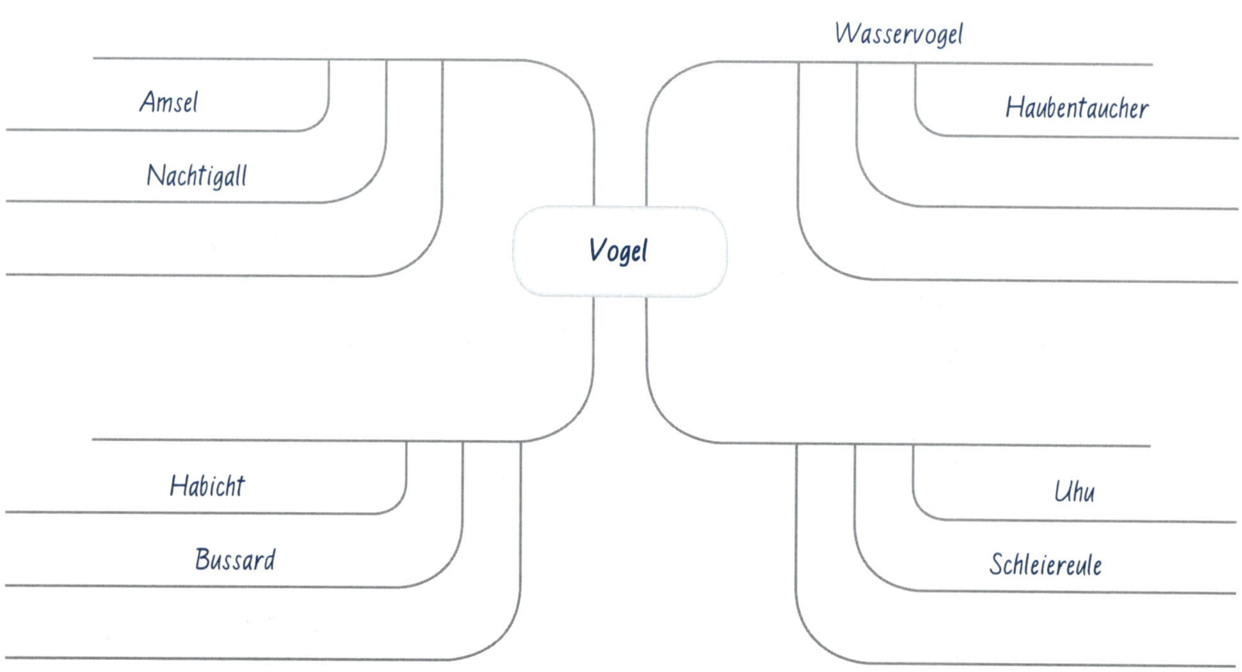

# Teste dich!

## Wort und Bedeutung

**1 Suche zu den folgenden Wortpaaren das passende Homonym. (4 Punkte)**

Pflanzenteile – Falschgeld ____________ kleine Kirche – Musikgruppe ____________

Ungeziefer – Abhörgerät ____________ Hülsenfrucht – optisches Gerät ____________

**2 Ordne jedem der Verben aus dem Wortfeld „sagen“ ein passendes Synonym zu. Der Wortspeicher kann dir dabei helfen. (6 Punkte)**

zustimmen ____________ beteuern ____________

ablehnen ____________ antworten ____________

erklären ____________ bemerken ____________

erläutern
widersprechen
beipflichten
äußern
versichern
erwidern

**3 Erkläre die folgenden Metaphern und metaphorischen Redeweisen aus der Fußballsprache. (3 Punkte)**

der Kasten ____________

eine Schwalbe machen ____________

auf Zeit spielen ____________

**4 Suche Oberbegriffe zu folgenden Begriffen. (3 Punkte)**

Reh – Hase – Fasan – Wildschwein – Hirsch ____________

Hamster – Meerschweinchen – Schildkröte – Katze – Hund ____________

Falter – Libelle – Wanze – Käfer – Zikade ____________

**5 Ein Kästchen enthält eine falsche Eintragung. Um welches Tier handelt es sich? Streiche das Wort durch und vervollständige den nachstehenden Satz. (2 Punkte)**

Meeressäuger

Wal | Delfin | Robbe | Pinguin | Seeotter

Der ____________ ist keine Meeressäuger, weil ____________.

Vergleiche deine Ergebnisse mit dem Lösungsheft. Für jede richtige Antwort bekommst du einen Punkt.

| ☺ 18–14 Punkte | 😐 13–9 Punkte | ☹ 8–0 Punkte |
|---|---|---|
| Gut gemacht! | Gar nicht schlecht, aber lies dir die Informationskästen auf den Seiten 70 bis 72 noch einmal genau durch. | Arbeite die Seiten 70 bis 72 noch einmal genau durch. |

# Was kannst du schon? – Rechtschreibung

**1** **Unterstreiche im folgenden Text zehn Wörter, die großgeschrieben werden müssen. (10 Punkte)**

VORSICHT FEHLER!

Die Freizeitgestaltung von kindern in deutschland ist sehr vielfältig. Diese richtet sich nach persönlichen interessen, Begabungen und dem Angebot im näheren wohnumfeld. Auch freunde und die Eltern haben einfluss auf die Wahl der Freizeitaktivitäten. Kinder orientieren sich hierbei auch manchmal an vorbildern aus dem Bereich des Sports oder der literatur. Je nach alter, Geschlecht und Schulart haben Kinder ein unterschiedliches maß an Freizeit.

**2** **Prüfe bei den unterlegten Wörtern, ob es sich um Nominalisierungen handelt, und umkreise den richtigen Anfangsbuchstaben. (7 Punkte)**

Eine beliebte Freizeitaktivität ist das T/treffen mit Freunden und das gemeinsame S/spielen. Hierbei ist durchaus auch mal E/entspannen angesagt. Oftmals wollen Kinder mit Freunden auch zusammen F/fernsehen oder am Computer S/spielen. Auch die Teilnahme an Freizeitangeboten von Vereinen muss man beim genaueren B/betrachten des Freizeitverhaltens von Kindern B/berücksichtigen.

**3** **In diesem Text verstecken sich fünf Adjektive, die kleingeschrieben werden müssen. Umkreise sie. (5 Punkte)**

VORSICHT FEHLER!

Die Frage, welche Freizeitaktivität die Beliebteste ist, kann man nur Schwer beantworten. Jüngere Kinder verbringen ihre Freizeit auch noch gern mit ihrer Familie und möchten am Liebsten etwas Schönes zusammen machen. Ab etwa zwölf Jahren ist der Freundeskreis als Bezugsgruppe am Wichtigsten. Das Größte ist dann für viele Jugendliche das Gemeinsame Sporttreiben in Vereinen.

**4** **Trenne die Wörter und schreibe diesen Satz in richtiger Groß- und Kleinschreibung auf. (1 Punkt)**

______________________________________________

______________________________________________

**5** **Trage im folgenden Text die fehlenden Konsonanten ein. (10 Punkte)**

Nicht a_____e Jugendlichen wi_____en mit ihrer freien Zeit etwas Intere_____antes anzufangen.

Einige hä______en mü_____isch in ihrem Zi_______er herum, ohne irgendetwas anzupa_____en.

Auf der a_____deren Seite gibt es viele, die gestre_____t von einem Termin zum nächsten he_____en.

**6** **Prüfe die Schreibweise der folgenden Wörter und trage sie richtig in die nachfolgende Tabelle ein. (10 Punkte)**

Minu?te Ra?men Za?l pla?nen ausfü?rlich Belo?nung

Wo?l befe?len erle?ben fa?ren

| Wörter mit einfachem Vokal | Wörter mit Vokal und h |
|---|---|
| | |
| | |
| | |

**7** **Schreibe die folgenden Wörter auf. Was ist richtig: ie, i oder ih? (9 Punkte)**

Ti?r Ki?no zi?rlich verdi?nen gratuli?ren Ti?ger si?ben wi?r i?m

**8** **Ist der i-Laut in den unterstrichenen Wörtern richtig geschrieben? Kreuze an, ob seine Schreibweise einen Fehler enthält oder nicht. (5 Punkte)**

VORSICHT FEHLER!

| | ein Fehler | kein Fehler |
|---|---|---|
| A Den Rat des Trainers nahm Sabrina nih gern an. | ☐ | ☐ |
| B Das Turnier war dennoch wider Erwarten erfolgreich. | ☐ | ☐ |
| C Solch ein Sportereignis sollte nun öfter wiederholt werden. | ☐ | ☐ |
| D Diesem Vorschlag trat niemand entgegen. | ☐ | ☐ |
| E „Man siht“, sprach der Trainer, „ich habe immer Recht!“ | ☐ | ☐ |

**9** **a Achte auf den s-Laut: Jeweils ein Wort in jedem Block ist falsch geschrieben. Streiche es durch. (6 Punkte)**

VORSICHT FEHLER!

A genießen – Genuß – genüsslich – niesen

B Schluß – schließen – Schloss – Verdruss

C Kaufhaus – las – Preisschild – Strauss

D Badespass – nass – Wasser – heiß

E Grüße – Grasmatte – Fussstapfen – blass

F Strassenkreuzung – fahrlässig – rasen – aufpassen

**b Schreibe die gestrichenen Wörter in der richtigen Schreibweise auf. (6 Punkte)**

**10** **a Überprüfe deine Lösungen mit Hilfe des Lösungsheftes. Für jede richtige Antwort bekommst du einen Punkt.**
**b Trage ein, wie du die Aufgaben bewältigt hast: ✓ = das Meiste richtig ? = noch etwas unsicher**

| Aufgabe | 1 ☐ | 2 ☐ | 3 ☐ | 4 ☐ | 5 ☐ | 6 ☐ | 7 ☐ | 8 ☐ | 9 ☐ |
|---|---|---|---|---|---|---|---|---|---|
| Weitere Übungen | Seite 76 | Seite 77 | Seite 78 | Seiten 76–80 | Seiten 87–89 | Seiten 90–91 | Seiten 93–94 | Seiten 93–94 | Seiten 97–99 |

# Groß- und Kleinschreibung

## Wiederholung: Nomen erkennen

**Information** **Nomen an ihren Begleitwörtern erkennen**

**Satzanfänge und Nomen** (zu denen auch Namen gehören) werden **großgeschrieben**. Nomen kann man im Satz meist an einem Begleitwort oder mehreren Begleitwörtern erkennen, die ihnen vorausgehen. Mögliche **Nomenbegleiter** sind:

1. ein **Artikel**, z. B.: *das Kind, ein Recht,*
2. ein **Pronomen** (Possessivpronomen, Demonstrativpronomen, Indefinitpronomen), z. B.: *meine Herkunft, diese Länder.* Indefinitpronomen geben eine ungefähre Menge oder Anzahl an, z. B.: *alle Rechte, viele Chancen, die meisten Kinder,*
3. ein **Adjektiv**, z. B.: *eine interessante Veranstaltung, große Übereinstimmung, vierzig Jahre, vier Jahrzehnte,*
4. eine **Präposition**, die mit einem Artikel verschmolzen sein kann, z. B.: *bei Beachtung, beim (bei dem) Tor, im (in dem) Kino.*

**1** **a** **Unterstreiche im folgenden Text alle Nomen sowie, wo vorhanden, ihre Begleitwörter.**
**b** **Notiere unten: Wie viele der Nomen haben kein direktes Begleitwort?**
**c** **Prüfe für jedes Nomen mit Begleitwörtern: Wie viele Begleitwörter hat es? Welche sind das? Notiere dein Ergebnis: Trage die Ziffern aus dem Informationskasten in der Randspalte ein.**

25 JAHRE KINDERRECHTE für jedes Kind
unicef
Deutsches Kinderhilfswerk

Im Text gibt es ________ Nomen ohne direktes Begleitwort.

### Gibt es ein Grundgesetz für Kinder?

1 4

Über fünfundzwanzig Jahre gibt es die UN-Kinderrechtskonvention. Sie ist 1989 von den meisten Ländern der Welt beschlossen worden. Jedes Recht, das hier festgeschrieben wurde, gilt für alle Kinder, unabhängig von ihrer Herkunft, ihrer Hautfarbe und ihrem Geschlecht. Auch wenn diese Grundrechte noch nicht in jedem Land geachtet werden und manchen Kindern noch viele Ungerechtigkeiten widerfahren, gibt die Konvention Ziele vor, die überall auf der Welt gelten. Das Abkommen soll erreichen, dass für alle Kinder zum Beispiel das Recht auf Gleichheit, Ernährung, Wohnung, medizinische Versorgung und Bildung verwirklicht wird. Ein Artikel lautet sogar: „Jedes Kind hat ein Recht auf Freizeit, Spiel und Erholung.“ Jedes Jahr findet ein Weltkindertag statt, an dem auch mit gemeinsamen Spielen auf die Rechte von Kindern aufmerksam gemacht wird.

# Nominalisierungen

**Information** **Nominalisierung: Großschreibung von Verben und Adjektiven**

**Verben oder Adjektive** schreibt man **groß**, wenn sie **im Satz als Nomen verwendet** werden. Diesen Vorgang nennt man **Nominalisierung**, z. B.: *ein Lärmen, das Beste, unser Ausprobieren, freundliches Lächeln, viel Unterhaltsames, durch Lesen, beim Spielen.*

Du erkennst nominalisierte Wörter an denselben **Nomenbegleitern** (►S. 76) wie ein Nomen. Nicht immer wird ein nominalisiertes Wort durch einen Nomenbegleiter angekündigt.

**Prüfe** in Zweifelsfällen **mit der Erweiterungsprobe**: Wenn du vor einem Wort einen Nomenbegleiter einfügen kannst, ist das Wort ein Nomen oder eine Nominalisierung, z. B.:

*Jedes Klicken ermöglicht* ↓*das* *Einschätzen besser.* *oder* *... ermöglicht* ↓*richtiges* *Einschätzen besser.*

**Tipp:** Beim Schreiben kannst du das Begleitwort in Gedanken einfügen.

**1** **Prüfe mit Hilfe der Nomenbegleiter im Text, ob es sich bei den markierten Verben und Adjektiven um eine Nominalisierung handelt. Umkreise den richtigen Anfangsbuchstaben.**

## Weltkindertag: Kinder haben viel zu tun

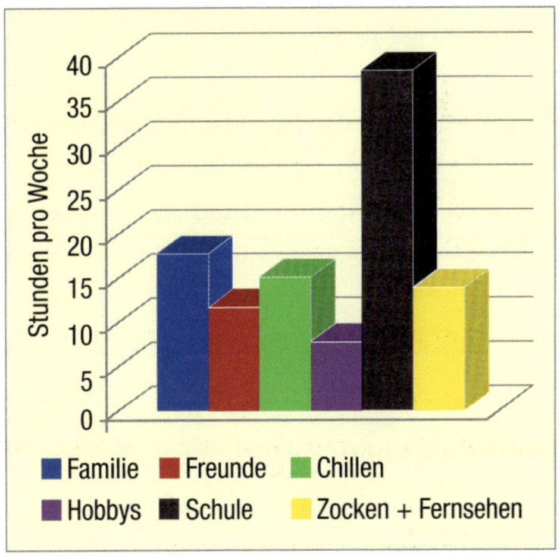


Zum V/verstehen der Forderung „Kinder B/brauchen Zeit“ ist ausführliches E/erläutern kaum notwendig. Das Ergebnis einer Online-Umfrage des Deutschen Kinderhilfswerks e. V. im Jahr 2012 zeigt wenig R/rätselhaftes und spricht im W/wesentlichen für sich. Ziel der Befragung war das E/erforschen des Zeitmanagements junger Menschen. Die Frage „Wie verbringt ihr eure Zeit?“ haben rund 2000 Kinder und Jugendliche bis 18 Jahre in einem Wochenplan B/beantwortet. Die Eingabe erfolgte durch gezieltes D/drücken verschiedenfarbiger Buttons.

**2** **Prüfe die Schreibweise der unterstrichenen Wörter:**
**Wende die Erweiterungsprobe an, wie im Informationskasten erklärt. Umkreise den richtigen Anfangsbuchstaben und begründe deine Entscheidung über der Zeile.**

Jede Aktivität konnte man durch ↓*das* a/A uswählen einer bestimmten Farbe ↓*---* f/Festlegen. Der Button für Zeiten mit Freunden war in r/Rot gehalten. Für die Familie stand b/Blau. Sehr viele junge Menschen lieben f/Fernsehen oder s/Spielen am Computer. Die Farbe dafür war g/Gelb. Am i/Interessantesten beim b/Befragen war das zu erwartende Ergebnis. Die Auswertung zeigt, dass die Kinder am m/Meisten Zeit mit Schule verbringen; in der Freizeit spielen c/Chillen und f/Fernsehen eine große Rolle.

**Methode** **Mit der Erweiterungsprobe Zweifelsfälle klären**

Um in einem Satz Wortdoppelungen zu vermeiden, können Wörter, z. B. Nomen, weggelassen werden. Das verbliebene Adjektiv kann dann ein **Attribut** (▶ S. 58) sein. Es wird **kleingeschrieben**, weil es sich auf ein vorangehendes Nomen bezieht. Dies gilt auch, wenn vor dem Adjektiv ein Nomenbegleiter steht, z. B.:

*Viele Jugendliche zeigten ein großes Interesse, aber die Mehrheit zeigte ein geringes.*

Beim Schreiben hilft die **Erweiterungsprobe**, solche Zweifelsfälle zu klären:

Interesse

*Viele Jugendliche zeigten ein großes Interesse, aber die Mehrheit ein geringes* .

**3** **Führe die Erweiterungsprobe durch und kläre die Schreibweise für die markierten Wörter. Umkreise den richtigen Anfangsbuchstaben und begründe die Schreibweise über der Zeile.**

Button

Der rote Button symbolisierte in der Online-Umfrage die Hobbys und der s/Schwarze die Schule. Der r/Rote war der l/Leuchtende und der v/Verlockende unter all den Buttons, er war mit Abstand der b/Beste. Er war in den Augen der Befragten durchaus der a/Attraktivste von den bunten Knöpfen. Insgesamt wurden jedoch die schwarzen Felder häufiger angeklickt als die r/Roten. Warum nur?

**4** **Schreibe den folgenden Text mit richtiger Groß- und Kleinschreibung ins Heft ab. Tipp: Wende die Erweiterungsprobe an, wenn du unsicher bist.**

## MEHR ZEIT FÜRS NICHTSTUN

FÜR DEN ERSTEN KINDER- UND JUGENDREPORT, HERAUSGEGEBEN IM JAHR 2010 FÜR DIE VEREINTEN NATIONEN, BEWERTETEN IN DEUTSCHLAND TAUSENDE JUNGE MENSCHEN, WIE DAS UMSETZEN DER KINDERRECHTE FÜR IHR LEBEN IN DER FREIZEIT GEGLÜCKT IST: MEHR ALS ZWEI DRITTEL VERGABEN DAFÜR SEHR GUTE ODER GUTE NOTEN. NUR WENIGER ALS ZEHN PROZENT WAREN NICHT ZUFRIEDEN. ES IST SEHR UNTERSCHIEDLICH, WIE VIEL FREIZEIT KINDER UND JUGENDLICHE VERFÜGBAR HABEN. EIN SCHWANKEN ZWISCHEN EINER UND WEIT ÜBER SECHS STUNDEN AM TAG IST BEOBACHTBAR. DIE MEISTEN DER BEFRAGTEN VERFOLGEN VIELSEITIGE FREIZEITINTERESSEN. SEHR VIELE DER KINDER UND JUGENDLICHEN GABEN LESEN, ZEICHNEN, SCHREIBEN UND BASTELN ALS BELIEBTE AKTIVITÄTEN AN. NOCH BELIEBTER IST JEDOCH ZEIT MIT DEN FREUNDEN. ERST DANACH FOLGEN SPORTVEREINE, SPIELEN IM FREIEN ODER DADDELN AM COMPUTER. ALLE MITEINANDER WÜNSCHEN SIE SICH JEDOCH MEHR ZEIT FÜR SCHÖNES UND RUHE NEBEN DER SCHULE.

**5** ●●● **Lasse dir den folgenden Text von einer Lernpartnerin oder einem Lernpartner diktieren. Tipp: Überprüfe deinen Text sorgfältig mit Hilfe der Lösungen, um deine Fehlerschwerpunkte bei der Großschreibung zu erkennen.**

## Jugendliche wollen mitbestimmen

Die für den Kinder- und Jugendreport Befragten wissen Fürsorge und Fördern ihrer Fähigkeiten sehr zu schätzen. Dennoch wünschen sie sich mehr Raum für selbstorganisiertes Handeln. Am liebsten möchten sie ihre Zeit in Jugendgruppen verbringen. Für größere Gruppen fehlen jedoch kostenlose Räume, in denen zwanglose Treffen, Gespräche, das Hören von Musik oder gemeinsames Spielen möglich sind. Im Sommer würde ihnen ein zumindest teilweises Öffnen von Schulhöfen schon weiterhelfen.

# Groß- und Kleinschreibung bei Zeitangaben

**Information** **Groß- und Kleinschreibung bei Tageszeiten und Wochentagen**

Bezeichnungen für Wochentage und Tageszeiten werden
- **großgeschrieben, wenn sie Nomen sind.** Du erkennst sie an den **Nomenbegleitern**, z. B.: *der Donnerstag, eines Morgens, am Abend, jeden Sonntag, nächsten Mittwoch.*
- **kleingeschrieben, wenn sie Adverbien sind,** z. B.: *gestern, heute, zeitweise, morgens, sonntags.*

**1** **Schreibe die in Großbuchstaben angegebenen Zeitangaben in der richtigen Schreibweise in die Lücken.**

## Schlafen am Nordpol – eine Freizeitbeschäftigung

Bei einem Volk im Norden Kanadas, den Inuit, ärgern sich die Eltern nicht, wenn ihre Kinder am MORGEN ______________ nicht FRÜH ______________ aus dem Bett kommen. Im Gegenteil, sie ermuntern sie beinahe jeden TAG ________, fast bis zum MITTAG ______________ liegen zu bleiben. Das ist für die Mädchen und Jungen MEISTENS ______________ traumhaft. Diese Gewohnheit verschwindet jedoch HEUTZUTAGE ______________ immer mehr. Aber FRÜHER ______________ war sie nützlich, damit man fit für die Robbenjagd war, die OFTMALS ______________ bis zu drei TAGE ______________, z. B. von MONTAG bis MITTWOCH, ______________ dauerte. Da die Jäger am ABEND ______________ nicht zum Schlafen nach Hause gingen, gewöhnten sie ihre Kinder schon FRÜHZEITIG ______________ daran, auf Vorrat zu schlafen. Im tiefsten Winter darf der Nachwuchs auch HEUTE ______________ noch lange ausschlafen und braucht nicht vor MITTAG ______________ aufzustehen. Die Inuit glauben an zwei Seelen des Menschen, die „Lebensseele" und die „Schlafseele". Wenn man zu PLÖTZLICH ______________ aufwacht, gefährdet man seine Schlafseele, die MORGENS ______________ in den Körper zurückkommen möchte, den sie NACHTS ______________ verlassen hat.

**2** **Beschreibe deine Schlafgewohnheiten im Heft in einem kurzen Text:**
**Verwende dazu die angebotenen Bezeichnungen für Tageszeiten und Wochentage.**

AN WERKTAGEN • MORGENS • JEDEN SONNTAG • BIS IN DEN SPÄTEN MORGEN • SAMSTAGS
AM ABEND • NACHMITTAGS • AM NÄCHSTEN MORGEN • MONTAGS • MITTAGS

**Information** **Kombinierte und zusammengesetzte Zeitangaben**

- Bei **kombinierten Angaben** schreibt man die **Adverbien klein** und die **Nomen groß**, z. B.: *heute Morgen, gestern Abend, morgen Mittag.*
- **Zusammengesetzte Zeitangaben** aus Wochentag und Tageszeit schreibt man
  – als **Nomen groß,** z. B.: *der Mittwochnachmittag, am Montagmorgen,*
  – als **Adverbien klein,** z. B.: *mittwochnachmittags, montagmorgens.*

**3** **Tim erklärt Stefan per SMS, was er die Woche über vorhat: Wann kann er Stefan treffen? Schreibe Tims Antwort-SMS auf und verwende die Zeitangaben aus dem Wortspeicher unten in der angegebenen Reihenfolge. Achte auf die richtige Schreibweise und auf abwechslungsreiche Satzanfänge.**

## SCHÜLERKALENDER

| Montag | Donnerstag |
|---|---|
| *18:00 Uhr Fußball-Training* | *16:00 Uhr Englisch lernen* |
| *(wie jeden Montag!)* | *mit Paul für KA* |
| **Dienstag** | **Freitag** |
| *16:00 Uhr Kino mit Maike?* | *ab 15:00 Uhr frei!!!* |
| | |
| **Mittwoch** | **Samstag/Sonntag** |
| *14:00 Uhr Geocaching-AG (wie immer!)* | *Sa 8:00 Uhr* |
| *19:00 Uhr Essen mit Opa* | *Muckibude/Krafttraining* |

~~MORGENABEND~~ • MONTAGS • ÜBERMORGENAMMITTAG • SPÄTNACHMITTAGS
MITTWOCHMITTAGSAB14:00UHR • AMMITTWOCHABEND • DONNERSTAGAMNACHMITTAG
AMFREITAG • AMSAMSTAGFRÜHMORGENS • AMNACHMITTAG • DENGANZENTAGÜBER

VORSICHT FEHLER!

*Hallo Stefan,*

*leider kann ich morgen Abend nicht, da*

# Teste dich!

## Groß- und Kleinschreibung

**1** **Erkläre für jede unterstrichene Wendung in diesem Text kurz die Schreibweise. (4 Punkte)**

**Sommer-Vorlesungen für Schülerinnen und Schüler**
In den Ferien macht bekanntlich nicht nur A das Faulenzen Spaß. B Etwas Außergewöhnliches können Jugendliche erleben, wenn sie C tagsüber in die Sommer-Uni gehen und den interessanten Vorträgen zuhören. Gut gefiel den jungen Zuhörern D heute Morgen die Vorlesung über die Geschichte der Raumfahrt, aber der Vortrag über die Frühzeit des Automobils war mit Abstand E der beste.

*A: Nominalisierung eines Verbs,* ______________________

______________________

**2** **Überlege, ob die Adjektive und Verben in den Rahmen groß- oder kleingeschrieben werden müssen. Setze alle Wörter in der richtigen Schreibweise in die Lücken ein. (10 Punkte)**

Als etwas ______ [aufregendes], so berichten Max und Julian ganz ______ [begeistert], erlebten die Zuschauer 1769 den ersten Dampfwagen in Paris. Ganz ______ [schwindelig] sei ihnen beim ______ [betrachten] dieses ______ [gewaltigen] Ungeheuers geworden, das aus unserer heutigen Sicht so langsam wie eine Schnecke gewesen sein müsse. Obwohl Nicholas Cugnot darauf vorbereitet war, dass etwas ______ [überraschendes] passieren könnte, hatte er wohl nicht damit gerechnet, dass das ______ [fahren] eines Autos solch ein ______ [schwieriges] Unternehmen sein könnte. Er sei zum ______ [entsetzen] seiner Zuschauer gegen eine Mauer gefahren, habe jedoch ______ [überlebt].

**3** **Streiche die sieben falsch geschriebenen Zeitangaben durch und schreibe sie verbessert auf. (7 Punkte)**

am frühen Morgen morgen Früh gestern abend am Montag
donnerstags Nachmittags Freitags jeden Dienstag
Dienstag abends übermorgen gestern mittag spät Nachts

VORSICHT FEHLER!

______________________

______________________

Vergleiche deine Ergebnisse mit dem Lösungsheft. Für jede richtige Antwort bekommst du einen Punkt.

| ☺ 21–18 Punkte | 😐 17–12 Punkte | ☹ 11–0 Punkte |
|---|---|---|
| Gut gemacht! | Gar nicht schlecht, aber lies dir die Informationskästen auf den Seiten 76 bis 80 noch einmal genau durch. | Arbeite die Seiten 76 bis 80 noch einmal genau durch. |

# Getrennt- und Zusammenschreibung

**Information** **Wortgruppen aus Nomen und Verb**

Wortgruppen aus **Nomen und Verb** können immer getrennt geschrieben werden, z. B.:
*Tisch schrubben, Schlange stehen, Angst haben, Feuer machen.*
**Achtung:** Werden sie nominalisiert, schreibt man sie zusammen und groß, z. B.:
*Das Feuermachen machte Svenja mehr Spaß als langweiliges und anstrengendes Wäschewaschen.*

**1** **Verbinde die Nomen und Verben durch Linien zu sinnvollen Wortgruppen aus Nomen + Verb.**

| Öfen | Zimmer | Kleidung | Betten | Petroleumlampen | Tisch | Wasser | Socken |
|---|---|---|---|---|---|---|---|
| ausbessern | anfeuern | machen | ausfegen | abräumen | holen | putzen | stopfen |

**2** **Setze die Wortgruppen von Aufgabe 1 passend in den folgenden Text ein.**

## Abenteuer 1900

Die 17-jährige Svenja nahm an der Fernsehserie „Abenteuer 1900“ teil, in der 20 Personen für zwei Monate in einem speziell dafür eingerichteten Gutshaus unter Bedingungen wie um 1900 lebten. Svenja hatte als Hausmädchen dort harte Arbeitstage: Am frühen Morgen musste sie für die Herrschaften in schweren Eimern ____________ und in allen Zimmern die ____________, damit es warm wurde. Während die Familie in Ruhe frühstückte, räumte sie deren Schlafzimmer auf, sie musste die ____________ und die ____________. Weil es im Haus kein elektrisches Licht gab, musste sie außerdem die ____________. Nach jeder Mahlzeit sollte sie den ____________. Weil ständig irgendetwas kaputtging, musste sie jeden Tag auch ____________ und ____________.

**3** ●●● **Svenja mag Putzen nicht, aber sie repariert gern etwas: Überlege, welche Tätigkeiten Svenja wohl schwergefallen sind und welche ihr am besten gefallen haben könnten.**
**Formuliere jeweils einen Satz mit zwei nominalisierten Wortgruppen aus Nomen + Verb.**

*Das ____________ und das ____________*
*sind Svenja sicher schwergefallen.*

____________

**Information** **Wortgruppen aus Verb und Verb**

Wortgruppen aus **Verb und Verb** können immer **getrennt geschrieben** werden, z. B.:
*baden gehen, kennen lernen, besuchen kommen, gelobt werden.*
**Achtung:** Werden sie nominalisiert, schreibt man sie zusammen und groß, z. B.:
*Dienstboten hatten wenig Gelegenheit zum Badengehen, manch einer roch darum ein wenig streng.*

**4** **Bilde aus den angebotenen Verben Wortgruppen aus Verb + Verb, die den Text sinnvoll ergänzen. Setze sie ein.**

bleiben • vorübergehen • gehen • putzen
gehen • holen • ~~müssen~~ • essen • ~~gewöhnen~~
üben • baden • stehen • lassen • gehen

**Als Dienstmagd im Gutshaus**

Svenja hat sich erst daran gewöhnen müssen, den Anweisungen der Mamsell stets wortlos Folge zu leisten. So musste sie stundenlang __________, bis die Mamsell zufrieden war, und täglich so oft Wasser __________, bis es für alle Hausbewohner reichte. Sie musste von morgens bis abends nur arbeiten. Während die Herrschaften in den prunkvollen Speisesaal __________ durften, aßen die Dienstboten in der Gesindeküche. Die Dienstboten durften nur einmal in der Woche __________ und mussten sich das Badewasser teilen. Wenn sie dem Gutsherrn begegneten, mussten sie sofort __________ und ihn respektvoll __________.

**5** **Setze in die Lücken den passenden Ausdruck + „sein" ein.**

bereit • anstrengend • vorbei • fertig
bequem • erschöpft

**Wortgruppen mit „sein"** werden immer getrennt geschrieben, z. B.: *da sein, leid sein, zurück sein, froh sein, zufrieden sein.*

Svenja musste morgens schon um 5:00 Uhr aufstehen und sofort __________, mit den Hausarbeiten zu beginnen. Im Lauf des Tages durfte sie nie __________ und eine Pause machen. Am Abend musste Svenja mit allen ihren Aufgaben __________, bevor sie ins Bett gehen durfte. Insgesamt musste Svenja feststellen, dass das Leben als Dienstmädchen ziemlich __________ kann. Dass das Leben einer Schülerin im 21. Jahrhundert hingegen sehr __________ kann, wurde ihr durch das Leben im Gutshaus erst so richtig klar. Bald werden die zwei Monate im Gutshaus aber __________.

**Information** **Wortgruppen aus Adjektiv und Verb**

- Wortgruppen aus Adjektiv und Verb werden **meist getrennt geschrieben**, z. B.: *übrig bleiben, freundlich tun, gut verdienen, klar denken.*
- Entsteht durch die Verbindung von Adjektiv und Verb ein **Wort mit einer neuen Gesamtbedeutung, schreibt man zusammen**, z. B.: *richtigstellen* (= berichtigen), *schwerfallen* (= Mühe bereiten), *blaumachen* (= schwänzen).

**In Zweifelsfällen** hilft dir die **Ersatzprobe**: Wenn man das Adjektiv austauschen kann, werden Adjektiv und Verb getrennt geschrieben, z. B.: *Der Mann ist schwer gefallen. → Der Mann ist schlimm gefallen. Kerstin hat den Stuhl blau gemacht. → Sigrid hätte ihn grün gemacht.*

**6** **Kläre für die folgenden beiden Sätze, welche Schreibweise von „sicher?gehen" jeweils richtig ist. Achte auf die unterschiedlichen Bedeutungen.**

A Im Gutshaus wollten alle Beteiligten ____________________, dass das Projekt gut läuft.

B Abends war das Personal häufig so erschöpft, dass es kaum noch ____________________ konnte.

**7** **Prüfe bei den folgenden Sätzen, ob zusammen oder getrennt geschrieben werden muss, und fülle die Lücken entsprechend aus.**

## Als Kind im Gutshaus leben

Die zehnjährigen Zwillinge Lennard und Ansgar waren als Kinder des Gutsherrn die Jüngsten im Gutshaus. Ein Hauslehrer unterrichtete sie, bei dem sie ____________________ [gut?schreiben] und ____________________ [richtig?rechnen] mussten. Bei ihm durften sie nicht ____________________ [blau?machen]. Schließlich wollte der Lehrer ____________________ [sicher?gehen], dass sie auch die französische Sprache und das Klavierspielen ____________________ [gut?lernen]. Dabei stellte sich heraus, dass das Zehnjährigen ziemlich ____________________ [schwer?fallen] kann. Natürlich konnten die Jungen im Gutshaus nicht ____________________ [fern?sehen], dafür durften sie nachmittags aber reiten oder im Garten spielen.

**8** ●●● **In den folgenden Buchstabenschlangen versteckt sich jeweils eine Wortgruppe aus Adjektiv + Verb, die eine neue Gesamtbedeutung hat. Male die entsprechenden Buchstaben aus.**

ANVERUGUSTERSCHWARZFAHRENTERUNVERO

BEGETIEFKÜHLENANSUBERAFTGELETZGKTEE

ABULEGEKKENTEWERPSSCHIEFGEHENLLÖPST

**Information** **Wortgruppen aus Adverb und Verb, Präposition und Verb**

1 Wenn **Adverb und Verb in der Grundform zusammengeschrieben** werden, liegt die **Hauptbetonung** in der Regel **auf dem Adverb**, z. B.: *Alle Dienstboten mussten zusámmenhalten.*
Bei der **Getrenntschreibung** werden Adverb und Verb in der Regel **gleich betont**, z. B.: *Die Handwerker müssen das schwere Brett zusámmen hálten.*
**In Zweifelsfällen** hilft dir die **Erweiterungsprobe**: Wenn du ein Wort zwischen Adverb und Verb einfügen kannst, schreibst du getrennt, z. B.: *Die Handwerker müssen das schwere Brett zusammen (an die Wand) halten.*

2 **Verbindungen aus Präposition und Verb** schreibt man in der Regel **zusammen**. Die Hauptbetonung liegt bei der Zusammenschreibung auf der Präposition, z. B.: *Will Svenja áussteigen? Oder möchte sie weiter mítmachen?*

**9 Fülle im folgenden Interview mit Ansgar die Lücken mit Hilfe der Verben aus dem Wortspeicher. Kläre jeweils, ob Adverb + Verb getrennt oder zusammengeschrieben werden müssen.**

heraus?finden • zusammen?spielen • zurecht?kommen
heraus?fordern • hinein?kommen

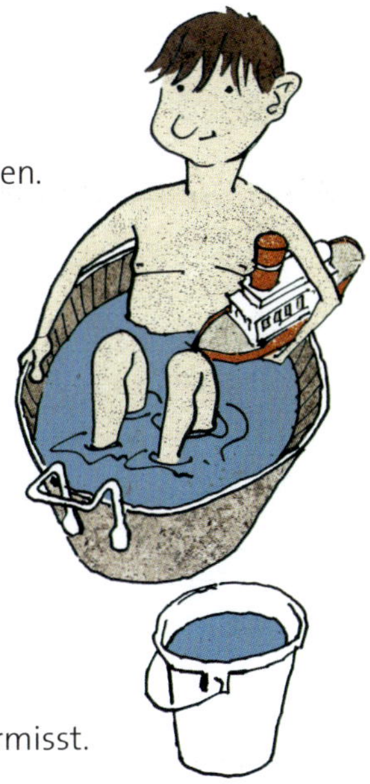

A *Was war in der Zeit dein schönstes Erlebnis?* Ich habe mich gern von schwierigen neuen Hobbys ______ lassen.

B *Und was war die größte Herausforderung?* Ich wollte unbemerkt in die Küche ______ und heimlich etwas naschen.

C *Was war im Haus deine Lieblingsbeschäftigung?* Ich durfte mit den anderen Kindern ______, zum Beispiel im Heuhaufen.

D *Was hast du am meisten vermisst?* Man kann zwar durchaus ohne fließendes Wasser ______, aber ich habe eine warme Dusche vermisst.

E *Warum bist du ins Gutshaus gezogen?* Ich wollte ______, wie man um 1900 gelebt hat.

**10 ●●● Bilde aus den angebotenen Präpositionen + Verben passende Verbindungen und setze sie in den Text ein. Einige der angebotenen Wörter kannst du mehrmals verwenden.**

aus • mit • ein • um

probieren • kommen • machen • lassen • gehen

Die Eltern von Lennard und Ansgar wollten beim Experiment „Gutshaus 1900“ ______, da sie ______ wollten, wie das Leben um 1900 war. Weil alle ihre sechs Kinder ins Haus ______ durften, konnte die ganze Familie in der Zeit zusammenbleiben. Sie musste sich dabei auf viele neue Herausforderungen ______. Gemeinsam hatten sie zum Beispiel zu lernen, wie man mit Dienstpersonal ______ muss.

# Teste dich!

## Getrenntschreibung und Zusammenschreibung

**1** **Kreuze für jede Wortgruppe an, ob sie in der Regel getrennt oder zusammengeschrieben wird. (7 Punkte)**

| | getrennt | zusammen |
|---|---|---|
| A Wortgruppe aus Nomen + Verb | | |
| B Wortgruppe aus Verb + Verb | | |
| C Wortgruppe mit „sein“ | | |
| D Wortgruppe aus Adjektiv + Verb (soweit keine neue Bedeutung entsteht) | | |
| E Wortgruppe aus Adjektiv + Verb, wenn durch das Zusammentreten von Adjektiv + Verb eine neue Gesamtbedeutung entsteht | | |
| F Wortgruppe aus Adverb + Verb oder Präposition + Verb, wenn die Hauptbetonung auf dem Adverb bzw. der Präposition liegt | | |
| G Wortgruppe aus Adverb + Verb, wenn beide gleich betont werden | | |

**2** **Notiere jeweils die richtige Schreibweise auf der Linie. (9 Punkte)**

Im Rahmen der Projektwoche sollen die 7. Klassen verschiedene Möglichkeiten des sozialen Engagements

__________ [aus?probieren]. Sie können sich __________ [aus?suchen],

in welchen Einrichtungen sie sich __________ [sozial?engagieren] möchten.

Einige wollen zur freiwilligen Jugendfeuerwehr, weil man dort lernt,

wie man __________ [Feuer?löscht] und

__________ [Erste Hilfe?leistet].

Andere wollen in einem Seniorenheim für alte Menschen

__________ [Einkäufe?erledigen], mit ihnen

gemeinsam __________ [essen?gehen] oder

einfach nur __________ [zusammen?sitzen],

damit sie nicht so __________ [allein?sind].

Vergleiche deine Ergebnisse mit dem Lösungsheft. Für jede richtige Antwort bekommst du einen Punkt.

| ☺ 16–13 Punkte | ☺ 12–9 Punkte | ☹ 8–0 Punkte |
|---|---|---|
| Gut gemacht! | Gar nicht schlecht, aber lies dir die Informationskästen auf den Seiten 82 bis 85 noch einmal genau durch. | Arbeite die Seiten 82 bis 85 noch einmal genau durch. |

# Üben macht sicher – Regeln zum Rechtschreiben

## Kurze Vokale

**Information** **Schreibweisen bei betonten kurzen Vokalen**

Nach einem **betonten kurzen Vokal** folgen fast immer **zwei** oder mehr **Konsonanten**.
Beim deutlichen Sprechen kannst du sie meist gut unterscheiden, z. B.: *wundern, hüpfen, Sport*.
Hörst du nur einen Konsonanten, wird er verdoppelt, z. B.: *schnell, rennen, Mitte*.

**1** **Unterstreiche im folgenden Text alle Wörter, bei denen der betonte Vokal kurz gesprochen wird und auf den mindestens zwei Konsonanten folgen.**

### Omar in der Karibik

Omar und seine Eltern wohnen in der Karibik. Hier sind tolle Sandstrände und das Wasser ist immer wunderbar warm. Diese herrliche Gegend besuchen Touristen aus aller Welt. Omar geht fast jeden Tag schwimmen. Er taucht zu Felsen und Korallenriffen und sucht nach bunten Fischen. Durch seine Maske kann Omar unter Wasser sehen, dank seiner Flossen kommt er schnell vorwärts.

**2** a **Trage die in Aufgabe 1 unterstrichenen Wörter in die folgende Übersicht ein.**
b **Setze bei jedem Wort einen Punkt unter den betonten kurzen Vokal.**
**Markiere die Konsonanten, die ihm folgen.**

A Wörter mit zwei oder mehr verschiedenen Konsonanten nach dem betonten kurzen Vokal

und (4x), ______________________

B Wörter mit verdoppeltem Konsonanten nach dem betonten kurzen Vokal

tolle ______________________

**3** a **Was ist hier abgebildet? Schreibe das Wort jeweils in das erste Kästchen.**
b **Notiere zu jedem Wort Reimwörter mit den angegebenen Anfangsbuchstaben.**

A 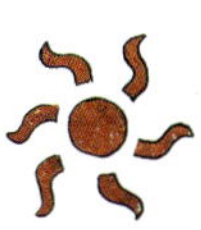 ______, T______, W______

B  ______, F______, K______

C  ______, S______, G______

D  ______, W______, K______

**4** **Bei den folgenden Wörtern mit tz und ck wurde die Reihenfolge der Buchstaben vertauscht.**
**a** **Schreibe das Wort in der richtigen Schreibung auf.**
**b** **Bilde zu jedem drei weitere Wörter aus der Wortfamilie. Achte auf die Groß- und Kleinschreibung.**

In der Regel schreibt man **ck** statt kk (z. B.: *Zu**ck**er*) und **tz** statt zz (z. B.: *Ne**tz**e*).
**Achtung**: **ck** wird am Zeilenende **nicht getrennt**, z. B.: *Schne-cke, Bli-cke, So-cken.*

A baenck backen, Bäcker, ___

B tzBil ___

C reckSch ___

D tzkrena ___

E ckeDe ___

**5** **Fülle die Lücken. Entscheide dabei, ob der fehlende Konsonant nach dem betonten kurzen Vokal verdoppelt werden muss oder nicht bzw. ob tz oder ck einzusetzen ist.**

## Olja aus Moskau

Olja lebt in einem Vorort von Moskau, der Hauptstadt von Ru___land. Sie besucht die „Kla___ische Tanzschule“, um Tän___erin zu werden. Mit diesem Schulabschlu___ ka___ sie einem professione___en Ba___ettensemble beitreten.

Oljas Füße ste___en beim Tan___en in Schuhen aus Sto___. Da sie sehr schne___ verschleißen, braucht sie o___t ein neues Paar.

Am liebsten tanzt Olja in einem Rö___chen aus weißer Spi___e, aber beim Üben hat sie mei___tens ein einfaches Trikot an. Ihre Haare trägt Olja gern o___en, aber für den Ballettunterricht mu___ sie die Haare zu einem Du___ hochstecken.

Olja wo___te schon i___er Tänzerin werden. Am liebsten würde sie einen der Schwäne in *Schwanensee* tanzen. Im le___ten Jahr führten sie den *Nu___knacker* öffentlich auf. Sie ha___en dreizehn Auftri___e. Beim ersten Mal war Olja schre___lich za___elig, aber später fa___d sie es auf der Bühne to___.

**6** **a Trage in die Lücken jeweils die passende Singular- oder Pluralform ein.**
**b Markiere die verdoppelten Konsonanten in den Pluralformen.**

A Es ist schön, wenn man eine gute Freundin hat, noch schöner ist es allerdings, wenn man mehrere gute ______________________ hat.

B Ich hatte in den Sommerferien nicht nur ein schönes ______________________, sondern gleich mehrere tolle Ferienerlebnisse.

C In der letzten Mathematikarbeit hatte ich ein falsches ______________________, aber zum Glück waren alle anderen Ergebnisse richtig.

D Wenn ich groß bin, möchte ich Pilotin werden, weil ______________________ in der Welt herumkommen.

**7** **Hier werden Fremdwörter mit k oder kk gesucht.**
**In dem farbig unterlegten Feld ergibt sich von oben nach unten gelesen ein neues Fremdwort mit kk.**

Bei vielen **Fremdwörtern** steht nach kurzem betonten Vokal ein einfaches **k**, z. B.: *aktuell, Traktor.* Bei wenigen Fremdwörtern folgt ein **kk** mit nachfolgendem Vokal, z. B.: *Akkord, Mokka.* Schlage **in Zweifelsfällen** im **Wörterbuch** nach.

A Gegenteil von „passiv"
B anderes Wort für Schulleiter
C Gerät zur Speicherung elektrischer Energie
D Windjacke mit Kapuze [A]
E Text in einer Zeitung [A]
F anderes Wort für Arzt
G Eile, Hast [H E]
H Land im Nordwesten Afrikas (Hauptstadt = Rabat)
I kleines Tier mit sechs Beinen und Flügeln (Gattung)

**8** **Ergänze in den folgenden Wörtern ck, k oder kk.**
●●● **Tipp: Wenn du unsicher bist, schlage im Wörterbuch nach.**

A Ja____e
B perfe____t
C a____tuell
D Ta____t
E Re____ord
F So____e
G Ro____
H Ma____aroni
I o____upieren
J Sa____o
K a____urat
L De____e

# Lange Vokale

**Information** **Schreibweisen bei betonten langen Vokalen: a/ä, e, o/ö und u/ü**

In den meisten Wörtern wird der **betonte lange Vokal** nur **mit einem Buchstaben** geschrieben. Danach folgt meist nur ein Konsonant, z. B.: *die Frage, böse, raten, der Hüter.* Das gilt besonders für einsilbige Wörter, z. B.: *her, los, für, nur, gut.*

**1** **Im folgenden Gitterrätsel sind Wörter mit einem betonten langen Vokal versteckt: senkrecht ↘, waagerecht ↗, diagonal ↑ →. Markiere mindestens 30 Wörter.**

| | A | B | C | D | E | F | G | H | I | J | K | L | M | N | O | P | Q | R |
|---|---|---|---|---|---|---|---|---|---|---|---|---|---|---|---|---|---|---|
| 1 | R | A | S | E | N | Q | X | B | Ü | G | E | L | N | M | I | G | P | K |
| 2 | M | M | H | T | O | F | N | L | C | J | H | E | M | H | Z | R | R | Ä |
| 3 | T | R | U | B | E | L | A | D | E | N | A | S | N | O | B | Ü | R | S |
| 4 | R | R | S | T | X | U | B | D | R | A | B | E | K | L | M | N | A | E |
| 5 | Ü | A | Ä | O | I | T | E | R | E | S | E | N | B | E | S | E | N | Z |
| 6 | B | D | G | N | N | G | L | O | B | E | N | O | L | N | E | Y | G | N |
| 7 | J | B | E | Q | E | A | Z | S | E | B | D | B | L | P | C | M | L | U |
| 8 | K | L | A | G | E | N | T | E | T | E | W | S | C | H | Ä | M | E | N |
| 9 | W | B | R | O | T | S | K | E | N | K | T | Ö | N | E | N | R | T | I |

**2** **Sortiere die im Gitterrätsel markierten Wörter nach diesen Wortarten und schreibe sie auf.**

Nomen: ______________________________

______________________________

Verben: ______________________________

Adjektive: ______________________________

**3** ●●● **Unterstreiche im folgenden Text alle Wörter mit einem betonten langen Vokal (a, e, o oder u).**

## Mache eine Safari!

Wenn jemand wilde Tiere beobachten will, muss er nicht in ferne Länder: In jedem Garten wuseln Lebewesen aller Arten herum. In Blumenrabatten, in Pfützen, auf Büschen, im Gras und fast auf jedem Ast wimmelt es vor Leben. Man kann sich mit einer Lupe auf die Lauer legen. Dann kann man sogar wilden Bestien beim Jagen zuschauen – zum Beispiel der geringelten Wespenspinne oder vielleicht einer Gottesanbeterin.

Bei einer kleineren Gruppe von Wörtern folgt nach dem betonten langen Vokal (oder Umlaut) ein **h**, z. B.: *seh**r**, woh**l**, ungefäh**r**, äh**n**lich.*
Das **h** steht besonders häufig **vor den Konsonanten l, m, n** und **r** und bleibt auch in den verwandten Wörtern erhalten, z. B.: *Jahr – jährlich, Jahreszeit; Ruhm – rühmen, unrühmlich; Wahl – wählen, wählbar; Wohnung – wohnen, wohnlich.*

**4** **a Kläre für jedes der folgenden Wörter, ob es mit h geschrieben wird: Trage den Buchstaben h dann ein.**
**Tipp: Schlage in Zweifelsfällen in einem Wörterbuch nach.**
**b Unterstreiche alle Wörter, in denen auf das h ein l, m, n oder r folgt.**

Ba___n Sa___ne Balko___n
Lü___gen Ro___re Mu___t
U___rlaub Fo___len Sanda___len
Kö___nigin Na___men Le___ben
Le___rer Mö___ren

schla___gen vere___ren erwä___nen
fü___ren krö___nen beso___len
ernä___ren ne___men belo___nen
verle___gen erzä___len scha___ben
ke___ren fa___ren

**5** **Arbeite mit den Wörtern von Aufgabe 4. Verbinde jeweils ein Nomen im linken Kasten und ein Verb im rechten Kasten sinnvoll miteinander. Schreibe jede Verbindung auf.**

________________________________________

________________________________________

________________________________________

________________________________________

________________________________________

**6** **Ergänze die fehlenden Wörter.**
**Achtung: Diese Wörter reimen sich zwar, aber jeweils eines wird mit h, eines ohne h geschrieben.**

A Ich esse grüne ____________  , zum Nachtisch dann ____________  .

B Auf dem Bau quietscht der  ____________ , auf dem Hof kräht der ____________  .

C Egon ist riesig, ein richtiger ____________  , er zeigt seine Größe auf einer ____________ 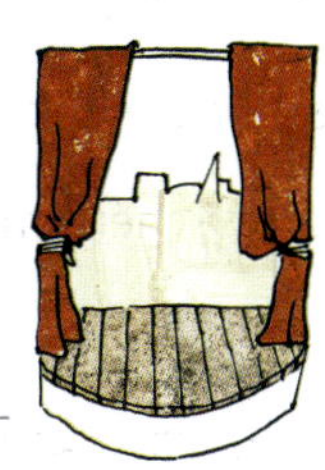 .

D Im Feuer knacken die  ____________ , im Schießstand knallen die ____________  .

**Information** **Wörter mit Doppelvokal: aa, ee, oo**

Es gibt nur wenige Wörter, in denen der lang gesprochene Vokal durch die Verdopplung gekennzeichnet ist.
**Merke sie dir gut:**
- **aa:** *der Aal, das Haar, das Paar, der Saal, die Saat, der Staat, die Waage.*
- **ee:** *die Beere, das Beet, die Fee, das Heer, der Klee, das Meer, der Schnee, der See, die Seele, der Speer, der Teer.* Dazu kommen **Fremdwörter mit ee** am Wortende, z. B.: *die Idee, der Kaffee, der Tee, das Püree, die Allee.*
- **oo:** *das Boot, doof, das Moor, das Moos, der Zoo.*

**7** **Suche ein Verb, das von dem angegebenen Nomen abgeleitet ist. Einige der gesuchten Verben musst du mit Präfixen bilden, z. B.:**

Moor → vermooren

**Präfixe** (Vorsilben) **für Verben** sind z. B.: *be-, ent-, ver-, zer-.*

A Aal → ______

B Paar → ______

C Seele → ______

D Moos → ______

E Haar → ______

F Staat → ______

G Teer → ______

H Heer → ______

**8** **Notiere zu jedem der folgenden Verben das passende Nomen.**

A pürieren → ______

B wiegen → ______

C frottieren → ______

D gelieren → ______

E säen → ______

F schneien → ______

**9** **Suche für jedes der folgenden Nomen ein Adjektiv, das davon abgeleitet ist. Du musst dazu Suffixe für Adjektive anfügen, z. B.:**

Teer → teerig

**Suffixe** (Nachsilben) **für Adjektive** sind z. B.: *-ig, -haft, -voll, -lich, -isch.*

A Fee → ______

B Seele → ______

C Staat → ______

D Moos → ______

E Haar → ______

F Moor → ______

G Paar → ______

**10** **In jedem der beiden folgenden Sätze ist ein Wort mit Doppelvokal gesucht. Finde es und trage es ein. Achte auf die richtige Schreibweise.**

A Das ______grundstück bot ______wärts einen wunderbaren ______blick auf ______tüchtige Segelboote, die bei ______wind in ______ stachen und am ______ufer die ______rosen zurückließen.

B Im ______ war der ______boden schon so lange ______ig, dass es ungezählte ______leichen von ______hühnern gab, die nun bis in alle Ewigkeit ein ______bad nehmen.

# Wörter mit langem i

**Information** | **Schreibweisen für Wörter mit langem i: ie, i und ih**

- **Wörter mit ie**: Mehr als drei Viertel aller Wörter mit lang gesprochenem **i** werden mit **ie** geschrieben. Das ist also **die häufigste Schreibweise**, z. B.: *lieben, der Dieb, das Knie, hier, wie, schief.*
- **Wörter mit i**: Manchmal wird das lang gesprochene **i** durch den Einzelbuchstaben **i** wiedergegeben, z. B.: *mir, dir, wir, der Igel, die Bibel, das Kino, das Kaninchen, Margarine, Apfelsine.*
- **Wörter mit ih**: Nur in einigen Pronomen wird das lange **i** als **ih** geschrieben, z. B.: ***ihr, ihm, ihn, ihnen, ihre.***

**1** a Finde die Reimwörter, die in den Bildern versteckt sind.
b Denke dir zu jedem Reimpaar einen kurzen Zweizeiler aus. Schreibe diese in dein Heft.

**2** Auf der Rennstrecke reihen sich Wörter mit einfachem i aneinander.
Trenne sie ab und schreibe jedes Nomen mit seinem Artikel auf.

______________________________________________

______________________________________________

______________________________________________

______________________________________________

______________________________________________

**3** Trage in den folgenden Text die fehlenden Pronomen ein. Achte auf den richtigen Kasus (Fall).

Ina interessiert sich für die Formel 1. Mit __________ Familie besucht sie oft Rennen und __________ Idol ist Sebastian Vettel. In __________ Zimmer hängt ein Poster von __________ und sie hat __________ viele Fanbriefe geschrieben. Ina träumt davon, __________ einmal persönlich zu treffen.

**4** **Buchstabensalat! Entwirre die Nomen und schreibe sie auf.**

WALine | PFLEASine | RAGDine | UKSine | TUORine | ORSine | TNAKine

**5** **Bilde mit den angebotenen Wortbausteinen Nomen mit den Endungen -ie oder -ier und trage sie in die Übersicht ein.**

~~Melod-~~ • Klav- • Garant- • Bürokrat- • Kop- • Rev-
Pion- • Theor- • Energ- • Pap- • Droger- • Juwel-
Kur- • Lotter- • Turn- • Man- • Harmon- • Monarch-
Reg- • Sinfon- • Allerg- • Offiz-

- In den **fremdsprachigen Endungen -ie, -ier, -ieren** wird das lang gesprochene **i** mit **ie** geschrieben, z. B.: *Industrie, Scharnier, marschieren.*
- In der **fremdsprachigen Endung -iv** wird das lang gesprochene **i** mit **i** geschrieben, z. B.: *passiv, relativ, Nominativ.*

Nomen mit -ie: Melodie,

Nomen mit -ier:

**6** **Leite von den folgenden Verben Adjektive mit der Endung -bar ab und schreibe sie auf.**

~~korrigieren~~ • dosieren • addieren • programmieren • kontrollieren • regieren
strapazieren • dividieren • realisieren • konservieren

korrigierbar,

**7** **Gesucht sind Wörter mit der Endung -iv. Trage sie ein. Die unterlegten Felder ergeben ein Lösungswort.**

●●●

A nicht im Passiv, sondern im
B durch eine Operation
C ein sehr starker Geruch ist … i n
D wenn etwas neuartig ist, ist es …
E der 3. Fall bei der Deklination
F das ist ganz sicher so = es ist … so
G aus einem Impuls heraus

# Rechtschreiben trainieren: Lange Vokale sicher schreiben

**1** **Gleicher Klang – andere Schreibweise: Schreibe zu jedem der folgenden Wörter einen Beispielsatz auf.**

A leeren – lehren: ______

______

B währen – wären: ______

______

C Mahl – Mal: ______

______

D Wahl – Wal: ______

______

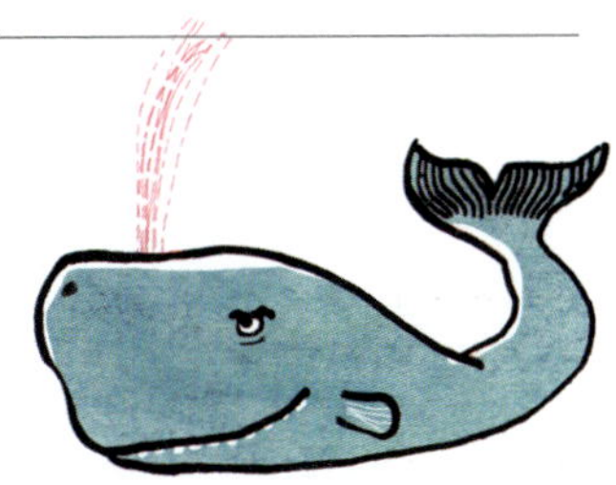

E mahlen – malen: ______

______

F Lied – Lid: ______

______

G Meer – mehr: ______

______

H Miene – Mine: ______

______

**2** **Schreibe für jedes der Wörter von Aufgabe 1 zwei Wörter aus der Wortfamilie auf.**

A *Leergut, entleeren/Lehrbuch,* ______

______

______

______

______

______

______

______

# Teste dich!

## Kurze und lange Vokale

**1 Kläre die Schreibweise der Lückenwörter.**
**Ergänze fehlende Buchstaben, wo es nötig ist. (14 Punkte)**

Fototechni____k: Stra____lend schö____ne Bilder!

Es geht hi____r um die Licht- und Schat____enseiten des Fotografi____rens!

Schli____ßlich ist es entscheidend für eure Bilder, ob i____r zur Mit____agszeit

oder in der Däm____erung, bei Kunst- oder mit Ge____genlicht fotografiert.

Achtet da____rum nicht zuletzt darauf, aus welcher Richtung das Licht auf

euer Moti____v fäl____t.

**2 a Unterstreiche im folgenden Text 14 Fehlerwörter. (14 Punkte)**
**b Schreibe jedes Fehlerwort verbessert ins Heft. (14 Punkte)**

VORSICHT FEHLER!

### Tips für tolle Aufnamen

Wenn mitags die Sonne fast senkrecht am Himel steht, ist das Licht hart. Weicher wirkt es, je weiter seine Quele entfehrnt und je größer die Fläche ist, von der es abstralen kann, etwa ein bewöhlkter Horizont. Fotografirt ihr mit Gegenlicht, werden die Bilder meist zihmlich düster. Schahde, falls ihr schöne Porträts schißen wolltet. Aber genau riechtig, wenn eure Bilder aussehen sollen wie Scheerenschnitte.

**3 Kreuze für jede der folgenden Aussagen an, ob sie richtig oder falsch ist. (5 Punkte)**

| | richtig | falsch |
|---|---|---|
| A Nach einem betonten kurzen Vokal folgt immer ein Doppelkonsonant. | ☐ | ☐ |
| B Wörter mit **kk** kommen im Deutschen nicht vor. | ☐ | ☐ |
| C Nach einem betonten langen Vokal und vor **l**, **m**, **n**, **r** steht häufig ein **h**. | ☐ | ☐ |
| D Das lange **i** wird meistens mit einfachem **i**, manchmal mit **ie** geschrieben. | ☐ | ☐ |
| E In den fremdsprachigen Endungen **-ie**, **-ier**, **-ieren** wird das lang gesprochene **i** mit **ie** geschrieben. | ☐ | ☐ |

Vergleiche deine Ergebnisse mit dem Lösungsheft. Für jede richtige Antwort bekommst du einen Punkt.

| ☺ 47–37 Punkte | ☺ 36–26 Punkte | ☹ 25–0 Punkte |
|---|---|---|
| Gut gemacht! | Gar nicht schlecht, aber lies dir die Informationskästen auf den Seiten 87 bis 95 noch einmal genau durch. | Arbeite die Seiten 87 bis 95 noch einmal genau durch. |

# Die Schreibung der s-Laute

**Information** | **Schreibweisen der s-Laute: s und ß**

**1** Das **stimmhafte s** (= weicher, gesummter Laut) wird **immer mit einfachem s** geschrieben, z. B.: *Rose, blasen, böse, also.*

**2** Das **stimmlose s** (= harter, zischender Laut) wird **nach einem betonten langen Vokal** oder **nach einem Diphthong** (Doppellaut: *ei, ai, au, äu, eu*) **mit ß** geschrieben, z. B.: *schließen, außer, Schoß.*
Prüfe am Wortende mit der **Verlängerungsprobe**:
– Bleibt der s-Laut stimmlos, schreibst du **ß**, z. B.: *Fleiß → fleißig.*
– Wird der stimmlose s-Laut im verlängerten Wort stimmhaft, wird das Wort mit einem einfachen **s** geschrieben, z. B.: *uns → unser, Gras → Gräser.*

**1** Bilde Wörter mit ß und schreibe sie auf.

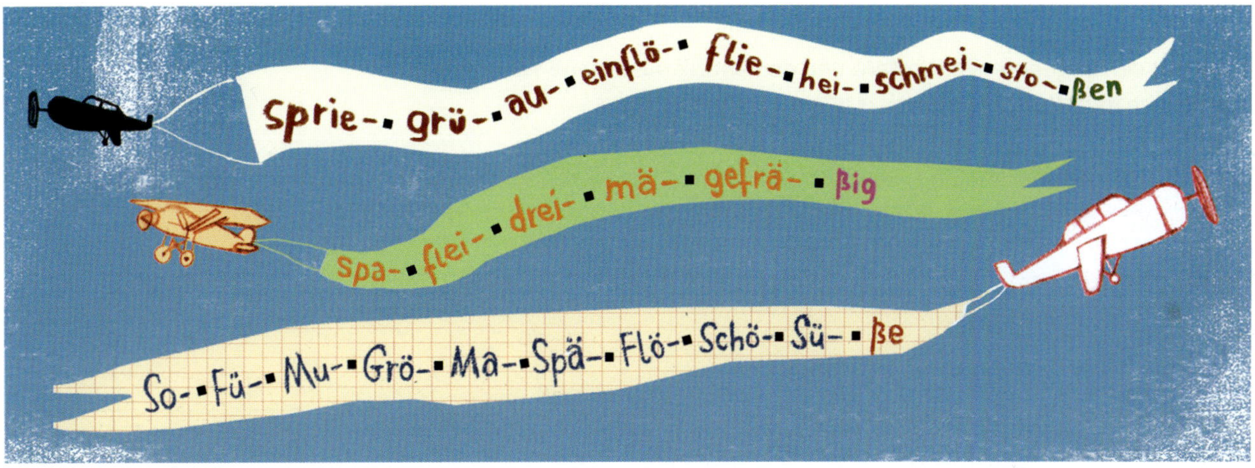


sprießen, ______________________

spaßig, ______________________

Soße, ______________________

______________________

**2** Was ist hier abgebildet? Notiere jedes Nomen mit einer Verlängerung.
Achte auf die Schreibweise des s-Lauts.

 ______________________

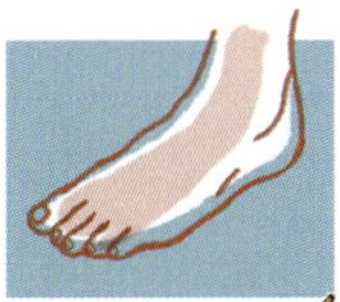 ______________________

 ______________________

 ______________________

 ______________________

 ______________________

______________________

 ______________________

**Information** **Schreibweise für den s-Laut nach einem betonten kurzen Vokal: ss**

**Nach einem betonten kurzen Vokal** wird das **stimmlose s** (= harter, gezischter **s**-Laut) meist mit **ss** geschrieben, z. B.: *küssen, Messer, massig*.

**3** **a** **Wie kommst du vom ersten zum letzten Wort? Pro Zeile darfst du nur einen Buchstaben austauschen.**
**b** **Wähle eine Zeile aus und schreibe mit jedem Wort aus dieser Zeile einen Satz in dein Heft.**

| | | | |
|---|---|---|---|
| B | O | S | S |
| | | | |
| | | | |
| | | | |
| N | U | S | S |

| | | | | | |
|---|---|---|---|---|---|
| W | E | S | S | E | N |
| | | | | | |
| | | | | | |
| | | | | | |
| K | I | S | S | E | N |

| | | | |
|---|---|---|---|
| B | I | S | S |
| | | | |
| | | | |
| | | | |
| G | U | S | S |

| | | | | | |
|---|---|---|---|---|---|
| F | A | S | S | E | N |
| | | | | | |
| | | | | | |
| | | | | | |
| K | Ü | S | S | E | N |

**4** **Bilde mit den angebotenen Wörtern und dem Präfix miss- neue Wörter.**
**Trage diese nach Wortarten sortiert in die Tabelle ein.**

~~-trauen~~ • -launig • -klang • -achten • -ernte • -erfolg • -gönnen • -liebig • -günstig • -trauisch • -griff • -lingen • - geschick • -verhältnis • -billigen • -mutig • -raten • -verstehen • -verständlich

| Nomen | Verb | Adjektiv |
|---|---|---|
| Misstrauen | | |
| | | |
| | | |
| | | |
| | | |
| | | |
| | | |

**5** **Bilde zu den folgenden Verben Nomen mit dem Suffix -nis.**
**Schreibe Singular und Plural auf.**

~~ärger~~ • hindern • geschehen • bekennen • vorkommen • erfordern • kümmern • verhalten • erkennen • gestehen

Bei Nomen mit dem **Suffix -nis** verdoppelt sich das **s** im Plural: *das Ereignis – die Ereignisse*.

Ärgernis - Ärgernisse,

**Information** **Wechsel von ss und ß in Wortfamilien**

- Manche **Verben** haben in ihren Verbformen einen Wechsel von **ss** und **ß**, z. B.: *flie**ß**en – es flo**ss**, la**ss**en – er lie**ß**, wi**ss**en – ich wei**ß***.
- Auch bei **verwandten Wörtern** können **ss** und **ß** wechseln, z. B.: *genie**ß**en – der Genu**ss**, bei**ß**en – der Bi**ss***.

Auch bei diesen Wörtern gilt:
- Nach einem **betonten kurzen Vokal** wird der stimmlose **s**-Laut mit **ss** geschrieben,
- nach einem **betonten langen Vokal** oder einem **Diphthong** schreibt man ihn mit **ß**.

**6** **Ergänze in der folgenden Tabelle die gesuchten Verbformen.**

| Infinitiv | Präsens Singular | Präteritum Singular | Nomen |
|---|---|---|---|
| erla__ss__en | er erlä____t | sie erlie____ | der Erla____ |
| ____ | sie stö____t | ____ | ____ |
| ____ | ____ | ____ | der Beschlu____ |
| ____ | ____ | er verga____ | ____ |
| genie____en | ____ | ____ | ____ |
| ____ | sie mi____t | ____ | ____ |
| ____ | ____ | ____ | der Bi____ |
| verdrie____en | ____ | ____ | ____ |

**7** **Trage in die Lücken des folgenden Textes jeweils den richtigen s-Laut ein: s, ss oder ß.**

●●●

## Der blaue Planet

Un____ere Erde wird oft „der blaue Planet" genannt, denn das Mei____te auf ihr ist Wa____er. Eigentlich mü____te sie daher „Wa____er" hei____en und nicht „Erde"! Der grö____te Teil dieser Flü____igkeit – 97 Prozent – ist leider das Salzwa____er in Meeren und Ozeanen. Sü____wa____er gibt es nur in Flü____en und Seen, au____erdem am Nord- und Südpol und als Gletscher in Form von Ei____. Das Wa____er auf der Erde rei____t sozusagen immerzu im Krei____ herum – darum sprechen wir auch von Wa____erkrei____lauf. Nicht überall auf der Erde gibt es genug von diesem kostbaren Na____, de____halb sollten wir spar____am und umsichtig damit umgehen. Dazu kann man zum Beispiel Regen für die Gartenbewä____erung in einer Tonne sammeln, das Auto in einer Waschstra____e mit geschlo____enem Krei____lauf waschen und beim Zähneputzen das Wa____er nicht weiterflie____en la____en.

# „das“ oder „dass“?

**Information** **Relativpronomen (das) oder Konjunktion (dass)?**

Zu Beginn eines Nebensatzes wird das **Relativpronomen „das“ häufig verwechselt** mit der **Konjunktion „dass“.** Prüfe mit der **Ersatzprobe**:

- Kann **„das“** durch **„welches“** ersetzt werden, wird es mit einem **s** geschrieben, z. B.: *Das Auto, ~~das~~ welches bis zum Rand vollgepackt ist, steht vorm Haus.*
- Die Konjunktion **„dass“** kann nicht ersetzt werden, z. B.: *Mir gefällt es, dass ich so viele Geschwister habe.*

**1** **Entscheide für die folgenden Sätze, ob es sich um das Relativpronomen das oder um die Konjunktion dass handelt. Führe die Ersatzprobe durch und streiche das falsche Wort.**

## Morgens in der Großfamilie

Wie klappt es, das/dass morgens alle pünktlich aufstehen, frühstücken und pünktlich loskommen? Das Radio, das/dass auf 6:25 Uhr programmiert ist, hört man in allen Zimmern. Mama und Papa sorgen abwechselnd dafür, das/dass unsere Pausenbrotboxen gefüllt werden. Im Bad ist so viel Platz am Waschbecken, das/dass wir drei Mädchen uns gleichzeitig die Zähne putzen können. Das Honigglas, das/dass reihum wandert, reicht meistens nur für zwei Tage. Das Telefon, das/dass um 7:23 Uhr wie ein Wecker läutet, sagt, das/dass jetzt alle aufbrechen müssen.

**2** **Trage ein: das oder dass?**

## Urlaub mit der Großfamilie

Daran, ________ wir tagelang packen, merkt auch der letzte Nachbar, ________ wir bald verreisen. Wir, das sind meine fünf Geschwister, unsere Eltern und ich, Gianna. 16 Koffer und Taschen zählte im vergangenen Sommer unser Gepäck, ________ sich im Flur bald übereinanderstapelte. Ich war froh, ________ ich wenigstens noch zu meinem Bett durchkam. Auch wir Kinder packen. Klar ist es manchmal nervig, ________ wir alle mithelfen müssen. Aber so hat man das schöne Gefühl, ________ der Urlaub immer näher kommt. Unser Auto, ________ ein Bus mit acht Plätzen ist, reicht gerade eben für unsere Familie aus. Als Großfamilie im Urlaub zu sein, ist schön und schlimm zugleich. Schlimm ist, ________ es dann mehr Streit und weniger Süßigkeiten gibt. Schade ist auch, ________ unsere Unternehmungen nicht bei allen gleichermaßen beliebt sind. Gemeinsam eine Bergtour zu machen zum Beispiel, finden die Kleinen viel zu anstrengend, aber die Großen langweilen sich. Das vielleicht Schönste am Urlaub in einer Großfamilie ist, ________ ständig irgendetwas passiert.

# Teste dich!

## Die s-Laute, „das“ oder „dass“

**1** **s, ss oder ß? Trage richtig in die Lücken des folgenden Textes ein. (16 Punkte)**

### Leben auf Energiesparflamme

Wir leben in einem Experiment: Wir testen im Auftrag des Stadtentwicklungsministeriums ein Energiesparhau____. Wir probieren ein Jahr lang aus, wie es sich in einem solchen Hau____ leben lä____t. Es hat Solarzellen auf dem Dach und an einer Au____enwand. Anfangs gab es Pannen. Zum Beispiel hat die Katze den Bewegungsmelder ausgelö____t und damit das Licht angemacht. Man kann das Hau____ aus der Ferne mit dem Handy steuern. Da____ ist praktisch: Wenn ich meinen Schlü____el verge____en habe, rufe ich einfach Papa an. Der entriegelt mit seinem Handy das Türschlo____. Was anders geworden i____t: Ich dusche jetzt länger, nehme auch mal ein hei____es Bad und la____e mein Radio an, wenn ich gerade einmal nicht im Zimmer bin. Ein schlechtes Gewi____en habe ich dabei nicht, ich wei____ ja, da____ unsere Energie direkt von der Sonne kommt.

**2** **das oder dass? Ergänze entsprechend. (6 Punkte)**

### Wie Häuser Energie fressen

Da____ in Gebäuden sehr viel Energie verbraucht wird, zum Beispiel für die Heizung, warmes Wasser oder Elektrogeräte, weiß jedes Kind. Und es weiß auch, da____ dies teuer für die Bewohner und schlecht für die Umwelt ist. Denn wo Energie verbraucht wird, entsteht meist $CO_2$, ein Gas, da____ schädlich fürs Klima ist. In Deutschland gibt die Regierung deshalb Geld aus, da____ zwar nicht alle Hausbesitzer zum Energiesparen anregt, aber doch einige. Wir alle sollten anerkennen, da____ viele Menschen ihre Häuser so umbauen, da____ diese selbst Energie erzeugen können – etwa durch eine Solaranlage.

Vergleiche deine Ergebnisse mit dem Lösungsheft. Für jede richtige Antwort bekommst du einen Punkt.

| ☺ 22–18 Punkte | 😐 17–13 Punkte | ☹ 12–0 Punkte |
|---|---|---|
| Gut gemacht! | Gar nicht schlecht, aber lies dir die Informationskästen auf den Seiten 97 bis 100 noch einmal genau durch. | Arbeite die Seiten 97 bis 100 noch einmal genau durch. |

# Zeichensetzung

## Das Komma zwischen Sätzen

**Information** **Die Kommasetzung in Satzreihe (Hs + Hs) und Satzgefüge (Hs + Ns)**

- Die einzelnen **Hauptsätze einer Satzreihe** (▶ S. 58) werden durch ein **Komma** voneinander getrennt. Sie können durch die nebenordnenden **Konjunktionen** *und, oder, aber, doch, sondern, denn* verknüpft werden, z. B.: *Viele reisen, aber nicht alle kennen das Urlaubsland gut.*
  Nur vor *und* bzw. *oder* kann das Komma entfallen, z. B.:
  *In vielen Ländern gibt es besondere Sitten(,) und diese sind oft sehr interessant.*

- Im **Satzgefüge** (▶ S. 59) kann der Nebensatz vor, zwischen oder nach dem Hauptsatz stehen. **Zwischen Haupt- und Nebensatz** muss **immer ein Komma** stehen, z. B.:
  *Reisende, die andere Länder besuchen, können viel Neues lernen.*
  Ein Satzgefüge kann auch mehrere Nebensätze enthalten, z. B.:
  *Wenn man durch die Welt reist, ist es überall unterschiedlich, was als gutes Benehmen gilt.*

Folgende Wörter können **Nebensätze einleiten:**
- Unterordnende **Konjunktionen** (Subjunktionen): *als, nachdem, wenn, weil, obwohl, dass, indem …*
- **Fragewörter** und **ob:** *wer, was, wann, wo, wie, warum, weshalb, ob …*
- **Relativpronomen:** *der, die, das, welcher, welche, welches …*

**1** **a** **Setze im folgenden Text die fehlenden Kommas.**
**b** **Markiere die beiden Satzreihen gelb und unterstreiche die verknüpfende Konjunktion.**
**c** **Umkreise in den Satzgefügen die Wörter, die Nebensätze einleiten.**

VORSICHT FEHLER!

### In Fernost unterwegs

In vielen Ländern gibt es besondere Rituale wie man einander begrüßt. Ein Begrüßungsritual dem man in Thailand oft begegnet ist das Wai: Dabei werden die Hände entweder vor der Brust oder vor dem Gesicht zusammengelegt und man verbeugt sich. Diese Form der Begrüßung zeigt dass man Respekt vor dem anderen hat. Man bedankt sich in Thailand auch so oder man bittet auf diese Art um Entschuldigung. Daran wie tief man sich verbeugt kann man ablesen wie groß der Respekt ist. Als Reisender sollte man auf das Wai am besten antworten indem man freundlich lächelt. Es gilt nämlich nicht als gute Umgangsform wenn man als Ausländer das Wai benutzt. Oft kennen Thailänder auch unsere Begrüßungsform des Händeschüttelns. Auch beim Händeschütteln sollte man immer lächeln da Lächeln in Thailand zum Standard gehört. Thailänder lächeln zum Beispiel auch während sie sich entschuldigen. Ein weiterer Tipp für Reisende ist dass man in Thailand auf keinen Fall zu laut sprechen sollte weil jemand der laut spricht auf Thailänder wütend oder gestresst wirkt.

**2** **a** **Setze in den folgenden Sätzen die fehlenden Kommas.**
**b** **Begründe deine Zeichensetzung: Trage für jeden Satz die Ziffer der passenden Beschreibung des Satzbauplans ein.**

Beschreibungen der Satzbaupläne:

| | | |
|---|---|---|
| 1 1 Hs + 1 Ns, 1 Komma | 3 1 Ns + 2 Hs, 2 Kommas | 5 1 Hs + 2 Ns, 2 Kommas |
| 2 2 Hs, 1 Komma muss stehen | 4 1 Hs + 1 Ns, 2 Kommas | 6 2 Hs, 1 Komma kann stehen |

## Kopf, Hand und Fuß

A [4] Einer traditionellen Auffassung zufolge die in Indonesien gilt ist der Kopf der Sitz des menschlichen Selbst.

B [ ] Deshalb gilt das Berühren des Kopfes eines anderen als Tabu und zumindest in der Öffentlichkeit sollte man es vermeiden.

C [ ] Man sollte sich in aller Form entschuldigen falls es doch einmal passiert dass man versehentlich den Kopf eines Indonesiers berührt.

D [ ] Die Füße sind für die Indonesier das Niedrigste sodass alles von ihnen Berührte als unrein angesehen wird.

E [ ] Wenn man also einen Indonesier versehentlich mit dem Fuß berührt hat sollte man sich sofort höflich entschuldigen denn dies wird als schlimm empfunden.

F [ ] Man sollte auch auf keinen Fall mit dem Fuß auf andere zeigen aber das ist ja auch in Europa nicht üblich.

**3** ●●● **Im folgenden Text fehlen die Satzzeichen. Zerlege ihn sinnvoll in mehrere Sätze und schreibe ihn mit richtiger Zeichensetzung ab.**
**Tipp: Achte auf die Großschreibung am Satzanfang und auf den Punkt am Satzschluss.**

VORSICHT FEHLER!

Obwohl Griechenland als europäisches Land sehr ähnliche Sitten hat wie wir sollte man hier mit Handzeichen besonders vorsichtig sein es ist nämlich so dass fast jede Bewegung mit der offenen Handfläche die gegen eine Person gerichtet wird als eine große Beleidigung verstanden wird wenn man einer Person die offene Handinnenfläche mit gespreizten Fingern entgegenhält wird dies als „moutza" verstanden diese gilt als eine der schlimmsten Beleidigungen überhaupt falls man jemandem zuwinken oder sich mit einem Heben der Hand verabschieden möchte muss man also daran denken dass man den Handrücken nach außen dreht

# Das Komma bei Aufzählungen, Appositionen und Erläuterungen

**Information** **Die Kommasetzung bei Aufzählungen**

- Wörter und Wortgruppen in Aufzählungen werden **durch Kommas abgetrennt**, z. B.: *Reisen in ferne Länder benötigen eine gute Vorbereitung, etwas Mut, große Abenteuerlust.* Dies gilt auch, wenn das Wort oder die Wortgruppe durch einschränkende Konjunktionen wie *aber, jedoch, sondern, doch* eingeleitet wird, z. B.: *Man wird viel Schönes, aber auch Ungewohntes erleben.*
- **Achtung: Kein Komma steht** vor den nebenordnenden Konjunktionen *und, oder, sowie, entweder ... oder, sowohl ... als auch*, z. B.: *Sowohl Reisende als auch ihre Gastgeber brauchen Offenheit und Höflichkeit.*

**1** **a Unterstreiche im folgenden Text die Aufzählungen.**
**b Setze die fehlenden Kommas.**

VORSICHT FEHLER!

## Zu Gast in Japan

Wer eingeladen wird, erfährt in Japan eine große Ehre, denn private Einladungen spricht man meist nur unter guten Freunden oder Verwandten aus. Man sollte sich also nicht nur freuen sondern auch gut vorbereiten: Besonders wichtig ist das Gastgeschenk. Die Farben Weiß und Gelb sowie die Zahl vier sind zu vermeiden: Weiß steht in Japan für Trauer Gelb für Verrat die Vier für den Tod. Oft erhält sowohl der Gastgeber als auch der Besucher ein Geschenk. Man sollte dann nicht neugierig ungeduldig oder gar drängend sein: Das Gastgeschenk wird niemals in Anwesenheit des Schenkenden geöffnet. Würde nämlich beim Öffnen auch nur leichte Enttäuschung Überraschung oder Ähnliches sichtbar, wäre dies für beide Seiten ein Gesichtsverlust.

**Information** **Die Kommasetzung bei Appositionen und nachgestellten Erläuterungen**

1. Die **Apposition** (▶ S. 54) folgt ihrem Bezugswort (meist ein Nomen), steht im gleichen Kasus und wird **durch Kommas abgetrennt,** z. B.: *Asien, ein vielfältiger Kontinent, lockt viele Touristen an.*
2. Die **nachgestellte Erläuterung** wird oft mit Wörtern wie *nämlich, und zwar, vor allem, das heißt (d. h.), zum Beispiel (z. B.)* eingeleitet. Sie wird **durch Kommas abgetrennt,** z. B.: *Die Bräuche, zum Beispiel bei Gastgeschenken, sind überall verschieden.*

**2** **a Markiere im folgenden Text die Appositionen und die nachgestellten Erläuterungen.**
**b Setze die fehlenden Kommas.**

VORSICHT FEHLER!

## Zu Gast in Indien

Wer in Indien einem spannenden Reiseland voller Gegensätze eingeladen wird, sollte auf Pünktlichkeit Wert legen. Je nach der Glaubensrichtung des Gastgebers muss man beim Betreten des Hauses am besten noch an der Schwelle die Schuhe ausziehen. Ein Gastgeschenk selbst eine Kleinigkeit sollte man nie mitbringen, denn das gilt in Indien als unfreundlich. Vor dem Essen dem Höhepunkt des Abends muss man sich die Hände waschen, da man mit den Händen speist. Die unreine Hand d. h. die linke Hand darf man dabei nicht benutzen.

# Teste dich!

## Zeichensetzung

**1** **Setze im folgenden Text die fehlenden Kommas. (8 Punkte)**

VORSICHT FEHLER!

### Zu Gast in Skandinavien

Die skandinavischen Länder z. B. Norwegen Schweden und Dänemark sind uns kulturell recht ähnlich doch auch hier warten Fettnäpfchen auf dich. Wer in Schweden eingeladen wird sollte pünktlich kommen und er sollte beim Eintreten seine Schuhe ausziehen. Beim Essen prostet man sich mit „Skal" das heißt „Prost" zu und schaut sich in die Augen. Dass man auf das Wohl des Gastgebers trinkt gilt aber als Verstoß gegen die Benimmregeln.

**2** **Begründe für jeden der folgenden Sätze die Kommasetzung. (5 Punkte)**

A In Finnland, dem östlichsten der skandinavischen Länder, ist man sehr gastfreundlich.

B Eine Besonderheit, die fast jedes finnische Haus hat, ist die Sauna.

C Wenn man von einem Finnen in seine Sauna eingeladen wird, ist das eine hohe Gunst.

D Mehr noch: Diese Einladung ist nicht nur eine Ehre, sondern auch eine Pflicht.

E Man müsste sonst schon eine brillante Ausrede finden, warum man nicht in die Sauna will.

**3** **Korrigiere: Streiche im folgenden Text falsche Kommas durch und ergänze fehlende Kommas. (11 Punkte)**

VORSICHT FEHLER!

Wusstest du schon dass, der Saunabesuch in Finnland auch der Körperreinigung dem Wohlbefinden und der Geselligkeit dient? Auch die finnische „Vasta" oder „Vihta" ein Büschel aus Birkenzweigen, ist eine Besonderheit. Die Zweige mit denen der ganze Körper abgeschlagen wird haben noch ihre Blätter dadurch tut es nicht weh. Während im Sommer, oft frische Zweige verwendet werden kann man sich im Winter in finnischen Supermärkten, mit Birkenzweigen versorgen mit tiefgefrorenen wohlgemerkt.

Vergleiche deine Ergebnisse mit dem Lösungsheft. Für jede richtige Antwort bekommst du einen Punkt.

| ☺ 24–19 Punkte | 😐 18–12 Punkte | ☹ 11–0 Punkte |
|---|---|---|
| Gut gemacht! | Gar nicht schlecht, aber lies dir die Informationskästen auf den Seiten 102 bis 104 noch einmal genau durch. | Arbeite die Seiten 102 bis 104 noch einmal genau durch. |

# Übungen für einen Abschlusstest

**Wie kannst du mit der folgenden Einheit arbeiten?**

1 Der folgende Test (S. 106 – 111) hilft dir zu erkennen, was du im Fach Deutsch schon alles gelernt hast: Was weiß ich? Was kann ich? Wo bin ich noch unsicher? Wo habe ich Lücken?
Du kannst mit dem Test verschiedene Bereiche prüfen:
- das **Verstehen von Texten** (Aufgaben Teil A),
- **Grammatik** (Aufgaben Teil B),
- **Rechtschreibung** (Aufgaben Teil C) und
- das **Schreiben von Texten** (Aufgaben Teil D).

Du kannst den Test am Ende des Schuljahres durchführen, wenn du wissen willst, ob du erfolgreich gelernt hast. Du kannst aber auch in der Mitte des Schuljahres testen, in welchen Bereichen du Schwächen hast und noch einmal besonders üben musst.

2 In dem Test begegnen dir verschiedene **Aufgabenarten,** z. B.: in einer Auswahl an möglichen Antworten die richtige ankreuzen (Multiple-Choice), Lückentexte richtig ausfüllen, Kurzantworten geben oder zu Grafiken und Stichwörtern einen Sachtext schreiben.

3 Lies die Texte und die **Aufgabenstellungen** immer sehr aufmerksam und überlege, bevor du z. B. vorschnell ankreuzt, ob du jeweils **genau verstanden** hast, was verlangt wird.

4 Du kannst deine Antworten mit Hilfe des Lösungsheftes selbst prüfen und anhand der erreichten Punktzahl deinen **Lernstand bewerten.**
Vielleicht kannst du den Test auch zusammen mit einer Partnerin oder einem Partner schreiben. Abschließend könnt ihr eure Fehlerschwerpunkte feststellen und beraten, was noch einmal geübt werden sollte.

## A Den Text verstehen

**Lies den folgenden Text über Achterbahnen und löse die Aufgaben auf den nächsten Seiten.**
**Beachte: Bei Multiple-Choice-Aufgaben ist immer nur eine Lösung richtig.**

### Nervenkitzel kopfüber – Achterbahnen

Aufgeregtes Kreischen durchschallt die riesige Halle im kanadischen Galaxyland-Vergnügungspark. Die leuchtend gelben Wagen der Mindbender-Achterbahn schießen den ersten Looping hinauf, durchrasen den zweiten. Im dritten Looping scheinen die Wagen am höchsten Punkt der Kurve nahezu festzuhängen. Doch die Schwerkraft siegt und der Zug setzt seine Fahrt zur nächsten Steilkurve fort.

Riesige Achterbahnen mit schwindelerregenden Streckenführungen gehören heute zu den Hauptattraktionen von Vergnügungsparks in aller Welt. Dass man sich in diesen so genannten Megacoastern[1] ohne Gesundheitsgefahren dem Wechselspiel der Beschleunigungen aussetzen kann, verdankt sich zu einem großen Teil dem deutschen Ingenieur Werner Stengel. Bis in die 1970er Jahre mussten Achterbahnfans bei Loopingfahrten mit Schleudertraumen und Schlüsselbeinbrüchen rechnen. Dann erforschte Stengel die während der Fahrt auftretenden Kräfte genau und konstruierte einen Looping, der dem Passagier nicht an den Knochen

1 Megacoaster: Riesen-Achterbahn, von engl. Rollercoaster (Achterbahn)

zerrt. Dazu verwendete er eine spezielle Kurventechnik, die auch beim Bau von Straßen und Eisenbahntrassen zum Tragen kommt.

☐ Doch Loopings erschienen dem Ingenieur schnell langweilig. „Das sieht von außen ziemlich beeindruckend aus. Aber Loopings kann man mit einem Glas Wasser in der Hand fahren, ohne etwas zu verschütten", winkt Stengel heute ab. Er suchte größere Herausforderungen. Neue Streckenführungen wie Herzkurven und Spiralen schaute er sich von bekannten Flugmanövern ab. Doch der Konstrukteur steigerte nicht nur die Angstlust[2] der Kirmesbesucher, er kümmerte sich auch intensiv um die Verbesserung ihrer Sicherheit. So gehen die automatischen Bremsen bei Achterbahnen auf Stengel zurück.

☐ Sein Ingenieurbüro konnte mit seinen Analysen, Erfindungen und Konstruktionsmethoden bald eine große Zahl von Achterbahnbauern überzeugen. Heute hat der mittlerweile über siebzigjährige Firmengründer die Geschäfte an seine Nachfolger übertragen. Doch Stengel wagt gern ab und zu noch eine Fahrt mit seiner Lieblingskonstruktion, der „Expedition GeForce" im Holiday Park im rheinland-pfälzischen Haßloch.

2 Angstlust: Freude an aufregenden oder sogar angsterregenden Tätigkeiten

**Top Five – Die schnellsten Achterbahnen der Welt**

| Platz | Name | Vergnügungspark | Geschwindigkeit | Höhe |
|---|---|---|---|---|
| 1 | Kingda | Six Flags Great Adventure, New Jersey (USA) | 205 km/h | 139 m |
| 2 | Top Thrill Dragster | Cedar Point, Sandusky, Ohio (USA) | 193 km/h | 130 m |
| 3 | Dodonpa | Fuji-Q Highland, Fujiyoshida (Japan) | 170 km/h | 52 m |
| 4 | Tower of Terror II | Dreamworld, Coomera, Queensland (Australien) | 160 km/h | 115 m |
| 5 | Steel Dragon 2000 | Nagashima Spa Land, Kuwana (Japan) | 150 km/h | 97 m |

## Aufgabe 1

**Kreuze die richtige Antwort an. In dem Text „Nervenkitzel kopfüber – Achterbahnen" geht es um ...** **1 Punkt**

A ☐ verschiedene Konstruktionsprobleme bei Achterbahnen.

B ☐ die Lebensgeschichte des Ingenieurs Werner Stengel.

C ☐ die Gefahren beim Fahren von Loopings.

D ☐ die technischen Leistungen des Ingenieurs Werner Stengel als Achterbahnkonstrukteur.

☐ Punkt

## Aufgabe 2

**Der Text hat vier Sinnabschnitte: Welche der folgenden Zwischenüberschriften passt zu welchem Abschnitt? Trage den Buchstaben dort ein.** **4 Punkte**

A Verbesserte Technik   B Sausen mit 70   C Looping ohne Risiko   D Dreimal kopfüber

☐ Punkte

## Aufgabe 3

**Kreuze für jede der folgenden Aussagen an, ob sie richtig oder falsch ist.** **5 Punkte**

| | richtig | falsch |
|---|---|---|
| A Früher konnte Achterbahnfahren zu Verletzungen führen. | ☐ | ☐ |
| B Achterbahnen bremsen in speziellen Aufwärtskurven ab. | ☐ | ☐ |
| C Werner Stengel ließ sich von Flugmanövern anregen. | ☐ | ☐ |
| D Die von Werner Stengel verwendete Kurventechnik gibt es auch im Straßenbau. | ☐ | ☐ |
| E Loopings sind lebensgefährlich. | ☐ | ☐ |

☐ Punkte

## Aufgabe 4

**Kreuze für jede der folgenden Aussagen an, ob sie richtig oder falsch ist.** **5 Punkte**

| Die Grafik über die fünf schnellsten Achterbahnen auf der Welt ... | richtig | falsch |
|---|---|---|
| A informiert über Höhe und Geschwindigkeit jeder dieser Achterbahnen. | ☐ | ☐ |
| B ist ein Balkendiagramm. | ☐ | ☐ |
| C informiert über Geschwindigkeit und Kurvenzahl der Achterbahnen. | ☐ | ☐ |
| D ist eine Tabelle. | ☐ | ☐ |
| E zeigt die fünf besten Achterbahnen in den USA. | ☐ | ☐ |

☐ Punkte

## Aufgabe 5

**Lies in der Spalte rechts das Gedicht „Die Schaukel" und kreuze das Thema an.** **1 Punkt**

Im Gedicht „Die Schaukel" geht es um ...

A ☐ schöne Aussichten auf die Landschaft.

B ☐ den „Flug-Genuss" auf einer Schaukel.

C ☐ das Schwindelgefühl im Karussell.

D ☐ die Angst vorm Absturz von einer Schaukel.

☐ Punkt

## Aufgabe 6

**Was geschieht in der dritten Strophe?**
**Kreuze die richtige Antwort an.** **1 Punkt**

Das lyrische Ich ...

A ☐ stößt sich den Zeh.

B ☐ verunglückt und stürzt ab.

C ☐ stellt sich einen Sturz vor.

D ☐ verletzt sich.

☐ Punkt

Richard Dehmel

### Die Schaukel

Auf meiner Schaukel in die Höh,
was kann es Schöneres geben!
So hoch, so weit: Die ganze Chaussee
und alle Häuser schweben.

Weit über die Gärten hoch, juchhee,
ich lasse mich fliegen, fliegen;
und alles sieht man, Wald und See,
ganz anders stehn und liegen.

Hoch in die Höh! Wo ist mein Zeh?
Im Himmel! Ich glaube, ich falle!
Das tut so tief, so süß dann weh,
und die Bäume verbeugen sich alle.

Und immer wieder in die Höh
und der Himmel kommt immer näher;
und immer süßer tut es weh –
der Himmel wird immer höher.

## Aufgabe 7

**Richard Dehmel verwendet im Gedicht eine Personifikation. Unterstreiche sie im Text. (1 Punkt)** **2 Punkte**
**Schreibe auf: Welche Wirkung erzielt er mit dem sprachlichen Bild? (1 Punkt)**

________________________________________

________________________________________ ☐ Punkte

## Aufgabe 8

**Kreuze die richtige Antwort an.** **1 Punkt**

Das Wort „und" wird am Versbeginn häufig wiederholt, ...

A ☐ um die Eintönigkeit zu betonen.

B ☐ weil „und" gut klingt.

C ☐ weil Gedichte Wiederholungen haben müssen.

D ☐ um die Fülle der Eindrücke zu betonen.

☐ Punkt

# B Grammatik

## Aufgabe 9

**a Unterstreiche in dem Text über einen Parabelflug alle Sätze, die im Passiv stehen. (4 Punkte)** **11 Punkte**
**b Umkreise in diesen Sätzen jeweils die Passivformen. (4 Punkte)**
**c Wandle die Sätze B, F und I ins Passiv um. (3 Punkte)**

### Schwerelos beim Parabelflug

A Bei einem so genannten Parabelflug wird künstlich Schwerelosigkeit erzeugt. B Ein speziell ausgerüstetes Flugzeug beschleunigt zuerst steil nach oben. C Dabei werden die Passagiere mit doppeltem Körpergewicht an den Boden gepresst. D Dann fliegt das Flugzeug eine rasante Abwärtskurve. E Es befindet sich jetzt im freien Fall und dadurch sind alle Passagiere und Gegenstände schwerelos. F Die Piloten fangen das Flugzeug später aus dem Sturz ab. G Diese Flugbewegung wird bis zu 30 Mal wiederholt. H Durch den achterbahnartigen Kurvenflug wird der Orientierungssinn verwirrt. I Die Kurven nennt man Parabeln.

Satz B: ______________________________

Satz F: ______________________________

Satz I: ______________________________ ☐ Punkte

**d Welche veränderte Wirkung entsteht durch die Umwandlung ins Passiv?** **1 Punkt**

A ☐ Der Vorgang steht im Zentrum, nicht der Handelnde.
C ☐ Die Wirkung bleibt gleich.
B ☐ Der Handelnde steht im Zentrum, nicht der Vorgang.
D ☐ Der Text klingt besser.

☐ Punkt

## Aufgabe 10

**a Unterstreiche die Konjunktionen, die die Nebensätze einleiten. (6 Punkte)** **12 Punkte**
**b Bestimme die Art der Nebensätze (Gliedsätze) und trage die Buchstaben unten ein. (6 Punkte)**

### Fotografieren im freien Fall

A Es gab kein Oben und Unten mehr, sodass man frei im Raum schweben konnte.

B Ich fühlte mich, als hätte ich gar kein Gewicht mehr.

C Damit ich die Umgebung neu wahrnehmen konnte, setzte ich mich immer wieder an die Decke.

D Während ich Purzelbäume in der Luft schlug, fühlte ich mich glücklich und frei.

E Vor dem Abstürzen hatte ich nie Angst, obwohl wir uns im freien Fall befanden.

F Das Fotografieren war allerdings nicht so einfach, weil man ohne Halt leicht irgendwo anstößt.

☐ Modalsatz (Art und Weise)
☐ Konzessivsatz (Einräumung)
☐ Kausalsatz (Grund)
☐ Konsekutivsatz (Folge)
☐ Temporalsatz (Zeit)
☐ Finalsatz (Absicht, Zweck)

☐ Punkte

# C Rechtschreibung

## Aufgabe 11

**Die folgende E-Mail enthält einige Fehler. Unterstreiche im Text die falsch geschriebenen Wörter und verbessere sie in der rechten Spalte.** VORSICHT FEHLER! **7 Punkte**

Noch heute abend antworten: Einladung zur Geburtstagsfeier! ______

Freut euch, denn wir dürfen am Samstag feierngehen. Seit ihr … ______

… *schwindelfrei?* Ich habe mir nähmlich das Achterbahn fahren im ______

Vergnügungspark gewünscht. Dort steht auch eines der grösten ______

Riesenräder in Europa. Oben erwartet uns etwas schönes: ______

Wir werden einen ausblick über die ganze Stadt haben. ______

… *seefest?* Denn es gibt auch eine rießige, neue Schiffschaukel. ______

Beim Schaukeln heist es da fest halten! ______

… *mutig?* Dann könnt ihr mit mir auf den Freifalturm kommen. ______

Das wird ein kribbeln im Bauch geben, wenn wir aus 30 Metern ______

höhe nach unten rauschen. Ich freue mich auf euer Kommen! ______

*Emma*

☐ Punkte

## Aufgabe 12

**Kläre für die unterlegten Wörter, ob sie groß- oder kleingeschrieben werden. Streiche den falschen Anfangsbuchstaben durch.** **6 Punkte**

### Ein gruseliges Abenteuer

*Haunted Mansion* ist eine ganz B/besondere Geisterbahn. Die Fahrgäste B/bewegen sich in einer hängenden, vibrierenden, drehenden und kippenden G/gondel durch das Geisterhaus. Schauriger Nervenkitzel ist G/garantiert.

### Fliehkräfte hautnah E/erleben

Das W/wildeste ist der *Transformer*. Hier erleben die M/mutigen einen besonderen K/kick. An einem V/verlängerten Arm werden die Gondeln während der Fahrt durch die Fliehkraft nach A/außen gewirbelt. Der *Transformer* bewegt sich in 16 Metern H/höhe in jede vorstellbare Richtung. Ein M/muss für jeden Karussellfan!

☐ Punkte

**Aufgabe 13**

**Welche Fehler liegen vor?** **4 Punkte**

**a** **Korrigiere jedes der unterstrichenen Fehlerwörter in der linken Zeile. (2 Punkte)**

**b** **Begründe rechts daneben die Schreibweise. (2 Punkte)**

A Max will fliegenlernen ______ ______

B Lena liebt das Auto fahren. ______ ______

C Am nächsten morgen ist schulfrei. ______ ______

D Kinder schlafen spät Abends. ______ ______

☐ Punkte

# D Einen informativen Text schreiben

**Aufgabe 14**

**Schreibe für die Schülerzeitung einen informativen Text über den Sprung von Felix Baumgartner.** **26 Punkte**

**a** **Lies die Informationen auf dem Stichwortzettel genau.**
**Bringe sie in eine sinnvolle Reihenfolge, indem du Nummern einträgst.**

**b** **Überlege dir eine passende Überschrift.**

**c** **Schreibe den Text in dein Heft.**

Beachte beim **sachlichen Schreiben:**
- Gliedere sinnvoll.
- Verzichte auf Wertungen und Meinungen.
- Achte auf das Tempus (Präteritum). Der Ausblick kann im Präsens stehen.
- Wandle direkte in indirekte Rede um.

A ☐ *Alter: 43, österreichischer Abenteurer und Extremsportler*

B ☐ *Felix Baumgartner nach dem Sprung: „Wenn man da oben steht, wird man demütig. Du denkst nicht mehr daran, Rekorde zu brechen, du denkst auch nicht mehr daran, wissenschaftliche Daten zu sammeln. Du willst nur noch lebend zurückkommen …"*

C ☐ *Amerikaner Joe Kittinger (Testpilot US-amerikanische Luftwaffe) hielt die Rekorde seit über 50 Jahren (ähnlicher Sprung 1960 als Projekt zur Weltraumforschung); Kittinger beriet Baumgartner bei seinem Sprung*

D ☐ *Pläne: Buchveröffentlichung „Himmelsstürmer – Mein Leben im freien Fall"*

E ☐ *14. Oktober 2012, Wüste von New Mexico: Aufstieg Felix Baumgartners in die Stratosphäre mit heliumgefüllten Ballon in Schutzanzug; Temperatur: −57 °C; Höhe: über 39 Kilometer, Sprung aus der Kapsel; Beschleunigung des Körpers auf 1343 km/h (Schallmauer durchbrochen); Öffnung des Fallschirms nach freiem Fall von über 4 Minuten, sichere Landung nach etwa 9 Minuten*

F ☐ *drei Rekorde: höchste bemannte Ballonfahrt, höchster Fallschirmsprung, höchste Geschwindigkeit eines Menschen ohne besondere Schutzhülle*

**Die Punkteverteilung findest du im Lösungsheft auf Seite 31.** ☐ Punkte

## Autoren- und Quellenverzeichnis

**S. 26:** Hebel, Johann Peter: Der silberne Löffel. Aus: Aus dem Schatzkästlein. Reclam Verlag, Stuttgart 1986, S. 33 ff. **S. 30:** Scheibner, Hans: Der Maulwurf muss weg! Aus: Das Beste – Scheibnerweise. Rasch & Röhring, Hamburg 1993. **S. 37:** Flick, Sebastian: Ein Wunder an Körperbeherrschung. Bonner General-Anzeiger, 27. 2. 2012, S. 12. **S. 79:** Schlafen am Nordpol – eine Freizeitbeschäftigung. Aus: Laffon, Caroline und Martine: Kinder in fernen Ländern – für uns erzählt. Knesebeck Verlag, München 2005, S. 43. **S. 87:** Omar in der Karibik. Aus: Kindersley, Barnabas und Anabel: Kinder aus aller Welt. Dorling Kindersley, München 2010, S. 16 f. **S. 88:** Olja aus Russland. Aus: Kindersley, Barnabas und Anabel: Kinder aus aller Welt. Dorling Kindersley, München 2010, S. 30 f. **S. 108:** Dehmel, Richard: Die Schaukel. Aus: Gesammelte Werke. Sechster Band. Gedichte, Spiele und Geschichten für Kinder und Eltern jeder Art. S. Fischer Verlag, Berlin 1908

## Bildquellenverzeichnis

**S. 5:** Fotolia/Thorsten Schier; **S. 6:** Fotolia/snaptitude; **S. 7:** © Andrik Hackmann, Polizeiinspektion Diepholz; **S. 10 o. l.:** Fotolia/Kathrin39, **o. r.:** Fotolia/Digitalpress, **Mitte:** Fotolia/pete pahham, **u. l.:** Fotolia/Piotr Marcinski, **u. r.:** Fotolia/fotodesign-jegg.de; **S. 14:** bpk; **S. 16, 17:** Bridgeman Images/Kunsthistorisches Museum, Wien; **S. 19:** Gabriela Thoenissen; **S. 32 oben:** Fotolia/Bastos, **unten:** Fotolia/wonderisland; **S. 37:** Shutterstock/Vitaliy Netiaga; **S. 40 oben:** Fotolia/tomhanisch; **S. 46:** Fotolia/Elnur; **S. 50, 54 unten, 111:** picture-alliance/dpa; **S. 53 links:** picture-alliance/akg-images, **Mitte:** Fotolia/h_lunke, **rechts:** Werbeplakat Käthchen Paulus, © Zoologischer Garten Frankfurt/M.; **S. 55:** picture-alliance/Mary Evans Picture Library; **S. 57:** picture-alliance; **S. 60:** www.freestyle-physics.de, Universität Duisburg-Essen; **S. 62:** Fotolia/Pixelmixel; **S. 64 unten:** Fotolia/xbrchx; **S. 69:** Michélle Pyka, Wuppertal; **S. 72 links:** Shutterstock/Sekar B, **rechts**: mauritius images/All Canada Photos/Alamy; **S. 76 oben:** © UNICEF, **unten:** © mit freundlicher Genehmigung des Deutschen Kinderhilfswerkes; **S. 78:** Fotolia/2xSamara.com; **S. 80 unten:** Fotolia/Hugo Félix; **S. 86:** Fotolia/Gerhard Seybert; **S. 87 oben:** Fotolia/SOMATUSCANI; **S. 88:** Fotolia/Fotomux; **S. 90 unten:** Fotolia/Marina Lohrbach; **S. 96 oben:** Fotolia/fuxart, **unten:** Fotolia/kernel; **S. 99:** Fotolia/carmelod; **S. 100:** picture-alliance/Sodapix AG; **S. 101:** Fotolia/grafikplusfoto; **S. 102:** Shutterstock/Kwanbenz; **S. 106:** Fotolia/moderateshot; **S. 109:** action press; **S. 110:** Fotolia/Birgit Reitz-Hofmann

## Impressum

Redaktion: Christian Köpcke, Hamburg

Illustrationen:
Uta Bettzieche, Leipzig: S. 3, 5, 21, 22, 24, 34–36, 38, 40 unten, 41, 42, 44, 45, 48
Maja Bohn, Berlin: S. 26–30, 93–95, 97
Nils Fliegner, Hamburg: S. 51, 52, 56, 59, 61, 64 oben, 65, 67, 71, 104
Peter Menne, Potsdam: S. 4, 9, 74, 75, 79, 80 oben, 82, 83, 85, 87 unten, 89, 90 oben, 91, 92

Layoutkonzept: werkstatt für gebrauchsgrafik, Berlin
Technische Umsetzung: lernsatz.de

**www.cornelsen.de**

Alle Drucke dieser Auflage sind inhaltlich unverändert und können im Unterricht nebeneinander verwendet werden.



Druck: Parzeller print & media GmbH & Co. KG, Fulda

1. Auflage, 1. Druck 2017
Arbeitsheft 3 mit Lösungen
ISBN 978-3-06-067436-7

1. Auflage, 1. Druck 2017
Arbeitsheft 3 mit Lösungen und interaktiven Übungen
ISBN 978-3-06-067437-4

PEFC zertifiziert
Dieses Produkt stammt aus nachhaltig bewirtschafteten Wäldern und kontrollierten Quellen.
www.pefc.de
PEFC
PEFC/04-31-1308